21世纪经济管理新形态教材

经济学系列

Macroeconomics

宏观经济学

（第3版）

侯高岚◎编著

清華大學出版社
北京

内 容 简 介

全书共十章。第一章为绪论，介绍宏观经济学发展简史、研究方法，并简要说明宏观经济学的基本问题。第二章是宏观经济学最为基础的内容——国民收入核算，包括对国内生产总值这一概念的解析及国民收入核算方法。第三章到第六章，按照从易到难的顺序，循序渐进地介绍国民收入决定的理论模型：只考虑产品市场的支出-收入模型（AE-NI 模型）、包括产品市场和货币市场的 IS-LM 模型以及在两市场基础上包括劳动力市场在内的 AD-AS 模型。第七章对封闭经济条件下宏观经济存在的问题——失业与通货膨胀进行了系统的描述和解释。第八章从实践的角度介绍财政政策和货币政策在现实经济生活中的应用。第九章介绍开放经济条件下的蒙代尔-弗莱明模型（IS-LM-BP 模型），它是 IS-LM 模型的扩展。第十章简要介绍本课程涉及的宏观经济学的几个主要流派。

本书注重阐释模型的数学推导（包括几何推导和代数推导）和经济学含义，适合具有理工科背景的学生学习，力求为培养其经济学思维和预测能力提供理论支持。当然本书也适合掌握高中数学知识的其他专业的学生学习，还可供社会各界人士了解宏观经济学知识使用。

图书在版编目（CIP）数据

宏观经济学 / 侯高岚编著. —3 版. —北京：清华大学出版社，2021. 10
21 世纪经济管理新形态教材. 经济学系列
ISBN 978-7-302-59225-9

Ⅰ. ①宏… Ⅱ. ①侯… Ⅲ. ①宏观经济学－高等学校－教材 Ⅳ. ①F015

中国版本图书馆 CIP 数据核字（2021）第 184509 号

责任编辑：王　青
封面设计：李召霞
责任校对：宋玉莲
责任印制：朱雨萌

出版发行：清华大学出版社
网　　址：http://www.tup.com.cn，http://www.wqbook.com
地　　址：北京清华大学学研大厦 A 座　　**邮　　编**：100084
社 总 机：010-62770175　　**邮　　购**：010-62786544
投稿与读者服务：010-62776969，c-service@tup.tsinghua.edu.cn
质量反馈：010-62772015，zhiliang@tup.tsinghua.edu.cn

印 装 者：三河市金元印装有限公司
经　　销：全国新华书店
开　　本：185mm×260mm　　**印　　张**：13.75　　**字　　数**：310 千字
版　　次：2012 年 4 月第 1 版　2021 年 10 月第 3 版　　**印　　次**：2021 年 10 月第 1 次印刷
定　　价：39.00 元

产品编号：089586-01

前言

线上线下混合教学模式下的“新形态教材”

转眼间已经到了2021年，在纷繁复杂的心情中，我们送走了2020年。在极不平凡的2020年，一场突如其来的疫情席卷全球，全球化进程戛然而止，全世界陷入经济衰退。在与病毒作战的过程中，我们真正体会到了生与死的距离原来是那么近，能够自由地呼吸竟是如此幸福；我们也认识到世界是一个整体，没有哪个国家可以像一座孤岛那样安然世外；我们更见证了祖国自上而下精诚团结的力量，在这一年，中国不仅在措手不及中与来势汹汹的疫情进行了殊死较量，而且经历了一次历史罕见的抗洪抢险。2020年，对中国而言是一个多灾多难之年，但也是在这一年，中国创造了前所未有的辉煌历史：国内生产总值达1 015 986亿元，经济总量迈上百万亿元的新台阶，稳居世界第二，GDP按照可比价格计算，比上年增长2.3%，成为2020年世界主要经济体中唯一实现正增长的国家。

中国宏观经济向好，预示《宏观经济学》改版的时候到了。需要强调的是，宏观经济学和微观经济学都是从西方引进的课程。经济学本身就是一种看待与理解社会经济运行的方式和态度，西方经济学的立场是维护资本主义制度，试图以“价值中立”和“纯学术”为掩饰，企图将马克思主义边缘化，这不是淡化意识形态而是意识形态攻击的新变化。因此，坚持马克思主义导向是当代教材建设的基本原则。编者在本书的编写和修订过程中始终坚持马克思主义，一方面，注重揭示资本主义社会经济运行与管理的规律和方法，以期为社会主义经济的平稳健康运行提供良方和借鉴；另一方面，对西方经济学试图掩盖资本主义生产关系中剥削与被剥削的意识形态进行无情的揭露和批判，从而达到取其精华、弃其糟粕的目的。

此次修订，一贯坚持的马克思主义基本原则没有丝毫改变，而且继续定位具有理工科背景的学生，他们数学功底强、思维缜密，毕业后大多从事技术工作，其中的佼佼者会成为企业领袖和行业领军人。无论是单纯从事技术工作还是兼顾技术和管理，他们都需要对经济学的基本概念和理论有较为清晰的了解，并且要有意识地培养经济学思维能力和预测能力，为所从事的技术或领导工作提供理论支撑和知识储备。本书在内容选择上全面而精练，注重阐释模型的数学推导（包括几何推导和代数推导）及经济学含义；在章节排布上层层递进、逻辑联系密切，对思维缜密、数学功底强的理工科学生具有特别的适用性。

本次改版在坚持两个不变的基础上，最大的改变是为推动线上线下混合教学模式在教学实践中的实施而将教材从传统形态转变为新的形态。疫情期间，传统的线下授课模式转变为线上授课模式，这一模式的迅速推广，大概率不会随着疫情的解除而消退。未来传统的单一线下教学模式将主动演变为线上线下混合式教学模式，这将成为大学课堂教学改革的必然趋势。混合式教学一方面使优质慕课得到充分应用，另一方面使课堂教学方式从以教师为中心的“满堂灌”，转变为以学生为中心的旨在培养创新精神、批判精神和独立思考能力的“翻转课堂”。为适应这一趋势，《宏观经济学》第3版将以“纸质教材＋数字课程”的全新形态呈现。

新形态的《宏观经济学》(第3版)依托中国大学慕课网的在线学习平台，充分利用编者在课程持续建设中积累的数字化教学资源，积极推动教师混合式教学和学生自主学习模式的发展。本书第3版具有以下特点：①纸质教材内容与数字资源相互配套，并通过精心设计的版式和网络支持，实现纸质教材与数字课程内容的一体化；②本课程在中国大学慕课网上拥有丰富的数字教学资源，与纸质教材内容紧密配合，既是对纸质教材的补充和拓展，又提供了更为方便快捷的内容更新途径；③丰富的数字教学资源和与之配套的纸质教材为学生自主学习和教师开展混合式教学创设了空间，能够满足不同学校、专业、学习者个性化的教学要求。

为适应新的教学模式，编者对数字资源的习题库进行了扩充，为教材配套了概念题、判断题、选择题、简答题、计算题等1 000余道习题。其中500多道客观性试题，依托中国大学慕课网在线学习平台的自测题库功能，实现实时自动评分，这会引导学生通过在线练习，对课堂教学知识的掌握情况有一个适时的了解。学生可立即通过做错题目的反馈，再对知识点进行有针对性的学习，从而提高学习效率。此次教材改版的另一个亮点是新增了15个案例材料，并且对每个案例材料配套了案例概要、使用说明和思考题，便于教师在采用混合式教学模式开展课堂讨论时使用。教材改版势在必行的一大任务是对时效性较强的内容进行更新，如第八章第三节的专栏“2016年我国宏观经济走势和政策取向”，更新为“2020年宏观经济形势与政策取向分析”。对教材中零星的疏漏之处进行排查和更正，同样是此次改版的重要任务。

赋予《宏观经济学》(第3版)新的形态，希望给这部倾注了笔者大量心血的教材注入新的生命力，让读者在使用过程中能够边阅读教材、边观看视频讲解，使学习不再是单一枯燥阅读的苦差事，而变成边读、边看、边听、边练的多元输入的有趣过程；新形态教材的推出，将配合混合式教学模式的开展，在教师线下授课时通过“翻转课堂”，让学生获得多渠道知识输入和输出的机会，从而使他们不仅高效率获取新知，更能锻炼和提升思辨与创新的多维能力。当然，新形态教材由于在纸质教材的基础上附加了数字课程，而数字课程本身也需要持续改进和提升，所以第3版教材虽然好像多了一条命，却也因此多了一根软肋，需要日后加倍努力对其进行打磨、完善和不断提升。期望亲爱的读者朋友和我一起，用严格的、期待的眼光去看待《宏观经济学》(第3版)，让它能以更加完美的姿态呈现在读者面前。限于本书编者的水平，不当和欠缺之处在所难免，敬请各位专家和读者批评指正。感谢您一直以来对本书的支持与厚爱！

侯高岚

2021年3月18日

目 录

第一章　宏观经济学绪论 …… 1

第一节　宏观经济学的产生和发展 …… 1
第二节　宏观经济学的研究方法 …… 8
第三节　宏观经济学基本问题 …… 11

第二章　国民收入核算 …… 18

第一节　国内生产总值(GDP)概念解析 …… 18
第二节　国民收入核算方法 …… 23
第三节　国民收入循环模型与国民收入核算恒等式 …… 28
第四节　国民收入中几个重要概念间的关系 …… 32

第三章　简单国民收入决定理论:AE-NI 模型 …… 35

第一节　均衡国民收入的决定原理 …… 35
第二节　凯恩斯的消费理论 …… 39
第三节　国民收入的决定与变动 …… 42
第四节　乘数理论 …… 48

第四章　产品市场和货币市场的一般均衡:IS-LM 模型 …… 56

第一节　投资的决定 …… 56
第二节　IS 曲线:产品市场的均衡 …… 65
第三节　利率的决定 …… 68
第四节　LM 曲线:货币市场均衡 …… 72
第五节　IS-LM 模型 …… 76
第六节　凯恩斯理论的基本框架 …… 78

第五章　宏观经济政策分析 …… 81

第一节　宏观经济政策工具和目标 …… 81
第二节　财政政策、货币政策及其有效性 …… 84
第三节　财政政策与货币政策的配合使用及相机抉择 …… 97

第六章　总需求-总供给模型 …… 100

第一节　总需求 …… 100
第二节　总供给 …… 102
第三节　总供求分析 …… 108
第四节　物价水平与宏观经济政策:AD-AS框架下的宏观经济政策效果 …… 113

第七章　失业与通货膨胀 …… 116

第一节　失业的描述 …… 116
第二节　失业的影响与奥肯定律 …… 118
第三节　失业的经济学解释 …… 119
第四节　通货膨胀的描述 …… 121
第五节　通货膨胀的成因 …… 126
第六节　通货膨胀的经济效应 …… 131
第七节　失业与通货膨胀的关系——菲利普斯曲线 …… 133
第八节　通货膨胀的治理 …… 139

第八章　宏观经济政策实践 …… 143

第一节　财政政策 …… 143
第二节　货币政策 …… 149

第九章　开放经济条件下的宏观经济政策 …… 159

第一节　国际收支账户 …… 159
第二节　汇率和汇率制度 …… 163
第三节　开放经济下的宏观经济政策效果 …… 170

第十章　宏观经济学流派简介 …… 180

第一节　现代西方经济学各理论流派的形成和发展 …… 180
第二节　经济自由主义思潮下的几个流派 …… 181
第三节　国家干预主义思潮下的凯恩斯主义经济学和新古典综合派 …… 191

参考文献 …… 207

第一章

宏观经济学绪论

本章首先从经济学产生以来的漫长历史视角，对宏观经济学的形成和发展进行回顾；接着介绍宏观经济学研究中使用的几种主要方法；最后，对宏观经济学基本问题进行简要总结。

第一节　宏观经济学的产生和发展

现在，即使并非从事经济学研究的人都知道微观经济学和宏观经济学的大致区分。然而，直到 20 世纪 30 年代，经济学家们才开始考虑如何进行这样的划分。1933 年，挪威经济学家鲁格纳·弗里斯首次清楚地提出了这两个名词在现代意义上的概念。他指出："微观分析方法是指对于大的经济体系中的某个经济单位在一般条件下的行为进行研究分析的方法，而宏观分析方法是指对整个经济系统的总结分析。""宏观经济学之父"约翰·凯恩斯也曾于 1936 年提出类似的概念："经济学理论应划分为两部分，一部分是研究单个厂商在给定条件下的产出和利润的理论，另一部分是研究整个经济的产出和就业的理论。"但是这两位杰出的经济学家都未使用"微观经济学"和"宏观经济学"这样的字眼。首次使用这两个名词的是在荷兰统计研究所工作的默默无闻的经济学家彼得·霍尔夫。1941 年，霍尔夫在文章中写道："微观经济学描述的是关于个人或家庭的经济关系，而宏观经济学是研究一个大的群体（如国家或整个社会阶层）相互间的关系。"

慕课 1-1
宏微区别

宏观经济学作为一门经济学的分支学科正式形成，是以 1936 年凯恩斯发表其划时代的著作《就业、利息和货币通论》（以下简称《通论》）为标志的。但之前以微观经济学为主要内容的经济理论在发展过程中，也零散地包含了一些关于国家整体的宏观经济理论。

一、经济学的形成与发展

"经济"（economy）一词最早来自希腊文，其含义是指对奴隶庄园的管理或者家庭管理。15 世纪中期以后，最早对资本主义经济关系进行理论研究的重商主义者开始把研究和关注的重点转向民族国家的经济强盛与发财致富上。重商主义经济学说是 15—18 世纪活跃于欧洲的一种经济思想和学说，是资本主义社会正式产生初期、资本主义近代民族国家形成过程中的一种经济理论观点。17 世纪初，法国早期重商主义者蒙克莱田在《献给国王和王太后的政治经济学》（1615 年）中提出了"政治经济学"（political economics）一词,用来表示他对经济问题研究重点的转移,以及与以往经济一词含义的区别。政治经济学的提法实际上涉及全体重商主义经济学家对宏观经济学问题的强调。重商主义者主张国家应积极干预经济生活,以保证本国的贸易出超,获取更多的金银。尽管重商主义者也关注如何通过发展工农业来发展一国经济的问题,但他们主要是想在流通领域发财致富,其宏观经济管理的观点和政策主张仍然比较粗糙和浅显,没有真正涉及现代社会所关心的宏观经济问题。

17世纪中期以后直到19世纪70年代,是欧洲经济学的古典经济学时代,价值创造由流通流域开始转向生产领域。古典经济学家们研究的重点是在市场自由竞争条件下经济活动的规律和增进国民财富的途径,侧重研究微观经济问题,有关宏观经济问题的研究比较零散。威廉·配第最先提出了劳动决定价值的基本原理,并在劳动价值论的基础上考察了工资、地租、利息等。亚当·斯密集其大成,撰写了《国民财富的性质与原因的研究》(1776),首次宣称任何一个生产部门的劳动都是国民财富的源泉。他一方面批判了重商主义把对外贸易作为财富唯一源泉的片面观点,将经济研究从流通领域拓展到生产领域;另一方面克服了重农学派①认为只有农业才创造财富的片面观点,认为一切物质生产部门都创造财富,从而明确提出了劳动价值论。在这部划时代的经济学理论著作中,他提出了"看不见的手"的原理,将利己心看作人的本性,将经济活动看作利己心作用的结果,认为对追求个人利益的活动不应限制,私利与公益可以由"一只看不见的手"所引导,一步一步趋向和谐与均衡,这是自然秩序的本质。大卫·李嘉图则是英国资产阶级古典政治经济学主要的和最后一位代表,也是英国资产阶级古典政治经济学的完成者。李嘉图以边沁的功利主义为出发点,建立了以劳动价值论为基础、以分配论为中心的理论体系,并于1817年发表了代表作《政治经济学及赋税原理》。法国政治经济学家萨伊1803年发表的《政治经济学概论》提出供给能够创造自己的需求的定律,被称为萨伊定律(Say's Law),又称萨伊市场定律(Say's Law of Market),主要说明在资本主义的经济社会一般不会发生任何生产过剩的危机,更不可能出现就业不足。1848年英国著名哲学家和经济学家约翰·穆勒发表的《政治经济学原理》被视为经济学的第一次综合。

总的来看,古典经济学主要研究国民财富如何增长,强调财富是物质产品,因此增加财富的方法是通过资本积累等途径来发展生产。古典经济学著作的一个特点是:往往在经济学的前面冠上"政治"二字。"政治经济学"这个学科名称最早出现于1615年,法国重商主义者蒙克莱田出版了题为《献给国王和王太后的政治经济学》的小册子。这里讲的政治与我们现在通常使用的政治概念不同,它是指国家范围或社会范围;政治经济学则是指研究国家范围和社会范围的经济问题。这就突破了原来局限于研究家庭经济或庄园经济,或只作为某一学说的组成部分的状况。后来许多经济学家都沿用这一概念,如1817年李嘉图的《政治经济学及赋税原理》、1819年西斯蒙第的《政治经济学新原理》、1820年马尔萨斯的《政治经济学原理》,以及此后詹姆斯·穆勒的《政治经济学纲要》、李斯特的

---

① 重农学派是18世纪50—70年代法国资产阶级古典政治经济学学派,其代表人物是魁奈。重农学派以自然秩序为最高信条,视农业为财富的唯一来源和社会一切收入的基础,把农业放在国民经济的首位加以考察,认为保障财产权利和个人经济自由是社会繁荣的必要因素。

《政治经济学的国民体系》等。不要忘记，马克思的《政治经济学批判》及《资本论》的副标题“政治经济学批判”，正是批判已有的资产阶级政治经济学的。19 世纪末期，随着资产阶级经济学研究对象的演变，即更倾向于对经济现象的论证，而不注重国家政策的分析，有些经济学家改变了“政治经济学”这个名称。英国经济学家杰文斯 1879 年在《政治经济学理论》第二版序言中明确提出应当用“经济学”代替“政治经济学”，认为单一词比双合词更为简单明确，去掉“政治”一词也更符合学科研究的对象和主旨。1890 年马歇尔出版了《经济学原理》，从书名上改变了长期使用的政治经济学这一学科名称。20 世纪，经济学这一名称在西方国家逐渐代替了政治经济学。

古典经济学在 19 世纪初发展到巅峰的同时，也开始了它的庸俗化过程。这反映了西欧产业革命初期阶级矛盾的特点。法国的萨伊和英国的马尔萨斯是把古典经济学庸俗化的创始者。萨伊所提出的“供给创造自己的需求”的市场法则从根本上否认资本主义存在供求脱节和普遍生产过剩的可能性。马尔萨斯抓住李嘉图在价值论上无法解决的难题进行抨击，力图否定李嘉图的劳动价值论和关于利润来源的学说。

边际效用学派是 19 世纪 70 年代初出现在西欧几个国家的一个庸俗学派，以倡导边际效用价值论和边际分析为共同特点，在其发展过程中形成了两大支派：一是以心理分析为基础的心理学派或称奥地利学派，其主要代表有奥地利的门格尔、冯·维塞尔和冯·庞巴维克等；一是以数学为分析工具的数理学派或称洛桑学派，其主要代表有英国的杰文斯、法国的瓦尔拉斯和帕累托。边际效用学派在美国的主要代表是克拉克，他在边际效用论的基础上提出边际生产力分配论。该学派的主旨是宣扬主观唯心主义，否定劳动价值论和剩余价值论，为资本主义剥削制度辩护。当代资产阶级经济学家把边际效用价值论的出现称为“边际主义革命”，即对古典经济学的革命，使经济学从古典经济学强调的生产、供给和成本，转向现代经济学关注的消费、需求和效用。边际革命从 19 世纪 70 年代初开始持续到 20 世纪初。这个学派运用的边际分析方法成为资产阶级经济学发展的重要基础。资本主义经过了三四百年的发展，竞争加剧，生产矛盾比较突出，而市场问题集中呈现在供求关系上。供求反映了人们的消费和欲望，所以经济学的研究必须从人们的消费和欲望出发，经济学的研究进入消费领域是资本主义经济发展的需要。门格尔曾经指出：“一切经济理论研究的出发点都是人类的欲望本性。没有欲望，就没有经济活动，就没有社会经济和以它为基础的科学。对欲望的研究是经济学的关键。”因此，借助边际分析的方法来测量消费者欲望的满足程度，衡量物的效用从而决定价值，推动着经济学的研究。

马歇尔于 1890 年发表的《经济学原理》继承了 19 世纪以来英国庸俗经济学的传统，兼收并蓄，以折中主义手法把供求论、生产费用论、边际效用论、边际生产力论等融合在一起，建立了一个以完全竞争为前提、以“均衡价格论”为核心的相当完整的经济学体系，这是继约翰·穆勒之后庸俗经济学观点的第二次大调和、大综合。马歇尔用渐进的观点分析经济现象，用力学的均衡概念与数学的增量概念分析商品和生产要素的供求均衡及其价格的决定，用主观心理动机解释人类的经济行为，在静态、局部均衡分析的框架内引进时间因素等。他用均衡价格论代替价值论，并在这个核心的基础上建立各生产要素均衡价格决定其在国民收入中所占份额的分配论。他颂扬自由竞争，主张自由放任，认为资本主义制度可以通过市场机制的自动调节达到充分就业的均衡。这个理论体系的实质是在掩盖资本主义的剥削,抹杀资本主义的无政府状态及其他许多矛盾。19世纪末至20世纪30年代,新古典经济学一直被西方经济学界奉为典范。这本书在马歇尔在世时就已经出到了第8版,成为当时最有影响的著作,在盎格鲁-撒克逊世界(英语国家)替换了古典经济学体系,而他本人也被认为是英国古典经济学的继承和发展者,他的理论及其追随者分别被称为新古典理论和新古典学派。

二、宏观经济学的形成和发展

1929—1933年的资本主义世界经济大危机,宣告了新古典经济理论的破产。凯恩斯经过"长时期的挣扎",摆脱了他从中"熏陶出来的""传统的想法和说法"(《通论》原序语)。他否定了萨伊定律,提出了有效需求不足的理论。凯恩斯主义的理论体系是以解决就业问题为中心,而就业理论的逻辑起点是有效需求原理。其基本观点是:社会的就业量取决于有效需求,有效需求及其不足是凯恩斯宏观经济分析的出发点和理论基础。他抛弃了新古典的充分就业假定及总供求均衡必然是充分就业均衡的观点,区分了失业下的均衡与充分就业下的均衡。凯恩斯全面论述了其经济理论和政策主张,认为资本主义市场中不存在一只能把私人利益转化为社会利益的"看不见的手",资本主义危机和失业不可能消除,只有依靠"看得见的手"即政府对经济的全面干预,资本主义国家才能摆脱经济萧条和失业问题。为此,凯恩斯主张政府通过收入分配政策刺激有效需求来达到充分就业。为刺激社会投资需求的增加,他主张政府扩大公共工程等方面的开支,增加货币供应量,实行赤字预算来刺激国民经济活动,以增加国民收入,实现充分就业。

慕课 1-2

宏观经济学简史

凯恩斯认为,由于存在"三大基本心理规律",从而既引起消费需求不足,又引起投资需求不足,使总需求小于总供给,造成有效需求不足,导致了生产过剩的经济危机和失业,这是无法通过市场价格机制调节的。他进一步否定了通过利率的自动调节必然使储蓄全部转化为投资的理论,认为利率并不是取决于储蓄与投资,而是取决于流动偏好(货币的需求)和货币数量(货币的供给),储蓄与投资只能通过总收入的变化来达到平衡。不仅如此,他还否定了传统经济学认为可以保证充分就业的工资理论,认为传统理论忽视了实际工资与货币工资的区别,货币工资具有刚性,仅靠伸缩性的工资政策是不可能维持充分就业的。他承认资本主义社会除了自愿失业和摩擦性失业外,还存在"非自愿失业",原因就是有效需求不足,所以资本主义经济经常出现小于充分就业状态下的均衡。因此,凯恩斯在背叛传统经济理论的同时,开创了总量分析的宏观经济学。古典经济学家和新古典经济学家都赞同放任自流的经济政策,而凯恩斯却反对这些,提倡国家直接干预经济。他论证了国家直接干预经济的必要性,提出了比较具体的目标。他的这种以财政政策和货币政策为核心的思想后来成为整个宏观经济学的核心,甚至可以说后来的宏观经济学都是建立在凯恩斯的《通论》基础之上的。凯恩斯的理论观点和政策主张被后来的经济学界认为是对于以马歇尔、庇古为代表的新古典经济学自由放任的主要经济思想倾向和政策主张的"革命",也就是后来西方经济学界所说的"凯恩斯革命"。这一"革命"开创了一个新时代，导致了现代宏观经济学的产生，也导致了凯恩斯主义经济学在二战之后在西方国家中较长期的主流地位。

20 世纪 30 年代以后，现代宏观经济学伴随着西方国家经济实践的发展，沿着凯恩斯开辟的道路，在不断的争论中得到了发展。

1. 20 世纪 40 年代中期至 70 年代初期的宏观经济学

20 世纪 40 年代中期至 70 年代初期的宏观经济学是凯恩斯主义经济学的兴盛时期。在二战结束前，凯恩斯的理论并没有得到广泛传播。二战后，在凯恩斯主义理论的发展中出现了两个相对立的主要流派：一个是以美国经济学家保罗·萨缪尔森和托宾等为代表的新古典综合派，他们把凯恩斯的理论同新古典经济理论结合起来，形成了“需求决定论”的宏观经济理论，体现在 1948 年萨缪尔森发表的《经济学》教科书中，成为西方经济学界第三部“集大成”之作；另一个是以英国经济学家罗宾逊和卡尔多等为代表的新剑桥学派[①]，他们认为凯恩斯的《通论》的主旨不是需求决定论而是分配论，强调凯恩斯理论与新古典经济理论之间的对立，反对把二者调和起来。从经济实践来看，需求导向的宏观经济分析成为宏观经济学的主流，尤其是 20 世纪 60 年代，美国在肯尼迪总统执政时，大幅减税和增加政府购买的需求管理政策成为主流政策的象征。从理论发展来看，新古典综合派自二战结束以来一直在西方经济学中居于正统地位。本书以凯恩斯主义的宏观经济理论为主要内容，实际阐述的就是新古典综合派的理论。

2. 20 世纪 70 年代至 80 年代中期的宏观经济学

这一时期是现代宏观经济学的理论大论战时期，也是凯恩斯主义宏观经济学遭受挫折与批评，凯恩斯主义经济学的反对派活跃的时期。20 世纪 70 年代，以美国为首的西方国家经济中出现了日益严重的通货膨胀，在石油危机的冲击下，通货膨胀进一步加剧，经济也出现了衰退，商品滞销、生产萎缩、银行倒闭、失业加剧。这种经济停滞和通货膨胀并发的情况就是所谓的“停滞膨胀”，或称“滞胀”。面对这一问题，凯恩斯主义的理论和政策不再有效，一些反对派的经济学家甚至认为严重的通货膨胀局面正是长期实行凯恩斯主义政策的结果。于是，一场宏观经济理论和政策领域的大论战开始了。在大论战中，出现了一些宏观经济学上重要的、有影响的学术流派。

在这场争论中，有人指出，经济中发生这些问题的原因主要是没有很好地处理货币问题，从而出现了以米尔顿·弗里德曼为代表的现代货币主义学派。该学派认为，经济中现有的问题主要是凯恩斯主义不适当的宏观经济政策，特别是不适当的货币政策造成的。由于市场自动调节机制是有效的，所以政府应尽量减少宏观调节，稳定货币供给，以避免出现大的问题。

也有人说，经济中“滞胀”的产生并不是由于需求方面的原因，而是由于供给方面的原因，所以传统的凯恩斯主义宏观经济学理论和政策主张并不能解决问题，应该从供给方面

---

① 在凯恩斯主义形成之前，新古典学派的主要代表人物曾先后在英国剑桥大学长期任教，因此新古典学派又称“剑桥学派”。二战后，在与新古典综合派的论战中，剑桥大学的琼·罗宾逊、卡尔多、帕西内蒂等学者提出了与新古典综合派相对立的主张。由于他们的理论观点完全背离了以马歇尔为首的老一代剑桥学派的传统理论，因而被称为“新剑桥学派”。

入手寻求解决之道。以拉弗等人为代表的供给学派赞成市场调节的有效性,认为经济中的问题出在片面强调总需求而忽视了总供给上。因此,解决问题的出路在于千方百计扩大总供给,特别是采用减税的办法来增加总供给。

还有人认为,凯恩斯主义的宏观经济学缺乏一个微观基础,因而它没有在充分分析和研究微观资源配置机制的效率的基础上运用宏观经济政策,为此,应该认真检讨宏观经济学的微观基础问题,以求达到宏观分析和微观分析的一致与统一。以卢卡斯、萨金特、巴罗为代表的理性预期学派①则建立了新古典宏观经济学。他们坚持微观经济主体决策的最大化和最优化原则,坚持人们的预期是理性的观点,坚持市场可以即时出清的假定,坚信市场自动调节的充分有效性,坚持认为政府的宏观经济政策在系统地稳定经济方面是无效的。

这些学术流派的观点对现代宏观经济学理论和方法的发展产生了极其重要的影响。

3. 20 世纪八九十年代的现代宏观经济学

经过 20 世纪七八十年代的理论论战,现代宏观经济学在 20 世纪八九十年代获得了一些新的进展和变化,主要体现在现代宏观经济学在许多方面取得了一定的共识,理论和方法上出现了一定的趋同。当然,这一时期也出现了一些新的进展,主要表现在以下几个方面。

(1) 新凯恩斯主义经济学的出现。经过 20 世纪七八十年代的理论论战,坚持凯恩斯主义宏观经济学观点的一些经济学家并不相信市场总会即时出清。他们发展出了一种既与原凯恩斯主义有所区别又有某种联系的新凯恩斯主义宏观经济学的理论、观点和主张。他们认为,即使接受凯恩斯理论体系批评者提出的理性预期假定、接受经济活动当事人利益最大化原则,但是由于市场的非完全竞争、信息的不完备等诸多因素会使价格和工资出现刚性或黏性,而这仍然会造成市场的非出清,产生宏观经济中产出和就业的波动。为避免社会的较大损失,政府的宏观经济政策调节是必要的,也是有效的。这种新理论观点的提出,既减少了凯恩斯主义理论批评者的激烈批评,也为坚持凯恩斯主义开辟了一条新的道路。

(2) 新的内生增长理论的出现。经过 10 多年的消沉之后,从 20 世纪 80 年代中期开始,至少在美国,经济增长理论又有抬头之势。以罗默和卢卡斯等为主要代表的一些经济学家,针对以往的经济增长理论的某些缺陷,提出了所谓的新经济增长理论。这种理论主要从知识、经验、技术、教育等方面对经济增长的源泉和增长机制进行了新的探索。这种经济理论强调专业化知识、技术创新、劳动分工、人力资本、技术扩散等因素在经济增长中的重要作用,并且构建了一些内生动态模型,由此突破了以往的经济增长理论关于资本、劳动等因素的收益递减规律的假定,重新解释了长期经济增长的源泉和机制。这被西方经济学家认为是宏观经济理论的新进展。

(3) 对经济周期理论的新兴趣。20 世纪 50 年代特别是 60 年代以后,西方宏观经济学界对于经济周期理论的研究逐渐沉寂,理论的兴趣转向经济增长和通货膨胀问题。但

---

① 由于理性预期学派的观点与凯恩斯主义理论出现以前的"古典学派"观点大体一致,所以该学派也被称为新古典宏观经济学派。

是，到了八九十年代，对经济周期理论的研究重新高涨起来。新古典学派的一些经济学家提出了"实际经济周期"的观点和模型，引起了其他经济学家的更大兴趣。于是，对经济周期理论研究的新高潮似乎又成为宏观经济学界的一个新动向。

(4) 对宏观经济学发展中制度因素的探索。尽管二战后曾经出现了以加尔布雷斯、缪尔达尔为代表的新制度学派①经济学，他们也曾经从制度方面对资本主义经济进行分析和探讨，但是主流宏观经济学似乎并未对制度加以注意和重视，只有英国的新剑桥学派强调了对收入分配制度的适当改变问题。20世纪八九十年代，宏观经济学在道格拉斯·诺斯等人的"新经济史理论"的启发下，在亚洲一些发展中国家经济的崛起面前，开始对经济发展过程中的制度因素的作用给予一定的关注。这似乎预示着宏观经济学发展变化过程中的又一个新动向。

总之，在二战后的半个多世纪里，在西方国家经济发展的背景下，宏观经济学经过长期研究和探讨以及持续的争论，得到了很大的发展。今天的宏观经济学，在广度和深度上，都是凯恩斯时代的宏观经济学所无法比拟的。了解宏观经济学的各种争论有助于我们更深刻地理解这门学科。

专栏：凯恩斯主义的来源及应用

让我们先从古典模型开始了解宏观经济学的历史。古典模型的历史可以追溯到18世纪晚期，根据亚当·斯密和大卫·李嘉图等自由市场经济学家的说法，它根植于自由主义。这些古典经济学家认为，失业问题是经济周期中很自然的一部分。自我调节机制能够修正这个现象，最重要的是，政府没有必要通过干预自由市场来修正。从美国内战到20世纪20年代，美国交替经历了经济的繁荣和萧条，有记录的大萧条时期就不少于5次。正如古典经济学家预测的那样，每一次大萧条之后经济都会复苏。这些法则被奉若神明，直到这些古典经济学家遭遇了20世纪30年代的大萧条。

随着1929年股市的暴跌，美国经济开始衰退并很快进入大萧条时期。国内生产总值几乎下降了1/3，到1933年，劳动人口失业率达25%。与此同时，私人投资几乎消失了，从1929年的160亿美元减少到1933年的10亿美元。在胡佛总统不断向大众承诺繁荣的经济马上就要到来的时候，两个重要的人物登上了宏观经济的舞台。他们是经济学家凯恩斯和胡佛总统的继任者罗斯福。凯恩斯断然拒绝了古典学派的自我修正理念，他警告说只耐心等待经济的复苏必然会导致无果而终，"因为从长远来看，我们都将死去"。凯恩斯认为在某些情况下，经济不仅不会自然反弹、走出停滞状态，而且更糟糕的是，经济可能会陷入死亡螺旋。唯一能够使经济再次复苏的方法就是通过增加政府支出带动经济增长。因此，财政政策诞生了。在罗斯福新政的不成文规定下，凯恩斯主义成了一个潜在药方。罗斯福在20世纪30年代雄心勃勃的公共工程及20世纪40年代的战后重建足以使美国经济走出大萧条并达到空前繁荣。20世纪50年代早期，美国在朝鲜战争中大规模

① 新制度学派(Neo-institutional School)是当代西方经济学的主要流派之一。该学派形成于20世纪50年代，60年代以后有较大的发展，它的前身是19世纪末20世纪初以凡勃伦、康蒙斯、米切尔为代表的制度学派。

的政府支出再次发挥了刺激增长的作用。10年后，肯尼迪总统的减税方案使凯恩斯主义达到顶峰，20世纪60年代成为美国经济最为繁荣的10年。

第二节　宏观经济学的研究方法

一、实证分析与规范分析

实证分析是指按照事物的本来面目来描述事物，说明研究对象究竟“是什么”或者究竟是怎样的。实证分析方法的主要特点是通过对客观存在物的验证即所谓的实证来概括和说明已有的结论是否正确。它的主要作用或重点是说清楚事物的来龙去脉，进而得出事物究竟是什么或者是什么样的结论。

慕课 1-3
宏观经济学的研究方法

规范分析与实证分析不同，规范分析所要回答的问题是“应该是什么”。规范分析方法的主要特点是在分析前先确定相应的准则，然后再依据这些准则来分析判断研究对象目前所处的状态是否符合这些准则。如果不符合，那么其偏离的程度如何、应当如何调整等。

作为研究和叙述的方法，二者只是适用的条件、服务的目的不同，并非相互对立，而是相互联系和补充的。一方面，在运用规范分析时常常要运用实证分析的方法来论证研究对象与给定准则之间的符合程度；另一方面，在运用实证分析方法研究某类问题时，常常需要运用某些既定准则来验证分析结果。某些规范分析的准则实际上是在实际探索的基础上，运用实证分析方法概括和总结出来的。实证分析与规范分析都是经济学研究不可缺少甚至是不可分割的方法。任何一个经济学理论都是这两种分析方法结合的结果。不过，在经济研究中，更主要的是实证分析。实证分析要运用一系列的分析工具，如个量分析与总量分析、均衡分析与非均衡分析、静态分析与动态分析以及经济模型等。

二、总量分析方法

个量分析是指以单个经济主体(单个消费者、单个生产者、单个市场)的经济行为作为考察对象的经济分析方法，又称微观经济分析法。总量分析方法与之相对应，是指对宏观经济运行总量指标的影响因素及其变动规律进行分析。宏观经济学是以国民经济的整体情况和问题为研究对象的，这就决定了在研究方法上强调的是总量分析方法。总量分析方法的特点是把制度因素及其变动的原因以及后果和个量都看成是不变或已知的前提下，以经济发展的总体或总量为研究主体，研究宏观经济总量及其相互关系。例如，在研究消费时，只着眼于社会总消费与总收入、总投资、总储蓄的相互关系，对个体的消费行为及其变动则不予关注。这种研究方法由于抓住了经济运动的总体状况及总体结构，因而其研究结果对把握国民经济全局具有重要作用，其局限性主要是容易忽视个量对总量的影响。

三、均衡分析与非均衡分析

均衡(equilibrium)是从物理学中引进的概念。在物理学中,均衡是表示同一物体同时受到几个方向不同的外力作用而合力为零时,该物体所处的静止或匀速运动的状态。英国经济学家马歇尔把这一概念引入经济学中,主要是指经济中各种对立的、变动着的力量处于一种力量相当、相对静止、不再变动的境界。这种均衡与一条直线所系的一块石子或一个盆中彼此相依的许多小球所保持的机械均衡大体一致。均衡一旦形成,如果有另外的力量使它离开原来的均衡位置,则会有其他力量使它恢复到均衡,正如一条线所悬着的一块石子如果离开了它的均衡位置,地心引力立即有使它恢复均衡位置的趋势一样。均衡又分为局部均衡(partial equilibrium)和一般均衡(general equilibrium)。局部均衡分析是在假定其他条件不变的情况下分析某一时间、某一市场的某种商品(或生产要素)供给与需求达到均衡时的价格决定。一般均衡分析是在各种商品和生产要素的供给、需求、价格相互影响的条件下来分析所有商品与生产要素的供给和需求同时达到均衡时所有商品的价格如何决定。一般均衡分析是关于整个经济体系的价格和产量结构的一种研究方法,是一种比较周到和全面的分析方法,但由于一般均衡分析涉及市场或经济活动的方方面面,而这些又是错综复杂和瞬息万变的,从而使这种分析实际上非常复杂和耗费时间。因此,在西方经济学中大多采用局部均衡分析。

非均衡是与均衡相对而言的。非均衡意味着市场上的供求不相等,也就是说,在市场不出清的经济状况下,也存在广义的均衡状态,即非瓦尔拉斯一般均衡状态。非均衡理论强调预期的不确定性。这实际上暗含这样一个前提:在现实经济生活中,信息是不完备的,搜集信息是要花费成本的,因此行为人的交易不可能完全是均衡的交易,非均衡现象是不可避免的。

在现代非均衡理论中,非均衡的概念不同于古典意义上的非均衡概念,它有"行为确定"的含义。例如,凯恩斯的"失业均衡"具有稳固性,可以持久地存在,而不仅是一种过渡状态。而在古典均衡理论中,非均衡一般来说是一种不稳固的状态,具有暂时性和过渡性,必然要立即向其他状态转化,或是向均衡"收敛",或是在"发散"过程中变得更加不均衡。但在非均衡理论中,非均衡与瓦尔拉斯均衡一样,具有行为确定的含义。现代非均衡学派指出,在现实中,价格并非像传统理论那样是可以随时根据供求关系迅速调整的,有时是因为制度的原因被固定或其运动受到限制,有时则仅仅是由于信息不完全而得不到及时的调整;同时,由于市场上并非处处存在瓦尔拉斯定义的那种"喊价人",人们不可能等到一切价格都调整到均衡值上再进行实际的交易,交易发生之后又不能再"重新交易",因此他们在遇到供求不等的情况时,往往首先进行"数量调节",根据自己在一定价格下所能买到的数量或卖出的数量来调整自己在其他市场上的供求数量(所谓的"外溢效应")。总之,一方面,价格调整的速度低于数量调整的速度;另一方面,对每个个别行为主体来说,价格往往是外生变量,是既定的交易条件,而交易数量则是自己所能控制的内生变量。因此,市场运动的结果通常会是非均衡的,变量之间是不均等的,"理想的"供给不等于有效需求,或"理想的需求"不等于有效供给。但这种非均衡结果又是建立在每个人在既定的信息条件、制度条件和市场条件下的最优选择的基础上的,因而又是具有稳固性的,不改变某些基本的外定条件,如收入分配制度、价格限制、信息完全程度等,就不可能使某种非均衡状态得到改变,变成均衡。

非均衡理论打破了几百年来统治着经济学界的均衡观。现实世界中存在不确定性,时间序列中的经济运行总是相互发生作用,行为人搜集信息是需要花费成本的,在均衡价格达成以前,交易也是可以实现的。而均衡理论却将上述现实情况通过大量的假定抽象掉,或者说,均衡理论正是凭借舍弃上述现实生活中的复杂性才得以存在的。非均衡分析正是要将这些复杂性考虑在内,立意创建一套更加贴近现实生活的理论,而这套理论却不可能建立在优美但空洞的均衡观上,它的思想基础是更具有说服力的非均衡观。非均衡分析对于解释失业与通货膨胀等宏观经济现象提供了一个切合实际的微观分析基础。非均衡分析采用动态分析方法,所研究的是实现某个均衡的过程及均衡变动的过程,而在这些过程中所呈现出来的,正是一个个连续的非均衡状态。

四、静态分析、比较静态分析和动态分析

与微观经济学类似,宏观经济学所采用的分析方法可分为静态分析、比较静态分析和动态分析。

静态分析(static analysis)是分析经济现象的均衡状态及有关的经济变量达到均衡状态所需要具备的条件,它完全抽掉了时间因素和具体变动的过程,是一种静止地、孤立地考察某些经济现象的方法。比较静态分析(comparative static analysis)是分析在已知条件发生变化以后经济现象均衡状态的相应变化,以及有关的经济总量在达到新的均衡状态时的相应变化,即对经济现象有关经济变量一次变动(而不是连续变动)的前后进行比较。比较静态分析是比较一个经济变动过程的起点和终点,而不涉及转变期间和具体变动过程本身的情况,实际上只是对两种既定的自变量及其各自相应的因变量的均衡值进行比较。动态分析(dynamic analysis)则是对经济变动的实际过程进行分析,包括分析有关总量在一定时间过程中的变动、这些经济总量在变动过程中的相互影响和彼此制约的关系,以及它们在每一时点上变动的速率等。这种分析考察时间因素的影响,并把经济现象的变化当作一个连续的过程来看待。

在微观经济学中,无论是个别市场的供求均衡分析,还是个别企业的价格、产量均衡分析,都采用静态分析和比较静态分析方法。动态分析在微观经济学中进展不大,只在蛛网定理(Cobweb Theorem)这类研究中,在局部均衡的基础上采用了动态分析方法。在宏观经济学中,则主要采用比较静态分析和动态分析方法。凯恩斯在《通论》一书中采用的主要是比较静态分析方法,而其后继者们在发展凯恩斯经济理论方面的贡献,主要是长期化和动态化方面的研究,如经济增长理论和经济周期理论。

五、经济模型

经济模型(economic model)是指用来描述与所研究的经济现象有关的经济变量之间的依存关系的理论结构。简单地说,把经济理论用变量的函数关系来表示就叫作经济模型。经济模型是指论述某一经济问题的理论,如前所述,它可以用文字说明(叙述法),也可以用数学方程式表达(代数法),还可以用几何图形表达(几何法、画图法)。

由于任何经济现象不仅错综复杂，而且千变万化，如果在研究中把所有的变量都考虑进去，就会使实际研究成为不可能。因此，任何理论结构或模型都必须运用科学的抽象法，舍弃一些影响较小的因素或变量，把可以计量的复杂现象简化和抽象为为数不多的主要变量，然后按照一定的函数关系把这些变量编成单一方程或联立方程组，构成模型。由于建立模型时，选取变量的不同及其对变量的特点假定不同，因此即使对于同一个问题也会建立起多个不同的模型。

第三节 宏观经济学基本问题

宏观经济学的主要研究内容是国民经济的总量、结构、机制和绩效以及政府怎样运用经济政策来提高经济的绩效，涉及的主要是短期内宏观经济调控问题，因此失业和通货膨胀是宏观经济学研究的两个基本问题，宏观调控的短期、国内目标是实现无通货膨胀的充分就业。而从较长的时间跨度来看，世界各国发展经济的主要目的是提高本国人民的生活水平和质量，增加国民的综合福利，这要通过长期经济增长来实现。因此，经济增长相关问题也成为宏观经济学的基本问题。同时，任何国家的经济发展过程都不是一帆风顺的，都会在不同的时候发生或快或慢、时好时差的情况，这就是经济波动。具有大致相同的时间间隔的经济波动就是经济周期，这是宏观经济学的又一大基本问题。从空间维度来看，在世界经济一体化和全球化的今天，一国的经济状况会与其他国家的经济活动发生越来越密切的联系，会越来越多地受到其他国家经济状况的影响。因此，一国在经济发展过程中必须考虑国际收支的平衡问题，以及本国与其他国家经济活动之间的相互影响问题。开放条件下的宏观经济问题是 21 世纪宏观经济学发展的方向。

说明失业和通货膨胀的菲利普斯曲线可以由总需求-总供给模型（见第七章）推导出来，因此本书将失业和通货膨胀的相关知识与理论安排在第八章；开放条件下的宏观经济问题相关知识和理论见第九章。本节简单介绍有关经济增长和经济周期的知识。

一、经济增长的定义和度量

在宏观经济学中，经济增长（economic growth）通常是指在一个较长的时间跨度上，一个国家人均产出（或人均收入）水平的持续增加。总产出通常用国内生产总值（GDP）来衡量。对一国经济增长速度的度量通常用经济增长率来表示。设 ΔY_t 为本年度经济总量的增量，Y_{t-1} 为上年所实现的经济总量，则经济增长率（G）就可以用下面的公式来表示：

$$G = \Delta Y_t / Y_{t-1}$$

很多时候，经济增长是指在一定时间内，一个经济体系生产内部成员生活所需要的产品与劳务的潜在生产力的提升（生产可能曲线向外扩张）。生产力的提升主要取决于一个国家的自然资源禀赋、实物资本数量与质量、人力资本量和技术水平的提升以及制度环境改善。因此，经济增长也意味着决定生产力的诸多因素的扩展与改善。从长远的生产力视角来探讨经济增长，往往使用潜在 GDP 这一概念。潜在 GDP 的增加就是经济增长。潜在 GDP 是指一个经济社会的生产要素或经济资源在被充分利用的条件下所实现的产出。在实践中,由于机器、设备、劳动、土地等全部生产要素是否已经被充分利用难以实际测算,而计算生产要素中的劳动被利用的状况相对比较容易,因此潜在GDP也被定义为充分就业条件下所实现的产出。实际上,当劳动资源被充分利用即实现充分就业以后,就标志着其他生产要素也已被充分利用,而如果在经济中存在严重的劳动失业,也一定意味着其他生产要素存在大量的闲置,所以经济学中的充分就业一词在很多场合都是生产要素或资源被充分利用的代名词。

潜在的GDP并不是一成不变的,而是随人口的自然增长、资本要素的不断积累、技术的不断进步而不断增长。从长期来看,潜在的国内生产总值是一条具有正斜率的曲线,这条曲线代表了该国理论上的经济增长曲线。潜在GDP与实际GDP的差别反映了经济周期的情况,如果潜在GDP与实际GDP相等,则表明一个经济的潜力得到了充分发挥,经济处于理想的正常运行状态;如果潜在GDP大于实际GDP,则表明经济潜力没有发挥出来,资源处于闲置状态,存在失业的压力,就会出现经济衰退。当实际GDP偏离潜在GDP的程度较大时,就会出现经济波动。经济增长问题实际上是社会潜在生产能力即潜在GDP的长期变化趋势问题,也就是研究什么因素决定长期中产量的增长率,或者说潜在GDP的长期变化趋势受什么因素的影响,并按什么规律变化。

二、经济增长理论简介

经济增长理论的研究对象就是经济增长问题。如果把人均国民收入作为衡量一个国家经济成就的尺度,经济增长理论的任务就是要回答一定时期的人均国民收入水平是由哪些因素决定的,这些因素同人均国民收入水平之间的数量关系是什么,并在此基础上进一步回答,当决定一定时期人均国民收入水平的诸因素随着时间的推移而发生变化的时候,人均国民收入水平将相应发生何种变化。

大多数经济学家认为,决定一定时期人均国民收入水平的主要因素有人力资源、可资利用的物质资源、管理效能和技术水平、社会经济制度四种。因此,尽管各种经济增长理论之间存在种种差异,它们却都是在研究资本积累、劳动力和人口增长、技术进步等因素及其相互之间的关系。至于社会经济制度,尽管现代经济增长理论承认其对经济增长的重要性,但往往把它作为给定的因素而不予更多的研究。将制度作为一个重要的内生变量,研究制度对经济增长的影响是制度经济学家的主要任务。相对经济增长理论,制度经济学在西方经济学界处于非主流地位。

广义的经济增长理论可以追溯到以亚当·斯密、大卫·李嘉图为代表的古典经济学派。李嘉图所阐述的关于经济增长过程的理论是古典经济增长理论中最完备的。李嘉图认为,社会总产品是土地、资本、劳动三者结合的产物。由于土地数量有限,随着资本的积累和人口的增长,在"收益递减规律"的作用下,劳动生产率下降,地租将会提高,农产品的价格也将随生产成本的提高而提高。由于农产品价格的提高,工人的货币工资也将随之提高。而工资的提高则导致了利润的减少。资本积累是经济增长的动力,而积累的推动力则是利润。当积累使资本家的利润降低到无法对资本投入生产时所必然遇到的风险提供补偿的地步时,积累的动机就会完全消失,资本主义经济就会进入静止状态。但是,资本积累可以推动技术进步,提高生产率,进而增加利润。因此,伴随着资本积累过程而发生的是一场技术进步和人口增长的竞赛。李嘉图认为，技术进步可以推迟资本主义经济进入静止阶段的时间，但由于“收益递减规律”终将占据上风，资本主义经济最终将不可避免地进入静止状态。

19 世纪后半叶到 20 世纪 40 年代，除马歇尔、维克塞尔和熊彼特等人外，绝大多数西方经济学家都不重视对增长理论的研究。在经历了 20 世纪二三十年代的“大危机”之后，许多经济学家更是认为：在资本主义社会，重要的问题不是经济增长，而是如何充分利用现有生产能力以实现充分就业。例如，凯恩斯明确指出：经济增长问题对于工业化国家来说是不重要的，不需要积累率有多大提高，只要消费水平有足够提高就可以实现充分就业。凯恩斯在分析国民收入水平的决定时，事先假定了社会生产潜力是给定的，投资的增减仅仅意味着总需求的增减，而投资对于社会生产潜力的作用是可以忽略的。这样一来，凯恩斯从一开始就把经济增长问题从视野中排除掉了。

二战结束之后，经济增长问题才重新引起西方经济学家的广泛兴趣和重视，并最终形成了“现代经济增长理论”(以下简称经济增长理论)。就其理论根源来看，经济增长理论的奠基人是英国经济学家哈罗德和美国经济学家多马。他们认为，凯恩斯对经济所做的短期分析是不能令人满意的，因为从长期来看，投资不仅影响有效需求，还能扩大资本存量，从而扩大整个经济的生产能力。他们试图把凯恩斯的《通论》“长期化、动态化”，即试图确定在给定的假设条件(如储蓄量、资本-产出率、人口增长率不变等)下实现持续充分就业的条件是什么。为此，他们研究了国民收入、人口、资本(投资)、劳动生产率等因素之间的数量关系，各自独立地提出了著名的哈罗德-多马模型，从而为把经济增长作为研究对象的经济增长理论奠定了基础。20 世纪 60 年代以来最流行的新古典增长理论，依据以劳动投入量和物质资本投入量为自变量的柯布-道格拉斯生产函数建立的增长模型，把技术进步等作为外生因素来解释经济增长，得到了当要素收益出现递减时长期经济增长停止的结论。然而，20 世纪 90 年代初期形成的内生增长理论则认为，长期增长率是由内生因素解释的，也就是说，在劳动投入过程中包含因正规教育、培训、在职学习等而形成的人力资本，在物质资本积累过程中包含因研究与开发、发明、创新等活动而形成的技术进步，从而把技术进步等要素内生化，得到因技术进步的存在，要素收益会递增而长期增长率为正的结论。

总的来看，经济增长理论并不是一种统一的理论，它实际上不过是关于发达资本主义国家经济增长的许多不同理论观点的总称。尽管如此，从研究对象的角度来看，这些理论都力图阐明在发达资本主义国家，一定时期的国民收入水平或人均国民收入水平是由哪些因素决定的，它们之间的数量关系如何，以及随着时间的推移，它们将发生何种变化。

本书主要介绍凯恩斯的短期需求管理理论，与经济增长理论之间关联性较弱，所以只对经济增长理论进行以上简要介绍，不另设专门的章节来论述经济增长理论。

三、经济周期的阶段和原因

经济周期(又称商业循环)，是指经济活动沿着经济发展的总体趋势所表现出的有规律的扩张和收缩。

图 1-1 是表示经济周期变动的一个典型的曲线图。图中正斜率的直线是经济的长期

增长趋势线。由于经济在总体上保持或多或少的增长,所以经济增长的长期趋势线的斜率为正。经济周期大体上会经历四个阶段:繁荣、衰退、萧条和复苏。

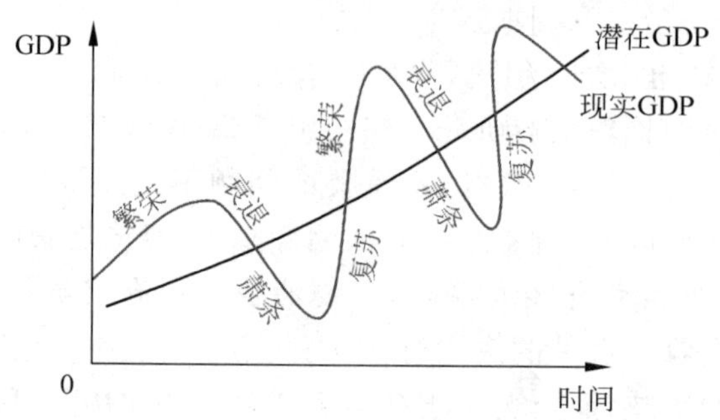

图 1-1 经济周期变动的曲线和经济增长的趋势线

假定经济处于繁荣阶段。这时,就业增加,产量扩大,社会总产出逐渐达到最高水平。但是,繁荣阶段不可能长期维持下去。当消费增长放慢,引起投资减少时,或投资本身下降时,经济就会开始下滑,使经济处于衰退阶段。在衰退阶段初期,一方面,由于需求减少,消费需求与生产能力偏离,使投资增加的势头受到抑制,随着投资减少,生产下降,失业增加;另一方面,消费减少,产品滞销,价格下降,进而使企业利润减少,致使企业的投资进一步减少,相应地,收入也不断地减少,最终会使经济跌落到萧条阶段。萧条(又称谷底)阶段是指经济活动处于最低水平的时期。在这一阶段存在大量的失业,大批生产能力闲置,工厂亏损甚至倒闭。但萧条时期也不可能无限延长。随着时间的推移,由于现有设备的不断损耗,以及因消费回暖引起企业存货的减少,致使企业考虑增加投资。这又使就业开始增加,产量逐渐扩大,使经济进入复苏阶段。复苏阶段是指经济走出萧条阶段并转向繁荣的阶段。在复苏阶段,生产和销售回涨,就业增加,价格也有所提高,整个经济呈上升的势头。随着生产和就业继续扩大,价格上升,整个经济又逐步走向繁荣阶段。接着,经济又开始了周期变动的又一个循环。

对造成经济周期的原因,经济学家给出了种种不同的说明和解释。对于现代经济周期理论而言,可以划分为凯恩斯主义的经济周期理论和非凯恩斯主义的经济周期理论。乘数-加速数模型[①]就是典型的凯恩斯主义的经济周期理论,非凯恩斯主义的经济周期理论则有多种理论,如消费不足论、投资过度论、货币信用过度论、创新理论、心理理论、太阳黑子论及政治周期论。

四、经济周期的类型

经济学界公认的经济周期类型是由美籍奥地利裔经济学家约瑟夫·熊彼特(Joseph Schumpeter)在20世纪30年代末所划分的。熊彼特将经济周期划分为长周期、中周期和短周期三类。

长周期又称长波,是指一个周期平均长度为50~70年的经济周期。这一划分最初是

---

① 乘数-加速数模型将在第四章第一节介绍。

由苏联经济学家康德拉季耶夫(N. D. Kondratieff)于1925年发表的《经济生活中的长波》一文中首先提出的。因此,经济长周期又称康德拉季耶夫周期。

中周期又称中波,是指一个周期平均长度为8～10年的经济周期。经济学家们对中周期的研究开始较早。1860年,法国经济学家朱拉尔(C. Jular)在其《论法国、英国和美国的商业危机及其发生周期》一书中系统地分析了这种经济周期。因此,经济中周期又称朱拉尔周期。

短周期又称短波,是指一个周期平均长度约为40个月的经济周期。它最早由美国经济学家基钦(J. Kitchin)于1923年提出。因此,经济短周期又称基钦周期。

五、经济周期对失业率、通货膨胀率及股票市场的影响

在经济周期过程中,并不是只有实际国民生产总值变动,还有其他许多变量与经济周期的波动相关。其中最重要的一个变量就是失业。在经济周期的收缩阶段,失业率上升;在经济周期的扩张阶段,失业率下降。在经济周期的顶点,失业率最低;在经济周期的谷底,失业率最高。失业的波动非常近似地反映了国民生产总值的波动。

从通货膨胀率指标来看,在经济周期的不同阶段,通货膨胀率通常有着不同的变化规律,这反过来又加剧了经济波动。在经济扩张期通货膨胀率通常增加,特别是接近扩张的后期,在衰退期通货膨胀率通常下降。这是因为:在经济周期的扩张阶段,企业和居民的支出强劲,生产和服务的供应者相对容易提高价格;而在经济萧条时,随着支出下降,企业在销售商品和提供服务的过程中,在尽可能提高价格方面要比其他时候困难得多。

经济状态的另一个指标是股票市场状况,即我们经常听到的股票价格变动情况。股票价格最显著的特点是变动极大而且没有任何明显的周期模式。以美国为例,迄今为止,美国历史上的三次股票价格暴跌发生在1929年、1987年和2008年。在这种暴跌前是股票价格迅速上升,而在暴跌后是相当时期内大量股票价格下降。对比经济周期与股票价格变动的资料可以看出,股票市场提供了关于经济趋势的信息。有时股票市场的变动与实际国民生产总值的收缩和扩张以及失业率的上升和下降同步,或略有提前。但并不能根据股票市场的转折点来预测经济的转折点。股票市场价格是由人们对企业未来利润率的预期决定的,而带有投机因素的预期有时对有时错,这就使股票价格波动与经济周期之间的联系缺乏稳定性,很多时候很难根据股票价格作出正确的经济状况预期。

专栏:宏观经济学的身世之谜①

宏观经济学自打出生那天起,就很孤独。社会上无时无刻不在讨论宏观经济问题。经济增长、物价、资产价格从来都是热点问题,出租车司机、政府总理和经济学家都能对宏观经济问题发表长篇大论。讨论虽然热闹,但是按照宏观经济学范式思考和研究宏观经济问题的人却很少。宏观经济问题讨论与宏观经济学研究相隔很远,远到很多情景下二

① 本文来源于中国社会科学院世界经济与政治研究所研究员张斌在2014年浦山优秀论文奖颁奖礼上的感言,有删减。

者几乎没什么关系。打个比方,宏观经济学研究的是空气动力学如何让飞机飞起来,而宏观经济问题讨论的内容经常是飞鸟羽毛的长短和颜色。

为什么会出现宏观经济学和宏观经济问题讨论的巨大隔阂?第一个难题,宏观经济学是一门很抽象的科学。有普遍性的宏观经济学研究范式,但没有普遍性的宏观经济模型。对待任何一个国家的宏观经济问题研究,既要遵循研究范式,又要根据特定的经济环境把问题恰当地抽象出来,并且能够用数学方法求解,形成特定环境、特定需求的定制宏观经济模型,这是一个很困难的过程。第二个难题,沟通上的难题。即便你做出了恰当的模型,而且能够求解,你怎么把变量之间的关系说清楚呢?用简单易懂的文字语言,把复杂的宏观经济模型阐释清楚实在不是一件容易的事。宏观经济学研究只能容纳很少的听众,而想听的人太多,都在房子外面窃窃私语。

宏观经济学长大以后,就更孤独了。现在的宏观经济学,主流模型是带有价格黏性的动态随机一般均衡模型。这个名字听起来就费劲。现在的主流宏观经济模型的逻辑完整和一致性有了很大的进步,抽象程度上比早先的 IS-LM 模型大大下降,但是从形式上更复杂了,用到的数学知识也更复杂了。现在的宏观经济主流模型对于包括经济系学生在内的大多数人来说,都是天书。把这套模型活学活用在不同情景下的宏观经济分析,门槛太高。

宏观经济学是一门工具,好用才是关键,简单模型和复杂模型各有其优点和缺陷,不能以好坏区分。对于宏观经济学研究范式需要严肃的批评,但是不要泛泛而谈地反对。

本章基本概念

宏观经济学　总量分析　实证分析和规范分析　均衡分析和非均衡分析　经济模型　静态分析、比较静态分析和动态分析

自测题

复习与思考

1. 宏观经济学的性质和研究对象是什么?
2. 宏观经济学和微观经济学的区别与相互关系是什么?
3. 宏观经济学主要涉及哪些基本分析方法?
4. 怎样理解宏观经济学发展变化的历史性、现实性和一般意义?
5. 宏观经济学研究哪些基本问题?
6. 经济增长如何度量?
7. 简述经济增长理论的发展历史。
8. 经济周期包括哪些阶段? 其类型有几种? 对经济的影响体现在哪些方面?

第二章

国民收入核算

宏观经济学的研究对象是国民经济中的总量经济关系。总量经济关系是指国民经济各个总量决定过程中的宏观经济运行关系。在国民经济的许多总量中,国民收入是最具代表性的经济总量。因此,研究国民收入的决定因素及其决定过程,分析影响其增长、波动的因素及其相互作用机制等,就构成了宏观经济理论的基本内容。就像均衡价格的决定是微观经济学的核心一样,均衡国民收入的决定是宏观经济学的核心。而国民收入来自整个社会的经济活动,核算国民经济活动的核心指标是国内生产总值(gross domestic product,GDP)。

第一节 国内生产总值(GDP)概念解析

宏观经济学的一个基本概念是国内生产总值(GDP)。美国著名经济学家、新增长理论的创始人罗默说过:"如果我们少花些时间来解方程组,多花些时间准确理解我们用词的真正含义,那么在这些领域的学术研究和政策讨论会更加富于成果。"①

弄清楚 GDP 这个人人耳熟能详的词汇的概念内涵,对于理解并掌握宏观经济学的理论和实践非常有意义。总结相关教材对 GDP 的定义,本书对 GDP 是这样界定的:一定时期内①(通常是一年)某国(或地区)境内⑤生产要素②所生产④的全部最终产品③(物品和劳务)的市场价值⑥的总和。在 GDP 定义中有几个关键词(用下划线表示出来),关于 GDP 的概念解析就从这几个关键词展开。

GDP 概念解析①:GDP 是一个"流量"概念,与"一定时期"相联系。"流量"是指在某一段时间内所发生的经济总量。例如,某一年内一国的国内生产总值,就是该国在这一年内所生产的所有最终产品和服务的总和。相对地,"存量"则是一国在某一特定时点上的经济总量。例如,某年某月某日一国的货币供应量就是一个存量。在主要的宏观经济总量中,收入、支出、消费、投资、储蓄等都是流量,而货币供给量、劳动力、失业量等都是存量。流量和存量之间有着密切的关系。流量的累积会形成存量,而存量的变动就是流量。例如,历年中对厂房和机器设备的投资,在扣除折旧之后,就构成资本的存量,而某一时期内资本存量的变动就是作为流量的投资。又如,每一个时期的储蓄是流量,而各时期储蓄的累加结果却形成存量。

---

① ROMER P. Two strategies for economic development: using ideas and producing ideas[C]. Proceeding of the World Bank Annual Conference on Development Economics, 1992.

GDP概念解析②：GDP是生产要素所有者的报酬。宏观经济学中的生产要素是指资本、劳动、土地和企业家才能。运用生产要素进行生产，将原材料转化为制成品，制成品被销售出去，实现价值的创造过程，生产要素所有者按其要素贡献获得相应的报酬。当我们购买一件产品或是一项服务时，我们所支付的货币额将形成提供该产品或服务的各要素的收入。当然，GDP作为宏观指标，是指全社会居民在一年中购买当年生产的全部产品所支付的货币总额，最终将按要素贡献转变为全社会居民的收入：资本所有者获得利息，劳动要素所有者获得工资，土地要素所有者获得租金，企业家才能要素所有者获得利润。在这里，请思考这样一个问题：小到个人，大到国家贫穷和富裕的根源是什么？答案并不难找：拥有什么样的要素禀赋，相应地获得何种要素报酬。进一步地，不同个人、不同国家所具有的要素禀赋且由其决定的各自所拥有的比较优势，一定是固定的吗？注定无法改变吗？

慕课 2-1
GDP是生产要素报酬

GDP概念解析③：GDP衡量的是最终产品的价值。也就是说，中间产品价值不计入GDP，否则会造成重复计算。最终产品是指由最后使用者购买的产品（如衣服）或劳务；中间产品是指供生产别种产品使用的产品（如棉花、纱、布）。需要注意的是，资本品是最终产品还是中间产品？资本品又称投资品，是指生产过程中使用的各种生产设备和厂房。虽然资本品也像中间产品一样是用来生产别种产品的，但是资本品在生产过程中只是部分被消耗，经过一次生产过程后虽然有些磨损，其物质形态却完好地保留了下来；中间产品在生产中则是全部被消耗，经过一次生产过程之后，其物质形态就不存在了。根据这一性质，我们将资本品视为最终产品。

GDP概念解析④：GDP是一个生产概念。也就是说，GDP测算的是一定时期内所生产的而不是售出的最终产品的价值。产出与销售的差为库存变动（又称存货投资）。企业的存货不仅包括最终产品，还包括一些中间产品。中间产品如果没有在生产中被消耗掉，其存货是最终产品，应作为存货投资计入GDP。

慕课 2-2
GDP是生产的而不是售出的最终产品价值

GDP概念解析⑤：GDP是一个地域概念。也就是说，GDP表示某个地域范围内的最终产品价值。与之相对应，国民生产总值（gross national product，GNP）是一个国民概念。二者的区别只在界定生产要素的关键词上：一个是“一国（或地区）境内的”；另一个是“一国（或地区）所有的”。中国境内的日资企业生产的产品，计入中国的GDP，不计入中国的GNP；计入日本的GNP，不计入日本的GDP。中国在日本投资建厂生产的产品，计入中国的GNP，不计入中国GDP；计入日本的GDP，不计入日本的GNP。从数量上看，GNP和GDP存在如下关系：

慕课 2-3
GDP与GNP

GNP－GDP＝本国海外净要素收入＝本国国民从国外获得的收入－外国国民从本国获得的收入

可以用如图2-1所示的示意图表示二者的数量关系。

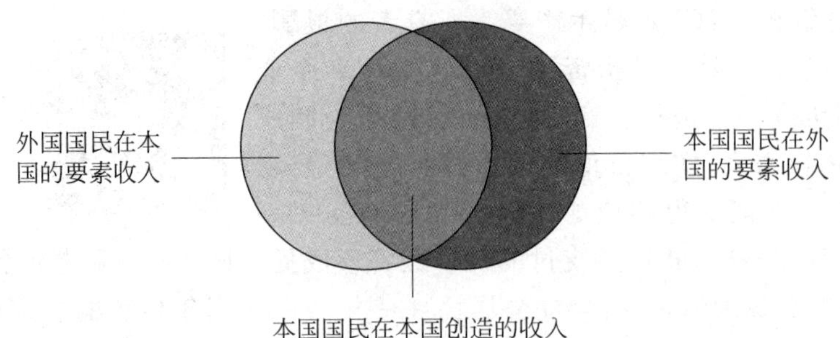

图 2-1 GNP 与 GDP 的数量关系

GNP 和 GDP 的差额反映了一个国家在国际分工中“走出去”和“引进来”的不对等程度。仍以中日为例。1993—2014 年,我国吸引外资已连续 23 年居发展中国家首位,我国的 GDP 数值连续多年超过 GNP,而日本经济发展模式的特点是以对外直接投资为主,日本境内引进的外国直接投资很少,其 GNP 远远超过 GDP。

GDP 概念解析⑥:GDP 是一个市场价值概念。它包含以下几层含义。

第一,GDP 衡量在市场上交易且有价格的东西,但经济中许多活动属于非市场活动,不统计在 GDP 内。例如,自给自足的生产活动不包括在 GDP 中,这在发展中国家所占比重较大,因为发展中国家的市场机制还不健全,许多生产活动还没有市场化。以我国为例。我国农村人口比重较大,农民在一年中生产和消费的粮食已经按照市场价格计入我国 GDP 总量中了,但是农民种的菜、饲养的鸡鸭主要是用于自家消耗,没有统计到 GDP 中。又如,未实现社会化和市场化的家政劳动也不包括在 GDP 中。在西方发达国家,家政劳动的社会化程度较高,而且凡是从事家政服务的人员都必须先去政府部门登记,填一张税卡,然后才可以去做工,因此这部分劳务全部计入 GDP。而在我国,一方面,大多数家庭仍是自己做家务;另一方面,就算雇用家政服务人员,很多家政服务机构都是非正规的,没有在政府部门登记备案,因而没有完全计入 GDP。这将降低我国 GDP 总量和人均 GDP 水平。此外,地下经济属于非法的经济活动,是逃避税收或其他管制的隐蔽性经济活动,这部分经济活动也没有包括在 GDP 中。

慕课 2-4

名义 GDP 与实际 GDP

第二,按不同年份的价格计算的 GDP 数值不同,存在名义 GDP 与实际 GDP 之分。名义 GDP(或货币 GDP),是用生产物品和劳务的当年价格计算的全部最终产品的市场价值;实际 GDP(或真实 GDP),是用从前某一年作为基期的价格计算出来的全部最终产品的市场价值。名义 GDP 与实际 GDP 之比,反映的是从基期到当前时期价格的变动情况,称为 GDP 平减指数或 GDP 折算指数。

$$\text{GDP 平减指数}=\frac{\text{名义 GDP}}{\text{实际 GDP}}\times 100$$

已知某年的 GDP 平减指数及该年的名义 GDP,则可以计算出该年的实际 GDP,从而可以比较从基期到该年实际生产的扩大程度。

第三,进行 GDP 的国际比较时,需要用购买力平价(purchasing power parity,PPP)

进行调整。购买力平价是指相同的产品在不同国家应按相同的价格出售。国际金融中购买力平价理论用于确定两国货币之间的比率，即汇率。一国汇率可以有两种：一种是官方汇率；一种是市场汇率。购买力平价汇率是一种市场汇率。进行 GDP 的国际比较时，由于使用的汇率不同，所计算的 GDP 的数值会有很大差异。按照 1993 年数据，未经 PPP 调整时，中国 GDP 排名全球第六，经调整后排名全球第二，仅次于美国。日本未经调整时排名第二，经调整后排名第三。关于中国实际 GDP 的大小，存在两种观点，如图 2-2 所示。

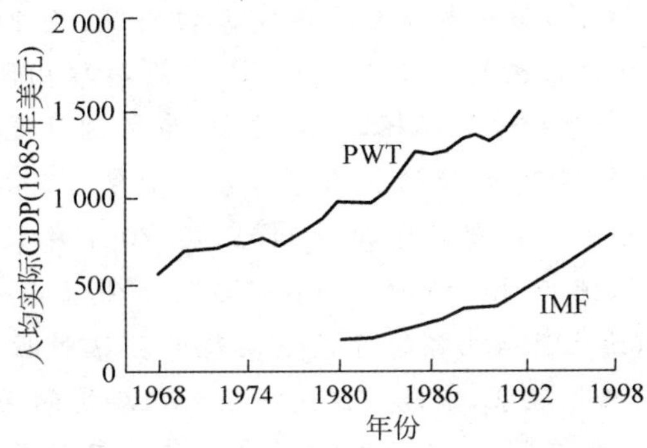

图 2-2　按照中国价格(IMF)和美国价格(PWT)计算的中国 GDP 值的比较

图 2-2 中，IMF 是国际货币基金组织(IMF)测算的中国人均 GDP 的数值，产品和劳务是按中国的价格计算的，以人民币元为单位，然后再按官方名义汇率换算成美元。例如，计算出 1992 年中国的人均 GDP 为 2 402 元，而 1992 年官方汇率是 1 美元＝5.7 元(1994 年汇率并轨前，人民币被高估)，按此汇率得到中国的人均 GDP 为 421 美元。由美国宾州大学国际比较中心的经济学家罗伯特·萨默斯和艾伦·赫斯顿创建的 PWT(Penn World Table)所计算的中国人均 GDP 的数据不是采用中国价格，而是将中国生产的所有产品与劳务都按美国的现行价格来计算。这样，根据 PWT，1992 年美国人均实际 GDP 是中国的 12 倍，而不是官方(IMF)公布的 59 倍。

专栏：从 GDP 概念解析看中国经济发展模式转型

通过 GDP 的概念解析，我们可以从更深的层次分析许多经济问题。例如，国内一些宏观经济学教材中，没有把“企业家才能”视作一种生产要素[①]，这种看法并不确切。西方经济学中，是将企业家才能与资本、土地、劳动一样视为一种生产要素，企业家通过在生产过程中运用其管理才能，经营和管理企业，从而获得报酬，即利润。这同劳动者将其所具有的劳动要素投入生产过程获得工资报酬是一样的。从这个意义上说，企业家和工人是平等的，大家都是按照要素贡献取得报酬。这样一来，西方经济学理论就从根本上掩盖了资本主义经济中的剥削和被剥削关系。马克思通过研究发现，通过延长工人劳动时间和降低工资报酬，资本家最大限度地榨取了工人创造的剩余价值，工人利用自己创造的剩余

① 详见高鸿业《西方经济学(宏观部分)第四版》教材 425 页：“生产的价值，都要转化为生产要素报酬和企业利润，即转化为要素提供者和企业经营者的收入。”

价值不仅养活了自己,还养活了资本家,而不是像资本家所宣扬的,是资本家养活了工人。[①]这就是西方经济学与马克思的政治经济学的重要差别。学习西方经济理论,我们必须了解其原汁原味的本意,这样才能真正做到"批判式学习"。

再如,我们知道了资本品是最终产品,如果资本品加速折旧的话,增加GDP就有了一个方便的途径。结果,速度求快,规模求大,增长求高,企业追求"做大做强""又多又快",没人再提"做长做久"和"做好做省"。有限的资源和生态能否支撑众多企业无限发展,能否承受过快、过多的工业生产,似乎是一个过于宏大的问题,急于扩大生产规模的企业无暇顾及。如果地方政府关心的也是做大本地GDP,就没有理由限制企业加速折旧、加快发展,结果是能源和环境资源的过快消耗,产品过剩,市场过度竞争。实质上是国民财富的浪费,但人们看到的却是GDP快速增长的一派繁荣景象。2000—2006年,资本形成对我国经济增长的贡献率由22.4%急速增加到41.3%。2007年投资对经济增长的贡献稍有下降,但仍高达37.7%,消费对经济增长的贡献连续7年来首次超过投资达到38.6%,而这是在2006年物价同比上涨4.6%的背景下实现的。这种投资拉动的经济增长有多少是重复投资、是否存在浪费现象,不能不说是一个令人堪忧的问题。

把握GDP衡量的是"生产"的而不是"售出"的最终产品的价值,就可以理解GDP反映的是一个国家或地区的生产规模,它不反映产品质量。刚刚建好的大楼能够使用多久,GDP并不关心;使用了没几年的建筑由于质量问题而需要推倒重建,实际上是国民财富的浪费,却使GDP得到再一次增加。GDP不衡量生产效率,一个生产效率不佳、库存量大的企业,可能比一家生产效率高、零库存的企业对GDP的贡献还要大。GDP也不衡量生产的福利效应,没有为老百姓生活水平的提高做出贡献的大量库存产品(包括中间产品和最终产品)都被算进了GDP;甚至对国民福利有负效应的生产活动,如森林砍伐、有毒奶粉的制造也增加了当年的GDP数值。可见,如果以GDP增长率作为衡量经济运行的唯一指标,将给一国经济的长远健康发展埋下隐患。

从GDP与GNP的关系图中可以看到:GDP反映的国民收入并没有全部为本国国民所享有,有一部分是被外国国民拿走的,是本国境内外资企业创造并以利润形式取得的收入。据粗略估计,我国境内外资企业创造的产值占我国GDP的60%,这60%中被外资以利润形式拿走的收入占90%,我们只得到剩余的10%。而GNP反映的国民收入则全部是为本国国民所享有的。联合国1993年要求各国以后一律不用GNP,而改用GDP。我国为与国际接轨,1993年之后就不再对外公布GNP,而只公布GDP。但是,GDP能够反映一国经济活力和人气,却并不能衡量一国民族企业的国际竞争力和真正由本国国民所享有的财富。那种过于迷信GDP,以GDP衡量各级政府政绩,导致一些地方政府不惜代

---

① 善于经营资本的人扮演着"资本家"的角色,他们既可以利用自己的资本购买公司股票或债券从事资本经营活动,成为企业的股东或债权人,也可以成为金融企业的经营者,代那些拥有资本却不具有资本经营才能的个人来经营他们的资本。通过他们的资本经营活动(在很大程度上是对优秀企业家的选择),使善于进行资产经营的企业家得到充足的资金来购置资产,进行资产经营活动,使资产得到最有效的运用。而具有企业家才能者则既可以利用自己的资本购置资产从事资产经营活动,也可以通过替资本所有者经营资产而成为职业企业家。因此,在一定程度上可以说,资本经营者的一项重要工作就是正确地选择企业家,而企业家的主要作用则表现为正确地配置和运用资产。由此可见,"资本家"和"企业家"的根本利益是一致的。

价招商引资以求做大 GDP 的发展模式，必须尽快加以转变。我国政府自 2006 年开始出台取消境内外资企业超国民待遇的政策，自 2010 年年底，境内外资企业开始完全与内资企业享受同等待遇。

多年来，GDP 增速“保 8”一直是中国经济最重要的名词和指引，就连被认为最难“保 8”的 2009 年，在“4 万亿”等一揽子计划的刺激下，GDP 也实现了 9.2%的高速增长。数据显示，2003—2011 年，中国 GDP 年均增速达 10.7%。随着中国经济体量的增大(2012 年 GDP 已超过 50 万亿元)，中国经济开始进入转型的“深水区”，发展的内涵也出现了新变化，普遍共识是中国经济高速增长时代已经结束。2012 年中国 GDP 增速“破 8”，为 7.8%；2013 年为 7.7%；2014 年为 7.4%；2015 年进一步降低为 6.9%，这是自 1990 年以来的最低增长速度。以经济增长速度而言，中国经济在经历了 30 多年的快速增长之后，已经正式告别高速增长进入“常态增长”阶段，经济增速持续下滑，过去 30 多年高速增长积累的矛盾和风险逐步凸显，中国经济明显出现了不同于以往的特征。习近平主席阐述了新常态下中国经济不同于过去 30 年的三个特征：一是从高速增长转为中高速增长；二是经济结构不断优化升级，第三产业消费需求逐步成为主体，城乡区域差距逐步缩小，居民收入占比上升，发展成果惠及更广大民众；三是从要素驱动、投资驱动转向创新驱动。这三个特征是一个具有内在统一逻辑的体系。中国经济在经历 30 多年的快速增长之后，无论是经济基本面，还是经济发展基本模式、产业业态及经济增长动力都已经今非昔比。中国经济基本面不仅发生了量的巨变，更是发生了质的飞跃，用过去的眼光看待中国经济、用过去的思维思考中国经济既不准确，也不现实。

在新常态下，我们不能再“唯 GDP 论英雄”，必须尽快将过半的 GDP 由境内外资企业创造、GDP 增长主要靠固定资产投资和出口拉动的经济发展模式，转变为依靠内需拉动和技术创新推动，着力加强供给侧结构性改革。当前全球经济放缓的大背景，无疑为中国经济发展模式的转型提供了外部环境。对世界而言，中国成为一些国家资金的避风港，中国经济的稳健发展符合世界各国的利益；对中国而言，做好自己的事、更多依靠内需而不是外需拉动经济增长，努力提高本国要素禀赋比较优势、提升参与国际分工的层级，不仅符合自己的利益，也符合世界各国的利益。中国在保持稳健的金融体系、安定的政治社会局面及在今后相当长时间担当全球经济增长领跑者的同时，更重要的是应关注 GNP 而不是 GDP。做大 GDP 不重要，重要的是通过提高民族企业的国际竞争力，加快产业升级，让中国 GNP 的增长能够与 GDP 的增长并驾齐驱。

第二节　国民收入核算方法

核算 GDP 可以采用三种方法：生产法、支出法和收入法。

一、用生产法核算 GDP

生产法又称部门法或增值法，是用企业或生产者的增加值来计算总产值的方法。增加值是指企业对原料和半成品进行加工后的新增价值。企业的增加值会以工资、租金和利润的形式支付给生产要素的提供者。因此，所有企业增加值的总和必然等于全部收入的总和。假定棉花的生产者生产出价值2 000万元的棉花,生产棉纱的企业用这2 000万元的棉花生产出了价值5 000万元的棉纱,也就是说,棉纱的生产者在棉花加工过程中增加了3 000万元的新价值。假定棉纱是最终产品,且棉花的生产成本是零,因此棉花生产者的增加值是2 000万元,棉纱生产者的增加值是3 000万元,二者之和为5 000万元,恰为最终产品棉纱的价值。进一步假定,棉花的增加值2 000万元中,有800万元作为工资支付给劳动者,同时分别向资本和土地的所有者支付600万元的利润和租金;假定棉纱的增加值3 000万元中,工资、利润和租金各占1 000万元。将所有工资、利润和租金收入加在一起[(800+100)工资+(600+1000)利润+(600+1 000)租金],也会得到最终产品的价值5 000万元。

慕课 2-5
GDP 核算——生产法

因此,至少在理论上,这三种方法的计算结果是完全相同的,于是得到如下公式:

最终产品价值=企业增加值总和=该阶段各生产要素报酬之和

所有最终产品的价值总和=所有部门新创造的价值加总=全部收入之和

二、用支出法核算GDP

用支出法核算GDP的原理是:总产出 = 总支出。因为如果最终产品全部售出,总产出一定等于总支出;即使存在没有卖出的最终产品,总产出仍然等于总支出,因为在宏观经济学中,库存被视为企业购买自己的产品。

慕课 2-6
GDP 核算——支出法

用支出法核算GDP的特点是通过核算整个社会在一定时期内购买最终产品的总支出,即最终产品的总卖价来计量GDP。其中的关键是:想知道谁是最终产品的购买者,只要看谁是最终产品和服务的最后使用者。在现实生活中,产品和服务的最后使用,除了居民消费,还有企业投资、政府购买及净出口。

消费(指居民个人消费)支出(personal consumption,简记为C)是用于由企业生产并出售给居民户的产品和服务的全部支出,包括居民用于耐用消费品(如小汽车、电视机、洗衣机)、非耐用消费品(如食物、衣服)以及服务(如医疗、旅游、理发等)的支出。但不包括居民户购买新住房的支出,这一项包括在投资中。

投资(指私人国内总投资)(gross private domestic investment,简记为I)是增加或更换资本资产(包括厂房、住宅、机械设备及存货)的支出。它是能够形成物质资本的私人支出,不包括对金融资产的购买,也不包括人力资本投资。

从投资的类型来看,投资包括固定资产投资和存货投资两大类。固定资产投资是指用于新的厂房、设备、商业用房及住宅的投资。至于为什么住宅建筑也算作投资而不算作消费,主要是因为住宅也像其他固定资产投资一样,是在长期中使用,逐渐被消耗的。存货投资是企业掌握的存货价值的增加(或减少)。存货投资可正可负,因为年末存货的价值可能大于也可能小于年初存货的价值。

从投资量来看，投资可分为重置投资和净投资两部分。由于机器、厂房等固定资产会不断被磨损、消耗，为保持原有的生产能力，每年必须对它们加以补偿或重新购置。重置投资，顾名思义就是重置资本设备的部分，它是用来补偿资本消耗的（折旧）。净投资则是净增加的投资。假定某国在 2021 年的投资是 100 亿美元，假定该国每年要消耗（折旧）价值 20 亿美元的固定资产，则 100 亿美元的当年投资中，20 亿美元是重置投资，当年净增加的投资实际上只有 80 亿美元。净投资和重置投资加在一起构成总投资。用支出法计算 GDP 时涉及的投资就是总投资。需要注意的是，投资是流量，与“一定时期”相联系，而“资本”是存量，与“某一时点”相联系。

政府对产品和服务的购买（government purchases of goods and services，简记为 G）是各级政府（从中央政府到最基层的地方政府）购买产品和服务的支出。政府进行国防建设、维持社会治安、修建道路、开办学校等方面的支出都包括在内。政府支出的另一部分，如转移支付、公债利息等都不计入 GDP。因为转移支付只是把已经产生的收入从一些人（或组织、机构）手里转移到另一些人（或组织、机构）手里，并没有为社会增加新的产品或服务。例如，政府给灾民发放救济金，并不是因为这些人提供了产品和服务，而是因为他们遭遇了意外的、无法抗拒的自然灾害，生活遇到了较大的困难。

产品和服务的净出口（net exports of goods and services，简记为 NX）是出口值（X）与进口值（M）的差额。综上，用支出法计算 GDP 的公式可以写成：

$$\text{GDP}=C+I+G+\text{NX}=C+I+G+(X-M)$$

出口表示外国对购买本国产品和服务的支出，因此出口应该加到外国对本国的总支出中；进口是本国用于购买外国产品和服务的支出。在核算国内生产总值时，只要不加进口就可以了，为什么要减去进口呢？扣除进口的原因很简单，因为从国内生产总值的定义来看，上式右边各项之和代表的是用于国内最终产品的总支出（对国内产品的总需求），因此从 GDP 的定义来看，用支出法核算 GDP 的恒等式可以写成：

$$\text{GDP}=C_d+I_d+G_d+X_d$$

其中，下标 d 用于强调其所对应的支出是用于在国内生产的最终产品的支出。然而，在本国消费者的消费支出 C 中包括用于购买进口消费品 M_c 的支出。同样，在投资支出、政府购买支出和出口中也包含进口成分 M_i、M_g 和 M_x。在计算用于国内生产的最终产品的支出时，用于这些进口成分的支出是应该予以扣除的，即

$$\begin{aligned}\text{GDP}&=(C-M_c)+(I-M_i)+(G-M_g)+(X-M_x)\\&=C+I+G+(X-M)\\&=C+I+G+\text{NX}\end{aligned}$$

其中，M 表示用于所有进口成分的支出总额。这就是使用支出法核算 GDP 时，不能只是不加进口，而是需要扣除进口的原因。

表 2-1 是用支出法衡量的美国国内生产总值。

表 2-1 用支出法衡量的美国国内生产总值[①](2020年5月28至2021年5月27日)

总支出的构成	符号	金额/10万美元	百分比/%
个人消费支出	C	15 069.2	68.3
私人国内总投资	I	3 906.8	17.7
政府物品与劳务的购买	G	3 946.5	17.9
物品与劳务的净出口	NX	−861.5	−3.9
国内生产总值	Y	22 061.0	100.0

数据来源:美国商务部经济分析局(U. S. Bureau of Economic Analysis, BEA)

三、用收入法核算 GDP

收入法是通过把企业为使用各种生产要素及劳务而向居民户支付的所有收入——劳动的工资、资本的利息、土地的租金及企业家的利润加总来衡量国内生产总值。由于把利润看作产品卖价扣除工资、利息和地租等成本支出后的余额,产出(生产的价值)才总是等于收入。如果利润为负值,则说明企业亏损了。无论企业的利润为正还是为负,一个企业的产出总等于收入,一个国家的总产出也必然等于总收入。

慕课 2-7
GDP 核算——收入法

在用收入法核算 GDP 时,将各种生产要素的报酬(包括利润)加总还不能得出国内生产总值,所以必须进行调整。

表 2-2 是用要素收入法衡量的美国国内生产总值。

表 2-2 用要素收入法衡量的美国国内生产总值(2020年5月28至2021年5月27日)

项　　目	金额/10亿美元	在 GDP 中的百分比/%
雇员的报酬	12 117.8	54.9
净利息	697.6	3.1
租金收入	811.7	3.7
公司利润(税前)	2 294.1	10.4
所有者收入(税前)	1 737.1	7.9
加间接税减补贴	1 140.7	5.2
资本耗费(折旧)	3 262.0	14.8
国内生产总值	22 061.0	100.0

数据来源:美国商务部经济分析局(U. S. Bureau of Economic Analysis, BEA)

雇员的报酬是企业为劳动所进行的所有支付。这一项包括工人按周或按月得到净工

① 表 2-1 和表 2-2 的数据由北京理工大学游艺婷同学更新。

资与薪金，再加上工资收入者必须缴纳的所得税及社会保险税等。

净利息是居民贷款所得到的总利息减去借款所支付的总利息。前者包括银行存款的利息、企业债券的利息，后者包括居民为其信用卡未偿还余额支付的利息。政府公债的利息不包括在内。

租金收入包括出租土地、房屋等的收入，以及专利、版权等收入。

公司利润是公司所获得的全部利润，其中一部分以红利形式支付给股东，另一部分作为未分配利润由公司留存。

所有者收入是指非公司企业主收入，如医生、律师、农民和小业主等个体从业者的收入。他们使用自己的资金，为自己工作，其工资、利息、利润、租金常常混在一起，因此把这种所有者兼经营者的各种收入合并为所有者收入。

把以上各项加起来得出的是要素成本的净国民收入，即所有要素收入的总和，这是总收入而不是国内生产总值。为了用要素收入法衡量国内生产总值，必须对要素成本的净国民收入做一些调整。调整包括以下几项：

第一，要素成本与市场价格的差别。在用支出法衡量国内生产总值时，是把用于最终产品与服务的支出进行加总。这种支出是按人们为各种产品和服务所支付的价格——市场价格来计算的。确定一种产品的市场价格的另一种方法是要素成本法，它是把生产某种产品时所用的所有生产要素的成本加总求和来衡量这种产品的市场价格。如果只在居民户与企业之间进行交易，即如果没有政府，一种产品的市场价格与要素成本就是相等的。但政府的存在使二者存在差别，这种差别就是间接税与政府补贴。

间接税是政府税收的一类，其特点是税款可以转嫁给第三者。间接税是对商品和服务征税，征税对象普遍，税源丰富，无论商品生产者和经营者的成本高低、有无盈利以及盈利多少，商品和服务一经售出，税金即可实现。销售税、货物税、营业税、增值税、汽油税、烟草税、关税等税种即为间接税。假定销售税税率为 7%，如果生产 1 块巧克力的要素成本为 1 元，而其市场价格为 1.07 元，则 0.07 元为税收。纳税人是巧克力生产者，负税人是消费者，税收持有人是政府。

政府补贴是政府向生产者进行的支付，如政府对生产者的补贴。如果补贴是直接给生产企业的，得到补贴的企业会降低产品价格，而 GDP 归根结底应该用市场价格来计算。用收入法核算 GDP 时，实际上是用生产要素的报酬来计算 GDP，得到补贴的企业的利润会增加，因此需要减去政府补贴。如果补贴是给消费者的，产品的市场价格会由于补贴而降低，所以用收入法核算 GDP 时，也应该减去政府补贴。也就是说，补贴使产品的市场价格低于要素成本，即消费者支付的要少于生产者生产某产品的成本。

导致要素成本与市场价格产生差异的原因，除了间接税和政府补贴外，还有企业转移支付。企业转移支付通常是指企业对非营利组织的赠款或捐款，以及非企业雇员的人身伤害赔偿等。企业转移支付虽然不是生产要素创造的收入，但要通过产品价格转嫁给购买者，因此也视为成本。

在用要素收入法来衡量国内生产总值时，要在总要素收入中加上间接税和企业转移支付并减去政府补贴。

进行这种调整后，得出来的还不是国内生产总值，还要进行下一项调整。

第二,国内生产净值与国内生产总值。总要素收入加间接税和企业转移支付减补贴是按市场价格计算的国内生产净值,它与国内生产总值之间的差别是资本的折旧,因为企业在计算自己的利润时,要扣除折旧,即要从总利润中减去资本存量的损耗。因此,用要素收入计算国内生产总值,还需要加上折旧。这样一来,用收入法计算得到的国内生产总值可以用公式表示如下:

案例 2-1

GDP 的来源与计算

GDP=工资+净利息+租金+公司税前利润+非公司企业主的税前收入+间接税+企业专业支付-补贴+资本折旧

如果不存在统计误差,那么利用支出法和收入法得到的GDP应该相等。前提是二者都是对一国境内的生产要素进行核算。但是,如果二者都是对一国所有的生产要素进行核算,所得到的数值是GNP。

第三节　国民收入循环模型与国民收入核算恒等式

以上面的分析为基础,通过进一步学习支出与收入的流量循环模型,可以更好地理解国民支出、国民收入和国民产值之间的相互关系,从而得到国民收入构成的基本公式,进而得到对分析宏观经济活动具有重要意义的储蓄-投资恒等式。在宏观经济学中,通常是把企业、家庭、政府和对外经济作为四个总体即四个部门来分析其活动。家庭和企业属于私人部门。下面我们将分别就两部门和四部门经济的情况加以说明。

一、两部门经济的收入与支出的流量循环模型

两部门经济是由居民户和企业组成的经济。在这个经济中,居民户向企业提供生产要素,并购买企业生产的产品和服务。企业雇佣居民户提供的生产要素,向居民户支付要素收入;同时向居民户出售产品和服务,而居民户又向企业出售资本品。在这种经济中,把居民户与企业联系起来的市场包括产品与服务市场、要素市场和金融市场。

图 2-3 说明了两部门收入循环模型。

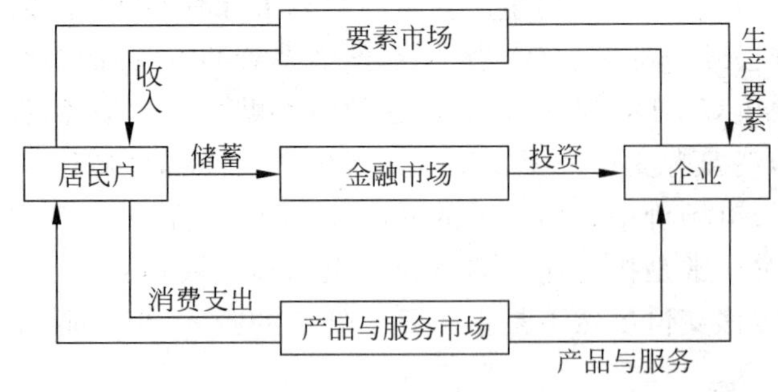

图 2-3　两部门的支出与收入循环模型

图 2-3 表明,在居民户与企业之间存在两种流量:第一种是居民户向企业和企业向居

民户提供的实物的流动;第二种是居民户与企业之间为了换取这些实物而发生的货币流动。箭头所指代表得到实物或货币的一方。

从居民户到企业的实物流动是生产要素的提供,即居民户向企业提供了劳动、资本、土地和自然资源。从企业到居民户的实物流动是产品与服务,即企业生产并向居民户出售了各种产品与服务。

与实物流动成反方向流动的是货币流动。企业向居民户支付劳动要素报酬——工资,为取得资本的使用支付利息,为获得土地的使用支付租金,以及向企业的经营者支付利润。企业为了换取要素服务而向居民户进行的支付形成消费者[①]的货币收入,即总收入,用Y表示。消费者不会将收入都用于消费,而会将收入的一部分用于储蓄。储蓄被定义为:消费者收入中没有用于消费的部分。这部分资金将成为金融市场中借贷资金的来源。正如居民户并没有把收入全部用于消费,企业也并没有把全部产品出售给居民户。未出售的产品形成企业存货,企业除被动增加库存外,更多的时候需主动增加中间产品或最终产品的存货,以备生产扩大或是销售增加所需。一些企业生产的机器设备则是出售给其他企业的新资本品。为了支付新资本品和增加的存货的费用,企业就要在金融市场上向居民户借款。

在两部门经济中,总支出是消费支出和投资支出的总和。下面分析两部门经济的收入、支出与产值之间的关系。

从图 2-3 中可以看到,表示货币流向的三条线与企业相关,其中两条箭头指向企业(消费支出与投资支出),一条箭头离开企业(收入)。企业得到的一切都有支付。企业向居民户的支付表示工资、利息、租金和利润的支付,它形成家庭的消费(C)和储蓄(S),这个总量也是总收入。企业得到的总量是消费支出(C)和投资支出(I)之和,它也是企业生产的总量,这个总量既是总产值(Y),也是总支出。企业得到的等于总支出,企业支付的等于总收入。因为企业得到的等于其支付的,所以

$$总收入=总支出=总产值$$

即

$$C+S=C+I=Y$$

二、四部门的收入循环模型

在实际经济中,经济活动的参与者除了居民户、企业外,还有政府与国外部门(包括外国的消费者、企业和政府)。政府作为一个经济单位,其作用是向居民户与企业征收赋税,以各种社会保险与福利支出的形式向居民户提供转移支付,并从企业购买产品和服务。国外作为一个经济单位,其作用是购买国内企业的产品和向国内企业出售产品。图 2-4 是一个四部门的收入循环模型。

图 2-4 中不包括实物流动,只有货币流动,箭头所指代表得到货币收入。先来看政府的支出与收入流量循环。税收从居民户和企业流向政府。为简单起见,图中没有表示出企业向政府缴纳的税收,可以理解为居民户作为企业所有者代表企业向政府纳税。同时

---

① 由于企业成员也来自家庭,这里将企业和家庭看作一个整体,组成全社会的消费者。

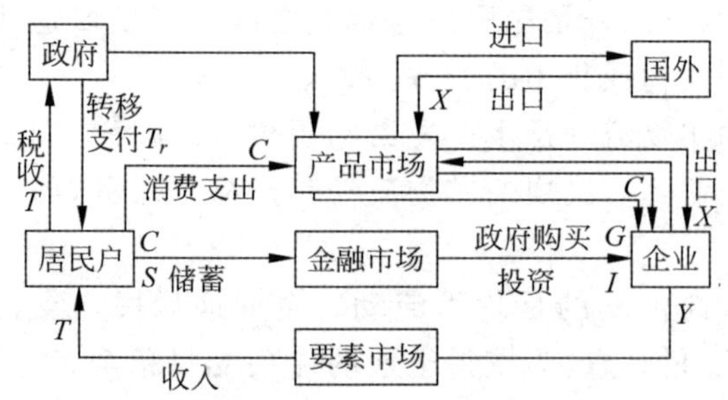

图 2-4 四部门的支出与收入循环模型

也略去了政府部门由于建立国营企业从事生产活动而向家庭部门购买生产要素，支付报酬，以及向最终产品市场提供产品的情况，把生产活动完全看作私人企业的事。政府支出包括两部分：一部分是以社会保险与福利的形式流向居民户，政府的这种支付称为转移支付(transfer payments)，用 T_r 表示；另一部分是政府用来购买最终产品和服务的支出，即政府购买(government purchases)，用 G 来代表。政府的净税收(或称政府收入)是总税收减去政府转移支付($\mathrm{NT}=T-T_r$)，政府预算(用 BS 表示)也被称作政府储蓄(S_g)，等于政府净税收减去政府购买($\mathrm{BS}= S_g=\mathrm{NT}-G=T-T_r-G$)。为区分不同部门的储蓄，家庭储蓄(或称私人储蓄、个人储蓄)用 S_p 表示，它被定义为：个人可支配收入(DPI)中没有被用于消费的部分。

加入国外部门后，这一模型成为开放型经济。一方面，国内企业部门生产的产品有一部分通过出口输往国外(用 X 表示)，企业部门同时得到出口产品的外贸收入。由于产品出口会使国外资金流入国内的国民收入循环流，因此出口被看作国民收入的注入量。出口也表示国外部门对国内的最终产品和服务的购买支出，是对国内最终产品的需求。另一方面，国内部门(包括家庭、企业、政府)也会从国外购买产品与服务(用 M 表示)，这意味着国民收入中有一部分会因进口国外产品而流向国外，因此进口被看作国民收入的漏出量。

在四部门经济中，国民收入由四部分组成：消费(C_d)、储蓄(S_p)、净税收(NT)和进口(M_c)。其中，消费 C_d 是国民收入中用来购买国内最终产品和服务的部分，它将流入最终产品市场；储蓄 S_p 是国民收入中没有用于购买国内外产品和服务的部分，它流向金融市场；净税收 NT 是国民收入中形成政府收入的部分，即政府的财政收入；进口 M_c 是国民收入中用来购买国外产品和服务而用于消费的部分，它将流往国外。国民收入的构成公式可写成：

$$\mathrm{Y} = C_d + S_p + \mathrm{NT} + M_c$$

对国内最终产品的总支出由四部门构成：消费(C_d)、投资(I_d)、政府购买(G_d)、出口(X_d)。其中，C_d 是本国消费者购买本国最终产品的支出；I_d 是为扩大生产在本国市场上购买的新资本品和存货投资；I_d 是政府对本国最终产品和服务的购买支出；X_d 是国外对本国最终产品和服务的购买支出。总支出的构成公式可写成：

$$\mathrm{AE} = C_d + I_d + G_d + X_d$$

由于总收入等于总支出，所以有下式成立：

$$C_d + S_p + \mathrm{NT} + M_c = C_d + I_d + G_d + X_d$$
$$(C - M_c) + S_p + \mathrm{NT} + M_c = (C - M_c) + (I - M_i) + (G - M_g) + (X - M)$$
$$C + S_p + \mathrm{NT} = C + I + G + (X - M)$$

从公式两边消去 C：

$$S_p + \mathrm{NT} = I + G + (X - M)$$

整理得

$$I = S_p + (\mathrm{NT} - G) + (M - X) = S_p + S_g + S_f = S$$

其中，S_p 表示个人储蓄，S_g 表示政府储蓄（$S_g = \mathrm{NT} - G$），S_f 表示外国储蓄（$S_f = M - X$），S 表示总储蓄。

以上从两部门和四部门经济的收入循环模型分析了国民收入核算恒等式的含义。下面简单总结两部门、三部门、四部门经济的国民收入核算恒等式，或投资-储蓄恒等式。

慕课 2-8
GDP 核算恒等式

两部门经济（由家庭和企业组成）中，从支出角度看：$\mathrm{GDP} = C + I$；从收入角度看：$\mathrm{GDP} = C + S$，因此，$I = S$。即：投资＝私人储蓄＝家庭储蓄＋企业储蓄。

三部门经济（由家庭、企业和政府组成）中，从支出角度看：$\mathrm{GDP} = C + I + G$；从收入角度看：$\mathrm{GDP} = C + S_p + T - T_r$，因此，$I = S_p + (T - G - T_r)$。即：投资＝国民储蓄＝私人储蓄＋政府储蓄。注意：在三部门经济中，私人储蓄为家庭储蓄和企业储蓄之和，即 $S_p = Y - C - (T - T_r)$；政府储蓄（又称政府预算）为 $S_g = T - T_r - G$。三部门的国民储蓄（S）为私人储蓄（S_p）与政府储蓄（S_g）之和。

四部门经济（由家庭、企业、政府及国外部门组成）中，从支出角度看：$\mathrm{GDP} = C + I + G + X - M$；从收入角度看：$\mathrm{GDP} = C + S_p + T - T_r$，因此 $I = S_p + (T - G - T_r) + (M - X)$。即：投资＝国民储蓄＋外国储蓄。其中外国储蓄为本国净进口。

从上述投资-储蓄恒等式来看，投资来源于储蓄。需要注意的是，储蓄-投资恒等式中的变量为事后变量。事后变量（又称实际量、统计量）是指经济变量的实际取值；而事前变量（又称计划量、意愿量）是经济变量在决策时的取值。

从四部门的国民收入核算恒等式，即投资-储蓄恒等式，可以得到下式：

$$S_p = I + (G + T_r - T) + (X - M)$$

上式意味着私人部门可以通过三种方式处理其储蓄：①借给企业用于投资；②借给政府；③借给外国人。

另外，由 $Y = C + S_p + T - T_r = C + I + G + \mathrm{NX}$，可得：$S - I = \mathrm{NX} = X - M$。该式表明了一国对外部门与国内部门之间的联系。当 $S > I$ 时，$X > M$，其经济含义是：私人部门投资需求不足，通过增加国外需求（向国外贷款）弥补国内需求不足。当 $S < I$ 时，$X < M$，其经济含义是：私人部门投资需求过度，通过增加进口国外资源（向国外借款）弥补国内储蓄不足。若 $X > M$，向国外贷款，该国被视为净贷款国；若 $X < M$，向国外借款，该国被视为净借款国。

第四节　国民收入中几个重要概念间的关系

国民收入是宏观经济学的核心概念，也是宏观经济学研究的出发点和归宿。了解国民收入的核算方法及其构成是研究宏观经济运行机制的基本前提。在国民收入核算中，除了GDP和GNP的概念，还要弄清国民生产净值(net national product，NNP)、国民收入(national income，NI)、个人收入(personal income，PI)和个人可支配收入(disposable personal income，DPI)等概念及其相互联系。

一、国民生产净值(NNP)

如前所述，当年生产的新机器设备被当作最终产品计入国民生产总值，而在随后的其余年份中不再计算其价值。但是，企业在制定最终产品的价格时，却要把机器的折旧费年复一年地加到最终产品的价格中，因而在每年统计的国民生产总值(GNP)中就包括了折旧费。因此，在任何一年中，GNP不但包括当年新机器的价值，还包含往年的旧机器的折旧费，而旧机器的折旧费并不代表当年生产的新价值。因此，为了计算当年生产的净产值，必须从GNP中减去折旧，用国民生产净值(NNP)表示，即：NNP ＝ GNP－折旧。

二、国民收入(NI)

这里的国民收入是指按生产要素报酬计算的国民收入。

间接税如销售税、货物税、营业税、增值税、汽油税、烟草税、关税等，通常被企业作为成本计入产品的价格中，因而在计算GNP和NNP时就包括了间接税，但这部分税收却由政府拿走，而不能成为任何生产要素所有者的收入。

企业转移支付不是生产要素创造的收入，政府补贴则形成生产要素的收入。从GNP中减去折旧、间接税和企业转移支付，加上政府补贴，可以得到国民收入。

三、个人收入(PI)

生产要素报酬意义上的国民收入并不能全部成为个人收入。公司的利润收入中要给政府缴纳公司所得税，还要留下一部分用于企业发展等用途而不能分配给个人，最终只有一部分利润会以红利和股息形式分配给个人。即使是员工收入中，也有一部分要以社会保险费的形式上缴有关机构。同时，人们也会以各种形式从政府那里得到转移支付，如退伍军人津贴、失业救济金、职工养老金、职工困难补助等。因此，从国民收入(NI)到个人收入(PI)需进行如下调整：

PI＝NI－公司所得税－社会保险税－企业未分配利润＋政府对个人的转移支付

四、个人可支配收入(DPI)

个人收入实际上不能全归个人支配，因为还要缴纳个人所得税，所以税后的个人收入才是个人实际可以支配的收入(DPI)，即人们可用来消费和储蓄的收入。

DPI ＝ PI－个人所得税＝个人消费＋个人储蓄

本章基本概念

流量　存量　国内生产总值　国民生产总值　固定资产投资　存货投资　重置投资　净投资　国内生产净值　名义 GDP　实际 GDP　GDP 平减指数　国民收入　个人收入　个人可支配收入

自　测　题

复习与思考

1. 从 GDP 概念解析的 5 个角度总结 GDP 的局限性。
2. 每个生产阶段的增值包括中间投入品的价值吗？
3. 使用收入法核算 GDP 时，应如何处理间接税、政府补贴、公债利息和折旧？
4. 使用支出法核算 GDP 时，为什么应扣除进口？
5. 用 GDP 和 GNP 指标衡量同一个国家或地区的经济状况时，有何重要区别？
6. 给出储蓄-投资恒等式的不同表述及经济含义（两部门、三部门和四部门）。
7. 给出国民储蓄的组成和计算（三部门和四部门）。
8. 说明国民收入各宏观总量之间的关系。
9. 计算题

（1）根据下表数据，计算国民生产净值、净出口、净税收。

单位：亿美元

	金额		金额
国民生产总值	4 800	消费	3 000
总投资	800	政府购买	960
净投资	300	政府预算盈余	30

（2）根据下面的统计资料，计算国内生产总值（GDP）、国内生产净值（NDP）、国民收入（NI）、个人收入（PI）及个人可支配收入（DPI）。

单位:亿美元

	金额		金额		金额
净投资	125	政府转移支付	120	个人消费支出	500
净出口	15	企业间接税	75	公司未分配利润	100
储蓄	25	政府购买	200	公司所得税	50
资本折旧	50	社会保险金	130	个人所得税	80

(3) 假设国内生产总值是5 000亿美元,个人可支配收入是4 100亿美元,政府预算赤字是200亿美元,消费是3 800亿美元,贸易赤字是100亿美元,试计算储蓄、投资、政府支出。

第三章

简单国民收入决定理论：AE-NI 模型

上一章讨论了国民收入核算，本章将讨论国民收入如何决定，即经济社会的生产或收入水平是如何决定的，也就是均衡国民收入的决定。这是现代宏观经济学的奠基人凯恩斯所提出的理论学说的中心内容。按照凯恩斯主义经济学，资本主义经济通常是在远未达到充分就业的情况下运行的，与需求相比，经济的供给能力无限大，价格不会因生产规模的改变而变化。如果总供给大于总需求，存货就会增加，生产者就会相应减少生产，直至总供给等于总需求；反之，如果总供给小于总需求，存货就会减少，生产者就会相应增加生产，直至总供给等于总需求。因而，正如在第一章中所提及的，古典经济学的要义是"供给决定需求"，而凯恩斯主义经济学的要义则是"需求决定供给"，其经济学是从研究总需求如何决定总供给这一问题入手的。

通过学习第二章第三节的内容，我们已经知道，无论是两部门、三部门还是四部门经济，总需求的构成成分都包括消费需求和投资需求，由凯恩斯本人所发展的凯恩斯十字(Keynesian Cross)模型，即支出-收入模型(AE-NI 模型)是将投资作为外生给定变量，因为凯恩斯认为企业家的投资行为是被"冲动"(animal spirits)所驱使的，难以用既有的经济理论来解释。凯恩斯学说涉及产品市场、货币市场、劳动力市场和国际市场(外汇市场)四个市场，由于投资被假定为外生给定，本章将要学习的 AE-NI 模型仅包括产品市场①。只包括产品市场的凯恩斯主义经济理论也被称为简单的国民收入决定理论。

第一节　均衡国民收入的决定原理

一、最简单的经济关系

说明一个国家的生产和收入如何决定，要从分析最简单的经济关系开始。因此，有必要做一些必要的假设。

(1) 假设所分析的经济中不存在政府，也不存在对外贸易，只有家庭和企业部门。消费行为和储蓄行为都发生在家庭部门，生产行为和投资行为都发生在企业部门。由于仅仅考虑产品市场均衡，不涉及货币市场及其他市场，投资是模型的一个外生变量，为既定的，不会随利率和产量的变动而变动。

---

① 在 AE-NI 模型中，对于开放型的四部门经济，没有分析汇率对进出口的影响，即国际市场(外汇市场)对国民收入的影响，所以与两部门和三部门经济一样，本章中的四部门经济也只包括产品市场。

(2) 假设无论需求量处于何种水平,经济制度都能以不变价格提供与需求相适应的供给量。也就是说,社会总需求变动时,只会引起产量变动,使供求相等,而不会引起价格变动。这在西方经济学中有时被称为凯恩斯定律。因为凯恩斯在写作《通论》时,面对的是1929—1933年大萧条期间工人大批失业、资源大量闲置的情况。在这种情况下,社会总需求增加会使闲置的资源得到利用,使生产增加,而不会使资源的价格上涨,从而产品成本和价格大体上也能保持不变。凯恩斯定律被认为适用于分析短期内收入和就业的决定问题。因为在短期内,价格不易变动,或者说具有黏性,当社会需求变动时,企业首先考虑的是调整产量,而不是改变价格。

(3) 假定折旧和公司未分配的利润为零,加上研究的是封闭经济(不考虑对外贸易)和两部门经济,因此,GDP、GNP、NDP、NNP、NI、PI和DPI是相等的,我们统一用Y表示。

二、均衡国民收入(或产出)的概念

在上述情况下,经济社会的产量或者说国民收入就取决于总需求。与总需求相等的国民收入(或产出)叫作均衡的国民收入(或产出)。这里的均衡是一种不再变动的经济情况。当国民收入水平(产出)水平等于总需求水平时,企业的生产就会稳定,经济就达到了均衡。因为如果生产(供给)超过需求,企业的非计划存货量就会增加,企业就会减少生产;反之,如果生产低于需求,企业的非计划存货量就要减少,企业就会增加生产。均衡条件可以表述为如下几种形式:

慕课 3-1
国民收入核算恒等与均衡条件

计划总供给(AS)=计划总需求(AE)

实际总产出(Y)= 计划总支出(E)

计划总产出=计划总支出=计划总收入

计划投资=计划储蓄

非计划存货=0

注意:在宏观经济学中一般将“总支出”视为需求方因素,因为有需求才有支出,而将“总产出”和“总收入”视为供给方因素,因为通过生产供给才形成产出与收入。即

总支出 (AE)= 总需求

总产出 (NI)= 总收入 = 总供给

对比国民收入核算恒等式与国民收入决定的均衡条件,二者的区别体现在:前者是从事后的角度看永远成立;后者是从事前的角度看希望成立。前者可表示为:实际总产出=实际总支出=销售额+计划存货+非计划存货=意愿总支出+非意愿总支出;后者可表示为:实际总产出=计划总支出=销售额+计划存货=意愿总支出。

如果将实际产出用Y表示、计划总支出用AE表示、非计划存货用IU表示,则国民收入核算恒等式可表示为$Y=\mathrm{AE}+\mathrm{IU}$。

处于均衡国民收入水平时,有

$$Y=\mathrm{AE}$$

即

$$IU=0$$

由此可见，国民收入核算恒等式与均衡条件的联系是：二者为一般与特例的关系。

如果已知计划总支出和实际产出的数据（见表 3-1），我们可以计算出非计划存货量，并画出支出曲线和非计划存货曲线。

表 3-1　计划支出表　　单位：亿元

	实际产出（Y）	计划总支出（AE）	非计划存货变动（Y-AE）
a	0	3	−3
b	2	4	−2
c	4	5	−1
d	6	6	0
e	8	7	1
f	10	8	2

图 3-1 中，纵轴表示计划总支出，横轴表示实际产出，45°线上的各点都表示计划支出与实际产出相等。当国民收入处于非均衡水平时，会形成非计划存货（IU≠0）。当实际产出大于计划总支出时，非计划存货大于零；当实际产出小于计划总支出时，非计划存货小于零。即

当 $Y>$ AE 时，IU>0

当 $Y<$ AE 时，IU <0

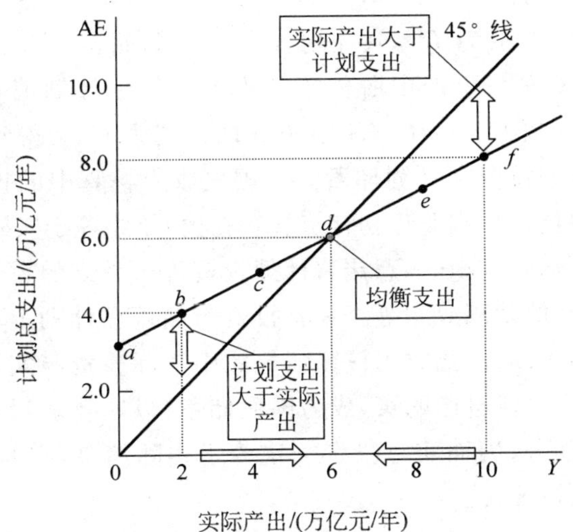

图 3-1　计划总支出-实际产出模型（AE-NI 模型）（凯恩斯十字模型）

从上面的分析可以看出，对非均衡状态进行调整的途径就在于对非计划存货进行调整，从而使实际产出逐步达到均衡水平，如图 3-2 所示。也就是说，通过生产规模的扩张或缩减，使非计划存货趋于零。

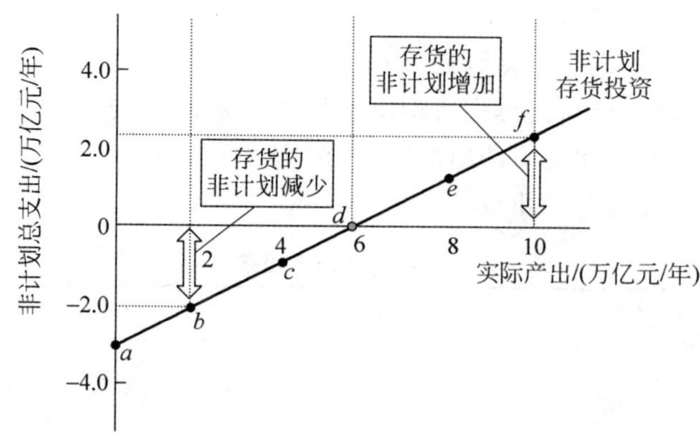

图 3-2 非计划存货(支出)的变动

图 3-1 中计划总支出线与 45°线的交点,表明计划总支出与实际产出恰好相等,该点的产出就是均衡产出,该点的非计划存货为零。这就是凯恩斯十字模型,或称支出-收入模型(AE-NI 模型)。图 3-2 中,在 a、b、c 各点,计划支出大于实际产出,存货将出现非计划减少,即非计划存货为负值。例如,在 b 点,企业发现存货水平相比合意水平下降,因此将在下一期生产中增加产量。如图 3-1 所示,在从非均衡水平向均衡水平调整的过程中,实际产出和计划总支出都在增加,但前者增加得更快,最终达到二者相等的水平。而在 e、f 点,实际产出大于计划支出,存货将出现非计划增加,企业将缩减生产规模,以便减少非计划存货。如图 3-2 所示,在从非均衡状态向均衡状态调整的过程中,计划支出与实际产出同时减少,但实际产出减少得更快,直到二者相等。

以两部门经济模型为例,其国民收入的均衡条件为 $\mathrm{AE}=Y=C+I=C+S$,因此国民收入的均衡条件还可表示为 $I=S$(计划投资=计划储蓄)。因为计划支出=计划消费+计划投资,即 $E=C+I$;生产中所创造的收入也等于计划消费加计划储蓄,即 $Y=C+S$。由于 $\mathrm{AE}=Y$,所以 $C+I=C+S$,从方程两边消去 C,会得到 $I=S$。注意:这里的投资等于储蓄,是指计划投资和计划储蓄。而国民收入核算中的投资-储蓄恒等式,则是指实际发生的投资(包括计划和非计划存货投资在内)始终等于实际储蓄。前者是经济达到均衡的条件,当经济达到均衡时,意味着计划投资等于计划储蓄,而且想要的投资和储蓄与实际发生的投资和储蓄刚好相等。只有投资与储蓄在计划上和实际上都相等时,收入才真正处于均衡状态。而国民收入核算恒等式中实际投资与实际储蓄相等,是将企业的非计划存货投资视为企业自己购买,成为国民储蓄(以实物的形式储蓄,因为没有被消费,所以是储蓄)的一部分,因而实际投资一定等于实际储蓄,它是从事后发生的情况来看,是通过定义得到的恒等式。

由于均衡的国民收入在短期内主要是由总需求水平所决定的,所以分析均衡国民收入的决定,就是分析总需求各个组成部分的决定。我们首先分析消费的决定。因为消费是总需求中最主要的部分。而且,经济均衡的条件是计划的投资等于计划的储蓄,而要找出计划储蓄量的大小,也必须先找出计划消费量的大小。一旦知道了消费的数量,就可以从国民收入中减去这个消费量,从而求出储蓄量。

第二节　凯恩斯的消费理论

一、消费函数

在现实生活中，影响各个家庭消费的因素有很多，包括家庭收入水平、商品价格水平、利率水平、社会的收入分配状况、消费者的偏好、家庭财产状况、可提供的消费信贷状况、消费者的年龄构成以及社会的各种制度、风俗习惯等。不过，凯恩斯认为，这些因素中最有决定意义的是家庭收入水平。凯恩斯的消费理论强调“绝对收入水平”对消费的影响，因而其理论被称为“绝对收入假说”。在这一假说中：“收入”是指“现期绝对收入”；“现期”是指本期收入，即不考虑过去收入及未来收入；“绝对”是指收入的绝对水平而不是相对水平，即人们在收入分配中的相对低位及历史上曾有过的最高收入水平。

慕课 3-2
凯恩斯消费函数

凯恩斯认为，在收入和消费的关系方面，存在一条基本的心理规律，即：随着收入的增加，人们的消费也会增加，但是消费的增加不如收入增加得多。在《通论》中，凯恩斯是这样叙述这一心理规律的：“无论从先验的人性看，或从经验中之具体事实看，有一个基本心理法则，我们可以深信不疑。一般而论，当所得增加时，人们将增加其消费，但消费之增加，不若其所得增加之甚。”①

消费与收入之间的这种关系被称为消费函数(或消费倾向)。用公式表示为

$$C=C(Y)$$

这一消费函数具有什么样的性质呢？我们可以根据常识及凯恩斯所述，以横轴为收入、纵轴为消费，画出消费函数曲线(简称消费曲线)。由于消费总是大于零，即使收入为零时，为维持基本的生存条件，人们必须借贷或是动用储蓄来维持消费。因此，消费曲线一定有正截距。根据凯恩斯所说的“所得增加时，人们将增加其消费”，可知消费函数是增函数。又有“消费之增加，不若其所得增加之甚”，所以消费曲线一定会向下弯曲，并与45°线有一个交点。根据这几个性质，可以大致画出消费曲线的示意图，如图 3-3 所示。

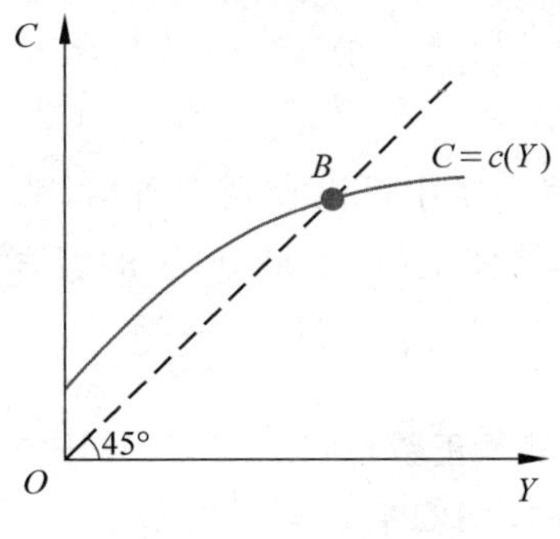

图 3-3　消费曲线

① 凯恩斯. 就业、利息和货币通论[M]. 北京：商务印书馆，1957：84-85.

这里引出两个重要概念:边际消费倾向(marginal propensity to consume,MPC)和平均消费倾向(average propensity to consume,APC)。边际消费倾向(MPC)是指增加1单位可支配收入中用于消费的比例。由于这里分析的是两部门经济,不存在税收,收入与可支配收入相等,用数学公式可表示为

$$\text{MPC} = \frac{\Delta C}{\Delta Y_d}$$

当收入增量和消费增量都极小时,上述公式也可以写成

$$\text{MPC} = \frac{\mathrm{d}C}{\mathrm{d}Y_d}$$

有了边际消费倾向这个概念,上面分析消费曲线的性质,“所得增加时,人们将增加其消费,但消费之增加,不若其所得增加之甚”,就可以用“随着收入增加,边际消费倾向递减”来表述。同时,边际消费倾向的值介于0和1之间(0<MPC<1)。

另一个重要概念平均消费倾向(APC)是指任意一个可支配收入水平上的消费支出在收入中所占的比例,用公式可表示为

$$\text{APC} = \frac{C}{Y_d}$$

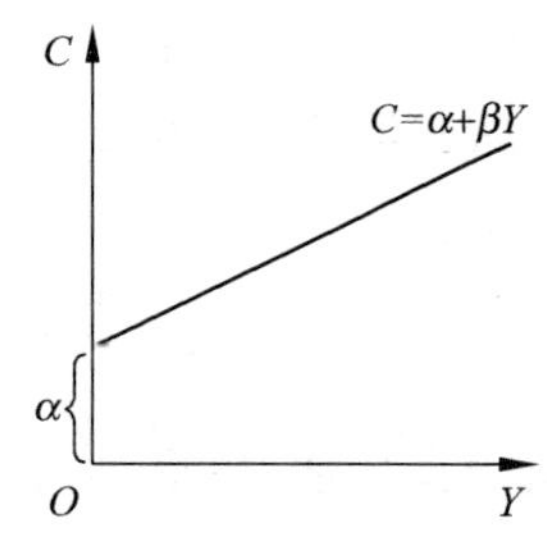

图 3-4 线性消费函数

从图形上看,MPC是消费曲线切线的斜率,APC是消费曲线上的点与原点连线的斜率。图3-3中,B点为收支平衡点。在B点左侧,消费支出高于收入;在B点右侧,消费支出低于收入。由此可见,APC递减,而且APC的数值将从大于1变为等于1,再到小于1。

为简化分析,常常将边际消费倾向假定为一个常数,这样消费曲线就成为一条直线,它是一条具有正截距,向右上方倾斜,斜率大于0小于1的某个常数的直线,如图3-4所示。

线性消费函数可表示为

$$C = \alpha + \beta Y_d = \alpha + \beta Y$$

其中,α为自主性消费,它表示即使收入为零,消费者通过举债或动用储蓄也必须进行的消费;β为边际消费倾向,$0<\beta<1$;βY_d(βY)为引致性消费,表示由于收入变动而引起的消费。

当消费函数为线性时,从图3-4中可以直观地看出,消费函数上任意一点与原点相连所形成的射线的斜率都大于消费曲线(这里是直线)的斜率,即APC>MPC。从公式来看

$$\text{APC} = \frac{C}{Y} = \frac{\alpha}{Y} + \beta$$

β就是MPC,由于α和Y都是正数,所以APC>MPC。随着收入的增加,α/Y的值会越来越小,这说明随着收入增加,APC有递减的趋势。

然而,美国经济学家库兹涅茨研究了1869—1938年每30年左右的长期消费资料,却得到如表3-2所示的结果。

表 3-2　1869—1938 年每 30 年左右的平均消费倾向

时间区间	平均消费倾向
1869—1898 年	0.867
1884—1913 年	0.867
1904—1933 年	0.879

这一发现表明，长期平均消费倾向是稳定的，而不是下降的，甚至还稍有上升。从理论出发应得出平均消费倾向递减的结论，而实证研究则表明平均消费倾向是稳定的(甚至是上升的)，这种理论与经验事实之间的矛盾即为“消费倾向之谜”。凯恩斯的消费函数理论之所以产生了“消费函数之谜”，主要是因为凯恩斯的消费函数理论是以心理分析为基础，在相当大的程度上是一种主观推测，缺乏坚实的基础，尤其是缺乏经验研究的论证，从而使他的一些结论与事实不相符。经济学家为解开“消费函数之谜”，提出了各种新的消费函数理论，如相对收入假说、持久收入假说及生命周期假说。这些理论都证明了长期中平均消费倾向的稳定性，并得出了一些有意义的结论。这些理论与凯恩斯的消费理论的重要差别就在于对收入的不同解释。

二、储蓄函数

在凯恩斯的消费理论中，储蓄函数(saving function)是与消费函数相联系的一个概念。储蓄是收入中没有被消费的部分。由于消费随收入增加而增加的比率是递减的，可想而知储蓄随收入增加而增加的比率是递增的。储蓄与收入的这种关系就是储蓄函数，其公式为

$$S=S(Y)$$

同样，针对储蓄函数，也有边际储蓄倾向(marginal propensity to saving，MPS)和平均储蓄倾向(average propensity to saving，APS)。边际储蓄倾向是增加 1 单位收入中用于储蓄的比例。平均储蓄倾向是储蓄占可支配收入的比例。

由于储蓄函数与消费函数关于收入互补，即储蓄是消费后的剩余收入，因此

$$Y = Y_d = C + S$$

如果消费函数是线性的($C=\alpha+\beta Y$)，那么储蓄函数也是线性的，其推导如下：

$$S = Y - C = Y - (\alpha + \beta Y) = -\alpha + (1-\beta)Y$$

以横轴表示收入、纵轴表示储蓄，则线性储蓄函数的图形如图 3-5 所示。

如图 3-5 所示，线性储蓄函数曲线(简称储蓄曲线)在纵轴上的截距为负；储蓄为零的 B 点为收支相抵点；储蓄曲线上任意一点与原点连成的射线的斜率总是小于储蓄曲线上该点的斜率，即 APS<MPS。

如上所述，消费函数与储蓄函数的关系被定义为互补关系，即收支差额对应着储蓄。当消费支出高于收入时，储蓄为负；反之，储蓄为正。

由于消费与储蓄互补，存在以下两种关系。

(1) MPC 与 MPS 之和恒等于 1，其推导如下：

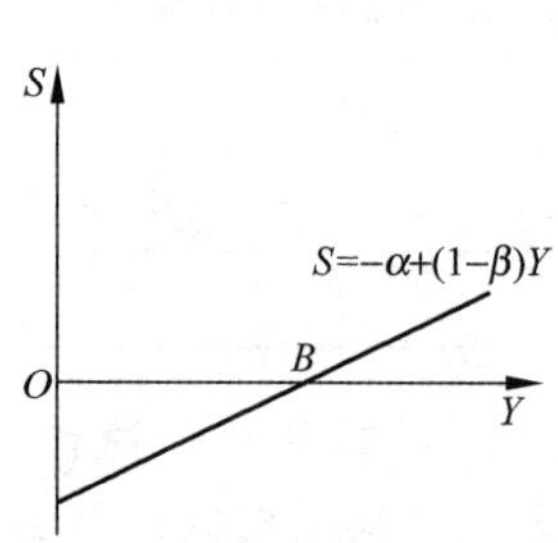

图 3-5 线性储蓄函数

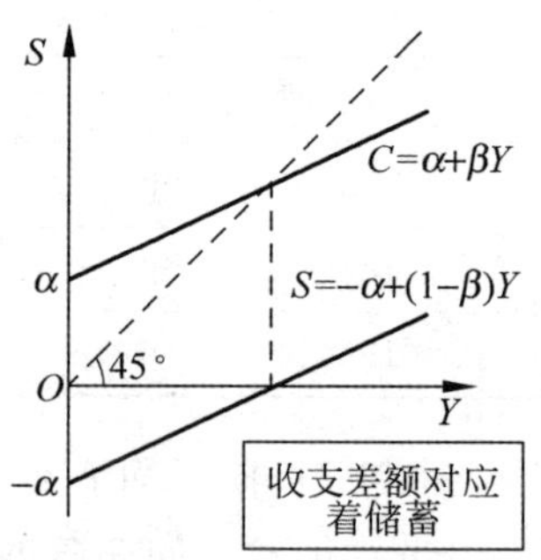

图 3-6 消费函数与储蓄函数的互补关系

$$由\ \Delta Y = \Delta C + \Delta S,得\frac{\Delta Y}{\Delta Y} = \frac{\Delta C}{\Delta Y} + \frac{\Delta S}{\Delta Y}$$

即 MPC + MPS = 1,或 1 − MPC = MPS

(2) APC 与 APS 之和恒等于 1,其推导如下:

$$由\ Y = C + S,得\frac{Y}{Y} = \frac{C}{Y} + \frac{S}{Y}$$

即 APC + APS = 1,或 1 − APC = APS

根据以上特点,消费函数和储蓄函数只要有一个被确定,另一个就会随之被确定。

第三节 国民收入的决定与变动

一、两部门经济中国民收入的决定与变动

在简单国民收入决定理论(凯恩斯本人所提出的国民收入决定理论)中,投资(I)被认为是已知且固定不变的。在此前提下,我们来讨论国民收入(Y)的决定。

由于均衡条件有两种表述,因而求解均衡的国民收入也可以有两种方法。

国民收入决定的均衡条件可表述为:实际产出=计划支出。用公式表示为

$$Y = \mathrm{AE}$$

又因为 AE=$C+I$,解得

$$Y = \frac{\alpha + I}{1 - \beta}$$

如果知道了消费函数和投资量，即可得到均衡的国民收入。假定消费函数 $C=1\,000+0.8Y$，自发的计划投资始终为 600 亿美元，则均衡收入为

$$\frac{(1\,000+600)}{(1-0.8)}=8\,000(\text{亿美元})$$

均衡收入决定也可以用图表示。图 3-7 表示如何用消费曲线加投资曲线和 45°线相交决定收入。

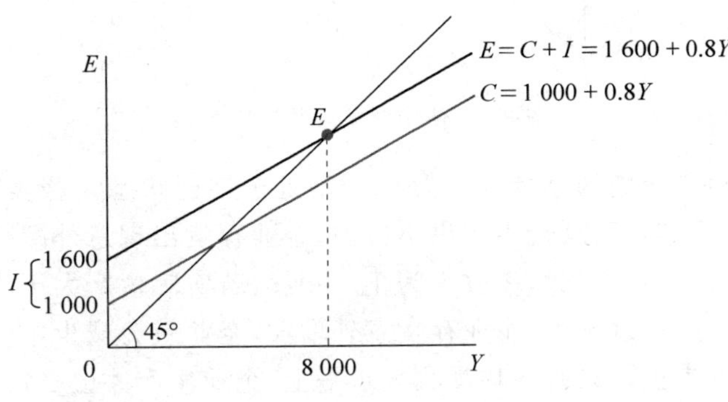

图 3-7　使用消费函数决定收入

图 3-7 中横轴表示收入，纵轴表示消费加投资，在消费曲线 C 上加投资曲线 I 得到消费投资曲线 $C+I$，这条曲线就是总支出曲线。由于投资被假定为始终等于 600 亿美元的自发投资，因此消费曲线加投资曲线所形成的总支出曲线与消费曲线平行，二者的垂直距离即 600 亿美元投资。总支出曲线与 45°线相交于 E 点，该点决定的收入水平是均衡收入 8 000 亿美元。在 E 点，计划总支出等于计划总收入，非计划的存货投资为 0，经济处于均衡状态。此时，家庭部门想要有的消费支出与企业部门想要有的投资支出的总和，正好等于收入（也就是产出）。如果经济离开了这个均衡点，企业部门的销售额就会大于或小于其产出，从而被迫减少存货或增加存货，即出现意外的存货减少或增加，这就会引起生产的扩大或收缩，直到回到均衡点为止。

上面是用总支出（总需求）等于总收入（总供给）的方法确定均衡收入，下面再用计划投资等于计划储蓄的方法求得均衡收入。在宏观经济学中，投资被视为支出方或需求方，储蓄被视为产出方、收入方或供给方。这里，国民收入决定的均衡条件用公式表示为

$$I=S$$

由于 $S=Y-C=Y-(\alpha+\beta Y)=-\alpha+(1-\beta)Y$，代入上式，得

$$Y=\frac{\alpha+I}{1-\beta}$$

上例中，$C=1\,000+0.8Y$，$S=-1\,000+(1-0.8)Y=-1\,000+0.2Y$，$I=600$，令 $I=S$，即 $600=-1\,000+0.2Y$，得 $Y=8\,000$（亿美元）。用计划投资等于计划储蓄的方法决定收入，也可以用图 3-8 表示。

图 3-8 中横轴表示收入，纵轴表示储蓄和投资，S 代表储蓄曲线，I 代表投资曲线。由于投资是不随收入而变化的自发投资，因此投资曲线与横轴平行，其间距始终等于 600 亿美元。投资曲线与储蓄曲线相交于 E 点，与 E 点对应的收入是均衡收入。在 E 点，计划

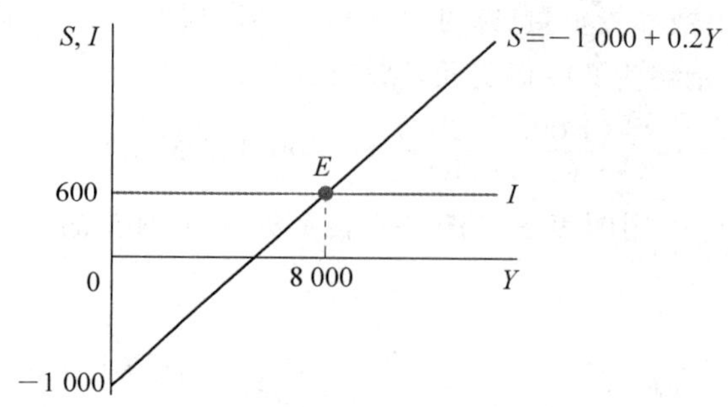

图 3-8 使用储蓄函数决定收入

储蓄等于计划投资,非计划的存货投资为0,经济处于均衡状态。若实际产量小于均衡收入水平,表明投资大于储蓄,社会生产供不应求,企业存货出现意外减少,企业就会扩大生产,使收入水平向右移动,直到均衡收入为止。相反,若实际生产大于均衡收入,表明投资小于储蓄,社会上生产供过于求,企业存货意外增加,企业就会减少生产,使收入水平向左移动,直到均衡收入为止。只有在均衡收入水平上,企业生产才会稳定下来。

以上两种方法虽然使用不同形式的均衡条件,从而分别是用消费函数和储蓄函数来求均衡收入的,但是无论哪种方法,都是从同一关系中引申出来的,因为储蓄函数本来就是从消费函数中派生出来的。因此,两种方法求得的均衡收入相同。

由于储蓄增加引起的国民收入减少被称为节俭的悖论(paradox of thrift)。之所以称之为悖论,是因为使个人收入增加的节约会导致整个经济收入的减少。值得注意的是,节俭的悖论可以用储蓄曲线和投资曲线相交决定收入的图形来加以阐释,如图3-9所示。一个家庭越是节约,储蓄越多,也就越富有。通过使消费小于收入,一个家庭可以增加自己的收入,因为把储蓄的收入借出去(或存入银行),就可以获得利息。但是,如果全社会所有的家庭都节约,会出现什么情况呢?总收入会增加吗?在图3-9中,储蓄曲线从S到S',表明储蓄的增加。储蓄曲线的方程为

$$S=-\alpha+(1-\beta)Y$$

储蓄增加表现在两个方面:一是储蓄曲线的负截距的绝对值变小,即收入为零,为保证自发性消费而动用的储蓄减少;二是储蓄曲线的斜率变大,即边际储蓄倾向$(1-\beta)$变大,也就是说,边际消费倾向β变小。从图3-9中可以清楚地看到,储蓄增加时,均衡收入从Y_0减小为Y_1。

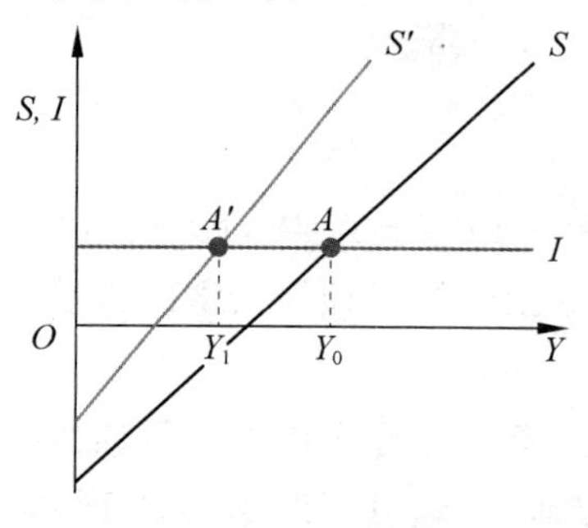

图 3-9 节俭的悖论

上述两方面说明,储蓄增加时,消费减少(自发性消费和边际消费倾向减少)。按照凯恩斯的理论,收入取决于需求,即支出的大小。当消费支出减少时,如果其他条件不变,国民收入必然会减少。

在这个模型中,悖论的产生是由于储蓄的增加没有转化为投资。如果能促进储蓄向投资的转化,家庭部门的个人储蓄通过金融市场转化为企业的投资,储蓄增加的同时,投资也增加了,国民收入就不会减少,反而有可能增加。因此,节俭的悖论并不是真正的悖论,它只是

由于增加的储蓄未能转化为投资。这个悖论是凯恩斯提出来的，这是因为在凯恩斯的模型中，储蓄并不一定能转化为投资。凯恩斯的理论出现在20世纪30年代大危机时期，当时经济严重衰退，工厂、设备大量闲置，缺乏对投资的刺激。在这种情况下，储蓄增加引起消费减少，而储蓄又不能转化为投资，结果引起国民收入减少，经济更加萧条。离开了这一具体条件谈节俭的悖论就没有意义了。也就是说，节俭的悖论是在短期内，储蓄无法转化为投资时的一种特例。在长期中，储蓄可以通过金融中介机构转化为投资，节俭的悖论就不存在了。

节俭的悖论是宏观经济学中最常见的一种推理谬误——合成谬误(fallacy of composition)，它认为局部是正确的，因此整体也是正确的。例如，个人储蓄的增加对个人是好事，因此认为全社会储蓄的增加对社会整体也是好事，但根据凯恩斯的理论，全社会储蓄的增加意味着消费的减少，结果将导致国民收入的减少。又如，货币的增加对个人是好事，但对全社会而言可能意味着发生了通货膨胀，因此是坏事。农民收成的增加对个人是好事，但是全体农民收成增加，可能会发生"谷贱伤农"的现象。如果未能看到上述局部与整体之间的转变，就会导致合成谬误。

二、四部门经济中国民收入的决定与变动

上面用两部门经济说明了国民收入决定和变动的原理。现实经济中不仅包括家庭和企业，还包括政府和国外部门。尽管有时我们分析的是封闭型三部门经济，即不包括国外部门，但三部门和四部门的均衡国民收入的求解方法是相同的。为简化起见，下面我们跳过三部门，说明四部门经济模型中国民收入的决定。

（一）四部门经济模型中国民收入的决定

首先我们从均衡条件 $Y=\mathrm{AE}$ 来求取均衡的国民收入。

在四部门经济模型中，总支出包括四部分：家庭消费(C)、企业投资(I)、政府购买(G)，以及净出口($\mathrm{NX}=X-M$)，用公式表示为

$$\mathrm{AE}=C+I+G+\mathrm{NX}$$

接下来我们分析总支出的各个组成部分的决定。首先是消费支出(C)。在包含政府部门的经济模型中，可支配收入是收入与净税收的差额，消费是受可支配收入影响的，即 $C=C_0+\beta Y_d$，其中 C_0 表示自发消费，Y_d 表示可支配收入。用 NT 表示政府净税收，T 表示税收，T_r 表示政府转移支付，则 $\mathrm{NT}=T-T_r$，$Y_d=Y-\mathrm{NT}=Y-T+T_r$。这里，我们假定税收是最一般情况下的比例税，即 $T=T_0+tY$，其中，T_0 表示定量税部分，t 表示边际税率，它是所增加的收入中要向政府缴纳的税收的比例。对整个经济来说，边际税率是政府税收变动量除以国民生产总值变动量。如果令 $t=0$，则表示税收为定量税的情况。因此，消费支出可表示为

$$\begin{aligned}C&=C_0+\beta Y_d=C_0+\beta(Y-\mathrm{NT})=C_0+\beta(Y-T+T_r)\\&=C_0+\beta(Y-T_0-tY+T_r)=\beta(1-t)Y+C_0-\beta T_0+\beta T_r\end{aligned}$$

收入-支出模型(或简单国民收入模型)的一个主要特征是，投资被假定为是一个外生变量，即 $I=I_0$，因为这个模型还不涉及货币市场，只包括产品市场一个市场，因此不考虑

利率对投资的影响。

政府购买由政府的决策决定,在某一时期它也不随国民收入的变动而变动,即 $G=G_0$。

四部门经济模型是开放型经济。在开放型经济中,一国均衡的国民收入不仅取决于国内消费、投资和政府支出,还取决于净出口。它是出口与进口的差额,即 $\mathrm{NX}=X-M$,其中 X 表示出口,M 表示进口。由于出口是由外国的购买力和购买需求决定的,本国难以左右,因而一般假定出口是一个外生变量,即 $X=X_0$。反之,进口却会随本国收入提高而增加,因为本国收入提高后,人们对进口消费品和投资品(如机器设备、仪器)的需求会增加。因此,可以将进口写成收入的一个函数:$M=M_0+mY$①。其中,M_0 是自发性进口,即与收入没有关系或者说不取决于收入的进口部分,如本国不能生产但又是国计民生所必需的产品,不管收入水平如何,是必须进口的;m 表示边际进口倾向,即收入增加1单位时进口会增加多少。

将总支出的各组成部分代入,并结合国民收入决定的均衡条件,可以得到

$$Y=\mathrm{AE}=C_0+I_0+G_0-\beta T_0+\beta T_r+X_0-M_0+[\beta(1-t)-m]Y$$

解之,得

$$Y=\frac{C_0+I_0+G_0-\beta T_0+\beta T_r+X_0-M_0}{1-\beta(1-t)+m}$$

(二) 自发支出和引致支出

观察总支出曲线的公式 $\mathrm{AE}=C_0+I_0+G_0-\beta T_0+\beta T_r+X_0-M_0+[\beta(1-t)-m]Y$,可以把总支出的各个部分分为两类:自发支出和引致支出。自发支出(autonomous expenditure)是总支出中不受实际国民生产总值(或国民收入)影响的各部分之和,用 AE_0 表示,则 $\mathrm{AE}_0=C_0+I_0+G_0-\beta T_0+\beta T_r+X_0-M_0$。引致支出(induced expenditure)是总支出中随实际国民生产总值变动而变动的各部分之和,包括引致消费和引致进口两部分,即 $[\beta(1-t)-m]Y$。需要注意的是,进口部分包括自发性进口和引致进口,是应被扣除的部分。

图3-10中,横轴 Y 代表实际产出,纵轴 AE 代表计划总支出(单位均为万亿元)。自发总支出线与横轴平行,表示自发支出不随实际产出的变动而变动。引致支出则对应不同的实际国民收入有不同的数值,它是引致消费减去引致进口部分。

总支出曲线的斜率由实际国民生产总值增加所引起的支出增加量决定,即由引致支出的大小决定。由引致支出的代数表达式 $[\beta(1-t)-m]Y$ 可以看到,总支出曲线的斜率就是 $[\beta(1-t)-m]$,它代表边际支出倾向(marginal propensity to expenditure,用 MPE 表示)。其定义是:实际产出每增加1元中用于国内产品与服务的支出份额。

要注意边际消费倾向与边际支出倾向的区别。边际消费倾向是每增加1元收入中所增加的用于所有产品和服务的支出的比例,而不管这些产品和服务是本国生产的,还是外国生

① 实际上,影响净出口的除了收入,还有汇率。当本国货币与外国货币的交换比率发生变化时,进口和出口都会受到影响。这里只考虑收入对净出口的影响。

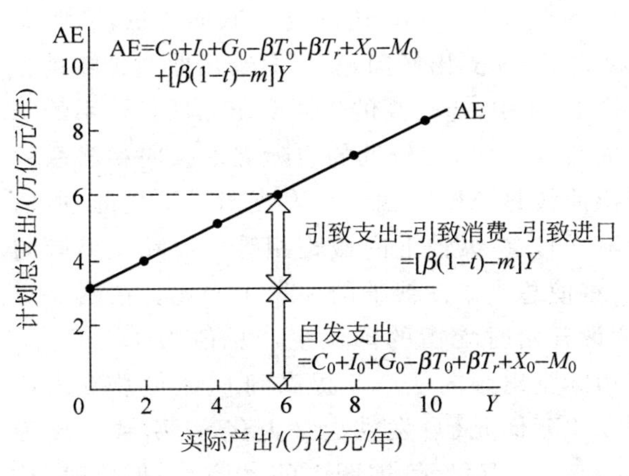

图 3-10　自发支出和引致支出

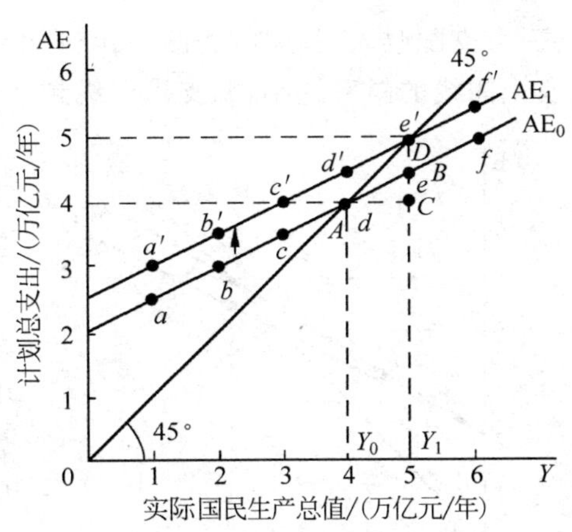

图 3-11　自发支出的增加

产的。边际支出倾向是每增加 1 元收入中用于国内生产的产品和服务支出的比例。如果税收为定量税，即税率 t 为零，则边际支出倾向等于边际消费倾向减去边际进口倾向。

一条既定的总支出曲线只有一个均衡点，即总支出曲线与 45°线的交点。当总支出曲线变动时，均衡点也会改变。决定总支出曲线的是自发总支出和边际支出倾向，这两个因素的变动将引起总支出曲线的变动。

自发总支出的变动会引起总支出曲线移动而其斜率不变，如图 3-11 所示。这种变动会使均衡的国民收入发生变动。引起自发总支出变动的原因是多种多样的：经济的繁荣使企业对未来的利润持乐观态度，从而更多地增加计划的投资；国外对本国产品和服务需求增加使国内企业增加计划的投资；国外经济繁荣引起一国出口增加；国际关系紧张使政府增加国防开支；等等。这些都会使自发支出增加。

图 3-11 中，横轴 Y 代表实际国民生产总值，纵轴代表计划总支出。初始的总支出曲线为 AE_0，当自发支出增加时，总支出曲线向上移动到 AE_1，AE_1 与 AE_0 之间的垂直距离为新增加的自发支出，均衡的国民收入从原来的 Y_0 增加到 Y_1。从图中可以直观地看到，增加的国民收入为 AC 线段的长度，它等于 CD 线段的长度，该长度大于增加的自发支出（在图上为 DB 线段的长度）。也就是说，自发支出的增加使均衡的国民收入增加，而均衡的国民收入增加的幅度大于自发支出增加的幅度。

可以用同样的方法分析自发支出减少的情况。仍利用图 3-11，不过，这次将 AE_1 假定为初始的总支出曲线，自发支出的减少使总支出曲线从初始位置向下移动到 AE_0。从图中可见，自发支出减少将引起均衡的国民收入更大程度的减少。

引起边际支出倾向变动的因素会引起引致支出变动和总支出曲线的斜率变动，这同样会引起均衡国民收入的变动。影响边际支出倾向的主要有边际消费倾向、边际进口倾向和边际税率三个因素。

在线性消费函数中，我们将边际消费倾向视为一个介于 0 和 1 之间的常数。但通常情况下，边际消费倾向是变动的，边际消费倾向越高，边际支出倾向就越高。边际进口倾向对边际支出倾向的影响则相反，边际进口倾向越高，边际支出倾向越低。边际税率对边际支出倾向的影响与边际进口倾向相同。在国民生产总值的增加量既定时，边际税率越高,可支配收入就越少,边际支出倾向越低。如图3-12所示,边际支出倾向越低,表明总支出曲线的斜率越小,总支出曲线越平坦;反之,边际支出倾向越高,总支出曲线越陡峭。

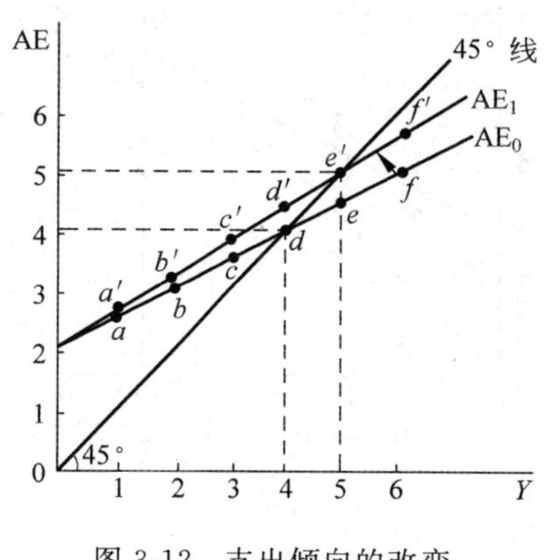

图3-12 支出倾向的改变

图3-12中,与较高的边际支出倾向相联系的总支出曲线为AE_1,与较低的边际支出倾向相联系的总支出曲线是AE_0。由于自发支出是不变的,所以AE_1和AE_0在纵轴上的截距相等。边际支出倾向改变,将使总支出曲线的斜率发生变化。在图3-12中,假设开始时均衡的国民生产总值为4万亿元,如果边际支出倾向从0.5提高到0.6,使总支出增加到4.4万亿元(自发支出2万亿元,引致支出为$0.6 \times 4 = 2.4$万亿元,即图中的d'点)。但此时,总支出4.4万亿元大于实际国民生产总值4万亿元,因此实际国民生产总值就要增加。实际国民生产总值要一直增加到实现了新的均衡时为止。在这个过程中,引致支出进一步增加,实际国民生产总值增加。只有在实际国民生产总值达到5万亿元时,总支出才会调整到新的均衡支出的水平。

以上说明,当边际消费倾向提高时,边际进口倾向下降,或边际税率下降引起边际支出倾向提高,即总支出曲线更为陡峭、其斜率更大,实际国民生产总值将增加。

第四节 乘数理论

一、乘数

上一节分析了自发支出变动与边际支出倾向变动会引起总支出曲线移动,从而引起均衡的实际国民生产总值的变动。那么,自发支出与边际支出倾向一定的变动会引起实际国民生产总值多大的变化呢?决定自发支出变动所引起的总支出和实际国民生产总值的变动量是什么呢?乘数理论(Multiplier Theorem)正是要解决这一问题。

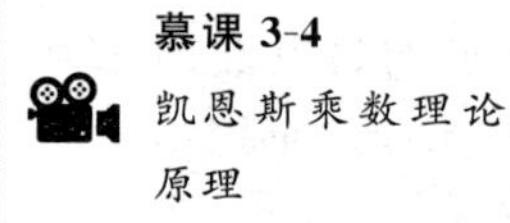

自发支出乘数简称乘数,是自发支出变动量所引起的均衡产出变动的倍数(大于1)。在计算乘数时,用实际国民生产总值变动量除以引起这种变动的自发支出变动量。任何自发支出的变化,如投资支出、居民自主消费、政府支出、税收、净出口等的变化都会引起乘数效应。自发支出变动之所以具有乘数效应,是因为引致支出的存在,即自发支出变动会引起消费支出的变动。由于引致支出的影响,初始的自发支出变动对总支出的影响不是一次性的,而是会通过一系列影响形成一个再支出链条。例如,某公司看好计算机市场,增加1亿元投资新建一个计算机工厂。这1亿元用于购买设备、建设厂房、雇用管理人员和工人等,产生了1亿元支出。然而,这一投资对经济的影响尚未终结。由于最初1亿元支出转化为设备厂人员、建筑人员及新厂雇员的收入,它会引发第二轮新的支出。不过，由于边际消费倾向小于 1，因而第二轮形成的支出规模要小于 1 亿元。同理，第二轮支出会产生新的收入，从而引发第三轮规模更小的支出。这样不断循环和规模不断缩小的支出链条，使 1 亿元投资在经济系统中对总支出的影响显著大于 1 亿元，因而使国民生产总值的增加大于初始投资的增加。

表 3-3 对乘数过程进行了描述。给定初始投资增量 ΔI，实际产出 GDP 也将增加相同的数量。由于 GDP 也可以理解为收入(这是同一事物的两个方面)，收入增加 ΔI 时，将引起消费需求增加 $\beta\Delta I$，进而带动同样数量的产出和收入增加。源于这一新增收入，消费需求将再次增加 $\beta(\beta\Delta I)$。这一过程将持续下去。

表 3-3　由初始的投资增加所引起的乘数过程

	收入增加	消费增加	产出增加
初始投资增加			ΔI
第一轮反应(消费与总产出)	ΔI	$\beta\Delta I$	$\beta\Delta I$
第二轮反应(消费与总产出)	$\beta\Delta I$	$\beta(\beta\Delta I)$	$\beta^2\Delta I$
第三轮反应(消费与总产出)	$\beta^2\Delta I$	$\beta(\beta^2\Delta I)$	$\beta^3\Delta I$
第四轮反应(消费与总产出)	$\beta^3\Delta I$	$\beta(\beta^3\Delta I)$	$\beta^4\Delta I$

如果把所有这些收入(或产出)的增加加总，可以得到

$$\begin{aligned}\Delta Y &= \Delta I+\beta\Delta I+\beta^2\Delta I+\beta^3\Delta I+\cdots\\ &=(1+\beta+\beta^2+\beta^3+\cdots)\Delta I\\ &=\frac{1}{(1-\beta)}\Delta I\end{aligned}$$

还可以用比较静态分析法计算投资乘数。这里以两部门为例：

$$Y=C+I=C_0+\beta Y+I$$

$$(1-\beta)Y=C_0+I$$

$$k_i=\frac{\Delta Y}{\Delta I}=\frac{1}{(1-\beta)}$$

乘数发生的过程是自发的，这个过程所需要的时间长短并不重要，重要的是乘数过程说明了一种使经济维持均衡的力量。经济中的波动正是来自自发支出的变动。自发支出的变动主要由投资与出口的变动引起。乘数不是减缓而是加剧了这种波动。也正因如此，政府可以利用乘数效应来减缓经济的波动。

二、三部门经济中的乘数

为了说明政府政策乘数，我们使用三部门经济模型。该模型包括家庭、企业和政府部门。

(一) 政府支出乘数、税收乘数及政府转移支付乘数

假设政府税收为 T、政府支出为 G、政府转移支付为 T_r，则均衡的国民收入为 Y=AE=

慕课 3-5

凯恩斯乘数理论：应用

$C+I+G$。T 和 T_r 通过影响 Y_d 而影响 C。

1. 假定税收为定量税，且 $T_r>0$

定量税是不随实际 GDP 而变动的税收（如财产税、社会保险税、不动产税等）。

$$C = C_0 + \beta(Y - T + T_r);I = I_0;G = G_0$$

$$Y = \mathrm{AE} = C + I + G = C_0 + \beta(Y - T + T_r) + I_0 + G_0 (1-\beta)Y$$

$$= C_0 - \beta T + \beta T_r + I_0 + G_0$$

如果是求税收乘数，可以假定只有税收变化，其他自发性支出都不变，因此

$$(1-\beta)\Delta Y = -\beta\Delta T$$

$$k_t = \frac{\Delta Y}{\Delta T} = \frac{\beta}{1-\beta}$$

如果是求政府购买乘数，则假定只有政府购买变化，其他自发性支出都不变，因此

$$(1-\beta)\Delta Y = \Delta G$$

$$k_g = \frac{\Delta Y}{\Delta G} = \frac{1}{1-\beta}$$

同理，政府转移支付乘数为

$$k_{t_r} = \frac{\Delta Y}{\Delta T_r} = \frac{\beta}{1-\beta}$$

2. 税收为比例税（$T=T_0+tY$），$T_r>0$

比例税是随实际 GDP 变动的税收，如个人所得税和销售税。比例税对国民生产总值的波动有两种影响：一种是政府通过改变税收来抵消自发支出的变动；另一种是政府通过选择边际税率来直接影响乘数的数值。

比例税条件下的可支配收入、消费及均衡收入的数学表达式为

$$Y_d = Y - T + T_r = Y - (T_0 + tY) + T_r$$

$$C = C_0 + \beta[Y - (T_0 + tY) + T_r]$$

$$Y = \mathrm{AE} = C_0 + \beta[Y - (T_0 + tY) + T_r] + I_0 + G_0$$

整理得

$$[1-\beta(1-t)]Y = C_0 - \beta T_0 + \beta T_r + I_0 + G_0$$

用同样的方法，可以得到

政府购买乘数：$\dfrac{1}{1-\beta(1-t)}$

政府税收乘数：$\dfrac{\beta}{1-\beta(1-t)}$

政府转移支付乘数：$\dfrac{\beta}{1-\beta(1-t)}$

相比定量税的情况，当税收为比例税时，政府购买、政府税收及政府转移支付变动的乘数效应被削弱，减少的程度取决于边际税率。边际税率越高，政府购买、政府税收（由于定量税变动）及政府转移支付的乘数效应就越小。

（二）平衡预算乘数①

关于平衡预算乘数的概念及大小存在一些争议。根据《新帕尔格雷夫经济学大辞典》的定义，平衡预算乘数定理是关于政府支出（包括政府购买和转移支付）与税收同时且相等的变化所产生的总需求变化的理论；还可以将平衡预算乘数（k_b）定义为：政府收入（净税收）与支出（不包括政府转移支付）同时以相同的数量增加或减少时，国民收入变动占政府收支变动的比率，即 $k_b=\Delta Y/\Delta G=\Delta Y/\Delta T$ 或 $\mathrm{d}Y/\mathrm{d}G=\mathrm{d}Y/\mathrm{d}T$，其中 ΔT 和 $\mathrm{d}T$ 是净税收的变动量。

明确平衡预算乘数的定义后，需确定其数值大小。由于乘数的作用过程需要时间，上面定义中的政府收支同时变动后，国民收入变动应计算期末的变动。比较简便的方法是使用对定量税和比例税都适用的推导方法，即前面所述的比较静态法。

当税收为定量税时：

$$Y=\mathrm{AE}=C_0+\beta(Y-\mathrm{NT})+I_0+G$$
$$(1-\beta)Y=C_0-\beta\mathrm{NT}+I_0+G$$
$$(1-\beta)\Delta Y=-\beta\Delta\mathrm{NT}+\Delta G$$

由于 $\Delta\mathrm{NT}=\Delta G$

$$k_b=\Delta Y/\Delta\mathrm{NT}=\Delta Y/\Delta G=1$$

当税收为比例税时，净税收定额部分的变动与税率的变动都会引起净税收总量的变动，但是考虑到乘数一般是指自发性支出变动引发的变化，所以这里只讨论税收的定额部分（T_0）变动而税率不变的情况，此时，仍然满足 $k_b=1$。在证明之前，需要注意的是，比例税下，尽管税收的变动仅仅是定额税部分的变动引起的，但由于从期初到期末，国民收入会发生改变，导致税收总额的变动将体现为定额部分和比例部分的变动之和。从期初到期末的税收总量变动为 $\Delta T_0+t\Delta Y$。

由 $Y=\mathrm{AE}=C_0+\beta[Y-(T_0+tY-T_r)]+I_0+G$，整理得

$$[1-\beta(1-t)]Y=C_0-\beta(T_0-T_r)+I_0+G$$
$$(1-\beta+\beta t)\Delta Y=-\beta\Delta(T_0-T_r)+\Delta G$$
$$(1-\beta)\Delta Y=-\beta[\Delta(T_0-T_r)+t\Delta Y]+\Delta G$$

因为 $\Delta(T_0-T_r)+t\Delta Y=\Delta G$，所以

$$k_b=\Delta Y/[\Delta(T_0-T_r)+t\Delta Y]=\Delta Y/\Delta G=1$$

由此可见，比例税之下，如果税收的变动是由定额部分变动引起的，而从期初到期末的整个过程中税率不变，则平衡预算乘数仍等于1。

三、四部门经济中的乘数

对包含外贸部门的四部门经济，对外贸易乘数有以下三种。

（1）进口乘数：出口不变，由于自发性进口支出变动所引起的均衡收入变动的倍数。

---

① 参阅：平衡预算乘数理论分歧的探讨. http://www.zh09.com/lunwen/jjx/jjxzh/201001/383813_2.html，2010-01-10；http://www.docin.com/p-56663919.html。

(2) 出口乘数:进口不变,由于出口变动所引起的均衡收入变动的倍数。

(3) 净出口乘数或外贸乘数:出口与自发性进口同时变动所引起的均衡收入变动的倍数。

上述乘数的计算需区分税收是定量税还是比例税。

定量税条件下,均衡收入为

$$Y=\frac{1}{1-\beta+m}(C_0+I_0+G_0+X_0-\beta T_0-M_0)$$

进口乘数 $k_m=\frac{\Delta Y}{\Delta M}=\frac{-1}{1-\beta+m}<0$

出口乘数 $k_x=\frac{\Delta Y}{\Delta X}=\frac{1}{1-\beta+m}>0$

外贸乘数 $k_{(x-m)}=\frac{\Delta Y}{\Delta \mathrm{NX}}=\frac{1}{1-\beta+m}$

净出口乘数的正负取决于 ΔNX 的正负,若 $\Delta \mathrm{NX}>0$,则 $k(x-m)>0$;若 $\Delta \mathrm{NX}<0$,则 $k(x-m)<0$

比例税条件下,均衡收入为

$$Y=\frac{1}{1-\beta(1-t)+m}(C_0+I_0+G_0+X_0-\beta T_0-M_0)$$

上述各乘数的分母变为$[1-\beta(1-t)+m]$,其他与上面相同。

四、乘数论的启示

1. 乘数论的前提

三部门经济模型揭示了宏观调节政策的理论原理。如果总需求不足,政府可以通过增加支出来刺激经济,政府支出具有乘数效应。当然,扩大支出促进增长,意味着经济活动规模由总需求决定。45°线表明,只要 AE 线移动,总产出自动满足总支出的要求。这实际上是假定总供给不受限制,也就是说,乘数论是以凯恩斯主义的假设为出发点的。

2. 乘数与边际支出倾向

乘数$=\frac{1}{1-\text{边际支出倾向}}$。边际支出倾向越高,乘数也越大。影响边际支出倾向的因素都会影响乘数的大小。边际进口倾向与边际税率通常较稳定,而边际消费倾向会随经济周期的波动而波动。一般而言,衰退时期边际消费倾向低,而复苏时期边际消费倾向高,导致乘数出现同样的规律。政府通过政府购买或税收来影响自发支出时,根据乘数的大小决定如何变动政府购买和税收,从而实现国民收入的稳定。衰退时期,乘数小,就要更多地增加政府购买或大幅减税,才能抵消投资与出口的减少。复苏时期,乘数相对较大,政府政策的力度可以稍微减轻一些。

AE 线的函数式和图形如图 3-13 所示。

由图 3-13 可知,自发支出为 $\overline{A}=C_0+I_0+G_0+X_0-M_0+\beta(T_r-T_0)$。

边际支出倾向为总支出曲线的斜率:$k=\beta(1-t)-m$

均衡产出$=\overline{A}/(1-k)$

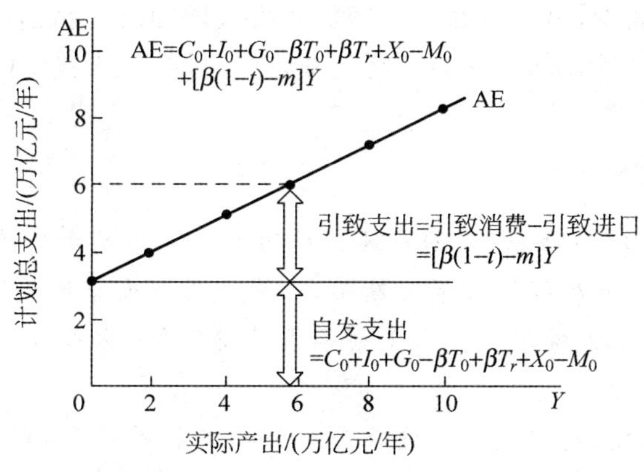

图 3-13 AE 线的函数式和图形

支出乘数：$k_c = k_i = k_g = k_x = 1/(1-k)$

$$k_{t_r} = -k_t = \beta/(1-k)$$

（比例税时，税收乘数为基于税收的定额部分变化的乘数。）

五、乘数效应发挥的条件

乘数理论在凯恩斯就业理论中占有重要地位，因为凯恩斯认为，由于消费需求不足而造成总需求不足，主要靠投资来弥补；在私人投资不足的情况下，尤其要靠政府增加公共工程投资支出来解决。在这里，说明增加投资或政府支出会使收入和就业增加若干倍的理论就是乘数理论。应当看到，在社会化大生产中，投资、政府支出、消费、收入和就业等变量之间确实有一定的连锁反应，但是这种连锁反应的效果在现实经济中会受到一些条件的限制，从而使乘数效应大打折扣。一是社会中过剩生产能力的大小。由于凯恩斯提出乘数理论的经济背景是大萧条时期，经济存在大量闲置资源，如果这一条件不满足，社会没有过剩的生产能力，则投资增加及由此造成的消费支出增加并不会引起生产增加，而只会刺激物价水平上升。二是利率的变动情况。凯恩斯的乘数理论是在只包括产品市场的前提下提出的，没有考虑货币市场的影响，如果将利率变动的因素考虑进来，乘数效应也将减弱。例如，增加投资所引起的对货币资金需求的增加会使利率上升，而利率上升会鼓励储蓄，削弱消费，从而部分抵消由于投资增加引起收入增加进而使消费增加的趋势；对于政府公共投资而言，公共投资增加会由于提高了利率而使私人投资减少。而且，投资和消费支出增加时，货币需求的增加如果得不到货币供给相应增加的支持，利率会上升，不但会抑制消费，还会抑制投资，使总需求降低。此外，凯恩斯的乘数效应强调的是自主性消费、投资、政府购买、出口等自发支出增加对产出和就业的刺激作用，但实际上，乘数效应也会在反方向发挥作用。如果税收、进口等增加，其乘数效应将导致国民收入的加倍减少。例如，使收入增加的正向乘数效应在收入增加时，如果增加的收入用于购买进口产品和服务，那么进口的负向乘数效应将削弱正向乘数效应；又如，如果政府为增加公共工程方面的支出而提高税收，则在公共工程方面就业者已增加的开支就将由于纳税人在不同程度上减少支出而被抵消；再如，假使政府的支出是靠借钱而不是靠提高税收，一方面会使私人部门的货币减少,另一方面支出增加使收入增加时,消费者和企业通常都要增加货币储备,从而增加货币需求,而这会提高利率,进而排挤私人投资。

专栏

1997年年底至1998年年初,中国出现持续的通货紧缩局面。为了扭转这一局面,中央政府采用了扩张性的宏观经济政策。然而,尽管连续6次降息并征收了利息税,资本市场却反应平平,消费也未大幅增长。由于利率已降得很低,货币政策已没有多大空间,这时凸显了财政政策的作用。

扩张性财政政策的主要形式是通过政府对公共工程的投资,引起一个投资增量。由于投资就是要购买产品和服务,所以会增加提供这些产品和服务的人的收入,从而进一步增加次级消费,结果又会增加其他人的收入。如此循环下去,就会形成数倍于投资增量的需求,这个倍数就是乘数。

可见,扩张性的宏观财政政策对社会产出的影响主要取决于投资增量与乘数的大小。

那么,是什么决定了投资乘数的大小呢?决定因素主要有两个:一是边际消费倾向。边际消费倾向越高,乘数就越大。边际消费倾向不是一成不变的,而是与收入增长速度、交易费用有关。二是产品和服务的周转次数。由于凯恩斯没有时间概念,所以没有将之纳入他的公式。周转次数越多,乘数就越大。

在边际消费倾向和次级消费的循环次数背后又是什么呢?一个比较重要的因素是经济活动的交易费用。这是因为:第一,交易费用过高意味着社会福利损失和实际收入的减少;第二,交易困难使边际消费倾向下降;第三,交易困难也会使次级消费的循环速度下降。

决定交易费用的主要是技术因素和制度因素,在短期内主要是制度因素。

1998—1999年,中国政府实施了扩张性的财政政策,但没有产生预期的效果。人们可以猜测这与乘数较小甚至变小有关。乘数变小与制度因素有关。我国先后采取了干预市场制度的措施(如重新垄断粮食收购,压抑和取缔民间金融机构等)。

实际上,这种猜测是有道理的。据统计,我国城镇居民的边际消费倾向由1997年的0.72降至1998年的0.54,农村居民的边际消费倾向则由0.61降至0.36。因此,投资乘数分别由3.57降至2.17,由2.56降至0.74。如果加权平均,边际消费倾向由0.67降至0.11,投资乘数由3.03降至1.12。可见,扩张性财政政策几乎不起作用。

摘编自:张曙光.市场化与宏观稳定[M].北京:社会科学文献出版社,2002:183-189.

本章基本概念

凯恩斯定律　均衡国民收入(产出)　消费函数　平均消费倾向　边际消费倾向　边际储蓄倾向　平均储蓄倾向　节俭的悖论　合成谬误　投资乘数　政府支出乘数　政府转移支付乘数　税收乘数　平衡预算乘数　边际进口倾向

自 测 题

即测即练　扫码答题

复习与思考

1. 国民收入核算恒等式与均衡条件有何区别和联系？

2. 凯恩斯的线性储蓄函数与消费函数有何联系？作图说明。

3. 用两部门的国民收入决定理论说明节俭的悖论，作图说明。

4. 推导均衡国民收入的一般公式(四部门)。

5. 以两部门经济为例，用累积法说明投资乘数的动态过程。

6. 以三部门经济(定量税)为例，推导平衡预算乘数。

7. 计算题

(1) 假定某三部门经济，已知边际消费倾向 MPC＝0.8，如果政府支出或政府税收增加 200 亿元，两种情况下，国民收入将如何变动？

(2) 假定三部门经济，若已知 $C=160+0.75Y_d$，$T=0.2Y$，$I=100$，$G=200$，求均衡收入及各种自发支出乘数。

(3) 如果某国的宏观经济模型为 $Y=C+I+G$，$C=200+0.75(Y-T)$，$T=0.2Y+480$，$I=180$，$G=660$。这一经济充分就业时的国民收入水平为 $Y=2\ 000$。要达到这一目标，可调整财政支出或调整税收。分别应作什么样的调整，才能达到充分就业的目标？各种情况下的财政状况如何变化？

第四章

产品市场和货币市场的一般均衡:IS-LM 模型

上一章讨论了消费、投资、政府支出和净出口四方面的总支出水平如何决定经济社会的总需求,从而决定均衡的国民收入或产量。但是上一章的简单国民收入决定模型(收入-支出模型,即 NI-AE 模型)只包括产品市场,不包括货币市场,从而投资行为被假定为外生给定,不受利率的影响。现实经济不但有产品市场,还有货币市场,而且这两个市场是相互影响、相互依存的:产品市场上总产出或总收入增加了,需要使用货币的交易量也会增加,如果货币供给量不变,利率会上升,影响投资支出,从而对整个产品市场产生影响。国民收入和利率水平正是在产品市场和货币市场的相互影响过程中被共同决定的。英国经济学家希克斯根据凯恩斯的《通论》发展出了 IS-LM 模型①。该模型进一步勾画了凯恩斯的整个思想体系,从更为一般的层次上说明和解释国民收入的决定与变动,体现了凯恩斯反对"古典二分法"和货币中性的观点,提倡把货币问题和实际经济活动结合起来的主张,有利于深化我们对总需求决定机制的理解,并为讨论财政政策和货币政策机制提供了分析框架。

第一节 投资的决定

一般来说,在总需求中,消费占的比例最大,投资次之。但是投资支出的波动比消费大得多,经济波动的主要原因就是投资的波动。在每一次衰退之中或衰退之前投资都会大幅减少,而经济复苏也是从投资的大幅增加开始的。旨在稳定经济的货币政策和财政政策,可以通过对投资的调节来稳定经济。政策制定者要想调节投资,就必须研究投资本身如何决定,其变动受到什么因素的影响。上一章将投资作为一个既定的外生变量参与总需求决定,是只考虑产品市场的 AE-NI 模型的一个简化假定。在本章的 IS-LM 模型中,投资将被作为一个内生变量,放到模型中来分析。

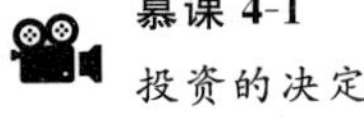

分析投资的决定和变动,首先要厘清宏观经济学中投资的概念。在日常生活中,人们购买股票、土地和其他财产的行为,都被看作投资。但从经济学的角度来看,这只是财产所有权的转移。经济学中的投资是指实际资本的形成和增加,属实质性投资。

---

① 希克斯. 凯恩斯先生和"古典学派"[J]. 计量经济学,1937(5):147~159.

一、决定投资的因素

决定投资的因素有很多，但这些因素无外乎分为成本和收益两方面。投资成本主要取决于利息。由于企业用来投资的资金多半是借来的，利息是投资的成本，即使企业投资的资金是自有的，企业也会把利息看成是投资的机会成本。因此，利率上升时，投资者自然会减少对投资物品（如机器设备等）的购买。投资收益受资本边际效率的影响。比较资本边际效率和市场利率，如果前者大于后者，就值得投资；否则，就不值得。投资需求的影响因素链如图 4-1 所示。

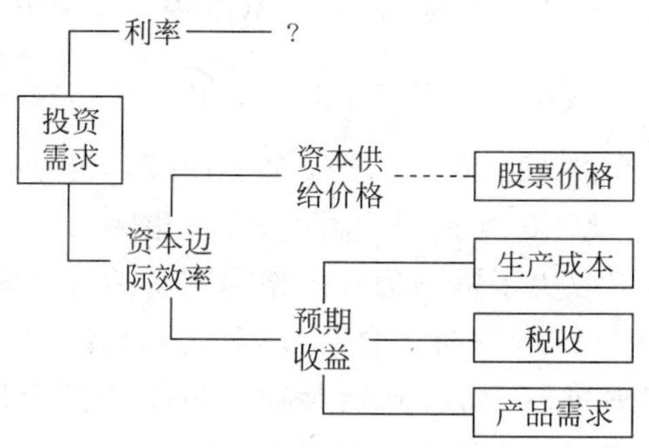

图 4-1　投资需求的影响因素链

1. 资本边际效率

资本边际效率是凯恩斯提出的一个概念。按照他的定义，资本边际效率（marginal efficiency of capital，MEC）是一种贴现率，这种贴现率正好使一项资本品的使用期内各预期收益的现值之和等于该资本品的供给价格或重置成本。

下面举例说明什么是贴现率和现值。

假定本金为 100 元，年利率为 5%，则

第 1 年本利和为：$100\times(1+5\%)=105$（元）

第 2 年本利和为：$105\times(1+5\%)=100\times(1+5\%)^2=110.25$（元）

第 3 年本利和为：$110.25\times(1+5\%)=100\times(1+5\%)^3=115.76$（元）

以此类推，若以 r 表示利率，R_0 表示本金，R_n 表示第 n 年的本利和（$n=1,2,3,\cdots$），则第 n 年的本利和为

$$R_n = R_0 \cdot (1+r)^n$$

现在把问题倒过来，设利率和本利和为已知，利用公式求本金，则

$$R_0 = \frac{R_n}{(1+r)^n}$$

利率为 5%时，1 年后 105 元的现值是 100 元，在同样的利率下，2 年后 110.25 元及 3 年后 115.76 元的现值也是 100 元。因此，在上面已知第 n 年本利和求本金的公式中，利率 r 也被称为贴现率。可见，利率与贴现率是从不同角度所观察的同一事物。

现在来看资本边际效率的含义。假定某企业投资 30 000 元购置一台设备，使用期限 3 年，3 年后全部损耗无残值。假定扣除人工、原材料及其他所有成本后，3 年的收益依次

为 11 000 元、12 100 元和 13 310 元。这也是这笔投资在各年的预期毛收益,3 年合计为 36 410 元。如果贴现率为 10%,则 3 年内每年收益的现值之和恰好等于期初的 30 000 元,即

$$R_0=\frac{11\ 000}{(1+10\%)}+\frac{12\ 100}{(1+10\%)^2}+\frac{13\ 310}{(1+10\%)^3}$$
$$=10\ 000+10\ 000+10\ 000=30\ 000$$

由于这一贴现率(10%)使 3 年内每年预期收益的现值之和恰好等于期初该资本品的供给价格,因此这一贴现率就是资本边际效率。假定资本品(如上述设备)不是在 3 年而是在 n 年后报废,并且在使用终了时还有残值,则资本边际效率的公式为

$$R=\frac{R_1}{1+\mathrm{MEC}}+\cdots+\frac{R_n}{(1+\mathrm{MEC})^n}+\frac{J_n}{(1+\mathrm{MEC})^n}$$

其中,R 为资本品的供给价格;$R_1,R_2,R_3,\cdots,R_n$ 为各期的预期收益;J_n 代表该资本品在第 n 年年末时的报废价值;MEC 为预期收益率(资本边际效率)。

凯恩斯认为,投资需求取决于资本边际效率与利率的对比关系。对应于既定的利率,只有当资本边际效率高于这一利率时才会有投资。需要注意的是,利用上面的公式计算资本边际效率,通过与利率进行比较,判断某项投资是否值得时,如果 R、R_i、J_n 是名义值,利率需要使用名义利率(市场利率);如果 R、R_i、J_n 是实际值,利率需要使用实际利率。当经济中没有发生通货膨胀时,名义利率与实际利率相等。但如果存在通货膨胀,二者则不相等。计算实际利率可以使用如下公式:

$$实际利率\approx 名义利率-通货膨胀率$$

或

$$1+名义利率=(1+真实利率)(1+通货膨胀率)$$

在凯恩斯看来,随着企业投资的增加,资本边际效率在长期中是递减的。他说:“在任何时期中,若对某类资本之投资增加,则该类资本之边际效率,随投资之增加而减少。”这就是凯恩斯的第二基本心理规律①。引起资本边际效率递减的原因主要有两个:一是投资的不断增加必然会引起资本品供给价格的上升,而资本品供给价格的上升意味着成本增加,从而会使投资的预期利润率下降;二是投资的不断增加会使生产出来的产品数量增加,而产品数量增加会使其市场价格下降,从而投资的预期利润率也会下降。资本边际效率的递减会使资本家对未来缺乏信心,从而引起投资需求的不足。

如图 4-2 所示,由于资本边际效率递减规律的存在,资本边际效率曲线是向右下方倾斜的。这条向右下方倾斜的曲线可以代表投资需求曲线,而纵轴同时代表利率水平。在某个利率水平上,只有资本边际效率高于该利率水平的投资项目才是值得的;如果利率下降,则将有更多项目的资本边际效率大于利率水平,所以投资量将增加。可见,投资量与利率存在反方向变动关系,这种反向替代关系可以用向右下方倾斜的资本边际效率曲线来表示。此时,在图 4-2 中,纵轴同时代表资本边际效率和利率。当然,用资本边际效率曲线代表投资需求曲线时,隐含地包含资本边际效率与利率水平的比较,然后确定投资量的过程。

---

① 凯恩斯.就业、利息和货币通论[M].北京:商务印书馆,1957:116.

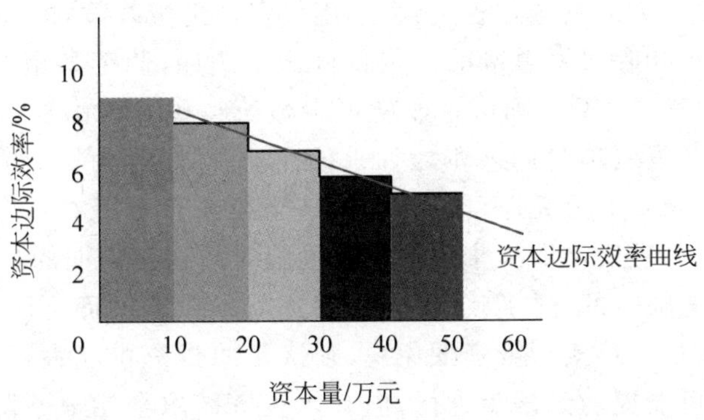

图 4-2　资本边际效率递减规律

但是严格来说，资本边际效率曲线并不能代表企业的投资需求曲线。因为当利率下降时，单个企业投资的增加不一定会引起资本品价格的变化，但所有企业投资的增加会引起资本品价格的上涨。也就是说，式中的资本品价格 R 要增加，在相同的预期收益情况下，资本边际效率必然要减小。由于 R 上升而被减小的资本边际效率(MEC)被称为投资边际效率(marginal efficiency of investment，MEI)，它比较精确地反映了投资与利率的关系。因此，投资需求曲线指的是投资边际效率曲线(MEI)。根据这条曲线的特点，可以把投资需求函数表示为 $I(r)=e-dr$，其中 e 是自主性投资，d 是利率对投资需求的影响系数。一般情况下，投资量(包括自主性投资量)是指实际投资量，因此利率是实际利率。但如果投资量是名义量，则利率是名义利率(市场利率)。

根据上面的投资需求的因素链，影响资本边际效率的因素主要有预期收益与资本品供给价格。如果把资本品理解为机器设备，如前所述，资本品价格上升导致资本边际效率曲线下降为投资边际效率曲线；如果将资本理解为厂房，由于西方国家大多数企业都是上市公司，企业市值体现为股票市值，托宾的 q 理论解释了股票价格与投资的关系。

2. 预期收益与投资

影响预期收益的因素是多方面的，这里主要分析如下三点：

第一，对投资项目的产出的市场需求预期。企业决定是否投资及投资多少时，首先会考虑该投资项目的产品在未来的市场需求情况。因为这种需求情况既决定产品的销售前景，也影响产品价格的变化。如果企业认为投资项目的产品的市场需求将会增加，就会增加投资。这就是后面将谈到的加速原理，投资增量与产出增量之比就是加速数。

第二，产品的成本。投资的预期收益在很大程度上也取决于投资项目的产品的生产成本，尤其是工资成本。因为在其他条件不变时，工资成本上升会降低企业利润，减少投资预期收益，尤其是对劳动密集型产品的投资项目而言，工资成本上升显然会降低投资需求。然而，对于可以用机器设备代替劳动力的投资项目，工资上升又意味着多用设备比多用劳动更有利可图，因而实际工资的上升又等于是投资的预期收益增加从而会增加投资需求。可见，工资成本的变动对投资需求的影响具有不确定性。但在大多数情况下，随着工资成本的上升，企业会越来越多地考虑采用新的机器设备，从而使投资需求增加。

第三，投资抵免税。影响投资预期收益的还有政府的税收政策，因为税收直接影响收益。在一些国家,政府为鼓励企业投资,会采用投资抵免税政策,即政府规定,投资的厂商可以从其所得税单中扣除投资总额的一定百分比。例如,假定某企业在某一年投资1亿元,若规定投资抵免率是10%,则该企业就可少缴所得税1 000万元,这1 000万元等于是政府为企业支付的投资项目的成本。如果该企业在这一年的所得税不足1 000万元,只有600万元,则所余400万元还可留待来年甚至第3年再抵扣。这种投资抵免税政策对投资的影响,在很大程度上取决于这种政策是临时的还是长期的。如果是临时采取的,则该政策的效果也是临时的,过了政策期限,投资需求可能反而下降。比方说,政府为刺激经济,如果宣布在某一年实行投资抵免税,则该年的投资可能大幅增加,甚至本来准备来年投资的项目也可能提前到该年进行,但来年投资需求会明显下降。而且在政策实行的前一年,有些企业会把一些项目推迟到有政策鼓励时再进行投资。

3. 托宾的q理论

该理论由美国经济学家詹姆斯·托宾(J. Tobin)提出。他认为,企业的市场价值与其重置成本之比可作为衡量要不要进行新投资的标准。他把这一比率称为q。企业的市场价值就是企业的股票的市场价格总额,它等于每股股票的价格与总股数的乘积。企业的重置成本是指建造这个企业所需要的成本。因此,q=企业的股票市场价值/新建造企业的成本。如果$q<1$,说明买旧的企业比建设新企业便宜,也就不会有投资;相反,$q>1$则说明新建企业比买旧企业便宜,因此会有新投资。也就是说,当q较高时,投资需求会较大。托宾的q理论实际上是说,当股票价格上升时,投资会增加。一些经济学家认为,股票价格与投资之间并不存在这种因果关系,相反,倒是由于企业有较好的投资前景才会引起其股票价格的上升。

二、投资类型及其决定

投资支出可以分为企业固定投资、存货投资和住房投资三个范畴。

(一) 企业固定投资的决定

企业固定投资包括企业购买的厂房、机器设备和建筑物,分为净投资与折旧。企业固定投资的决定因素不仅是投资的成本(实际利率),而且包括产量。

1. 加速原理

加速原理(Accelerator Principle)说明了企业固定投资与产量的关系,从整个经济来看,也就是投资与实际国民生产总值的关系。加速原理反映了现代化生产中投资变动大于产量变动这一客观规律,即要生产更多的产量需要更多的资本。用K表示资本量,用Y表示总产量,则$\Delta K/\Delta Y>1$,由于$\Delta K/\Delta Y=K/Y$,所以$K/Y>1$。定义$V=K/Y$,V表示资本产量比,该值通常大于1,所以V又被称为加速数。

在一定限度内,企业有可能用现有的资本通过集约的使用来生产更多的产品,但在任何时候,企业总认为有一个最优的资本对产量的比率。该比率不仅在行业与行业之间差别很大,而且随着社会环境和生产技术的变动而变动。在宏观经济学中,为了减少复杂性,通常假定该比率在一定时间内保持不变,如$V=3$。

由于净投资为资本的增量,引入时期的概念,则$t-1$时期的K和Y的关系可表示为

$$K_{t-1}=VY_{t-1}$$

如果产量从 Y_{t-1} 变动到 Y_t，则资本存量也将从 K_{t-1} 变动到 K_t，即 $K_t=VY_t$。

用 I_t 表示时期 t 的投资净额，即净投资，则有 $I_t=K_t-K_{t-1}$，进而有 $I_t=K_t-K_{t-1}=V(Y_t-Y_{t-1})$。考虑到折旧，则时期 t 的总投资为 I_t＋时期 t 的折旧。

如表 4-1 所示，第 2 年的总产量（假定等于销售额）要比第 1 年增加 100 亿元，若加速数为 3，则需要资本量（净投资）增加 300 亿元，从第 1 年到第 2 年新增总投资为 300 亿元，若忽略折旧，可以认为，该年投资增加为 300 亿元。当销售额增速加快时，如第 4 年增加 200 亿元、第 5 年增加 300 亿元，就会引起投资以更快的速度增长，如第 4 年增加 600 亿元的投资、第 5 年增加 900 亿元的投资。在销售额以 100 亿元、200 亿元、300 亿元的速度增长时，投资将以 300 亿元、600 亿元、900 亿元的速度增长，这就是加速原理。在上述例子中，资本增长的速度是常量增长速度的 3 倍，这个 3 倍就是加速数 V。当销售额的增长速度降低时，投资下降的速度也将是产量下降速度的 3 倍。如第 5 年比第 4 年的销售额增加 300 亿元，第 6 年比第 5 年的销售额增加 200 亿元，第 7 年比第 6 年只增加 100 亿元，而第 8 年比第 7 年没有任何增加，第 9 年比第 8 年的销售额减少 100 亿元。相应地，投资的增长量加速下降，从 900 亿元降到 600 亿元、300 亿元、0 再到－300 亿元。加速原理要说明的是，在实际国民收入增加的同时，投资要以更快的速度增加。

表 4-1　投资相对于销售额的加速度　　单位：亿元

年份	销售额	销售增量	投资增量 $I(\Delta K)$（忽略各期折旧）
1	1 000		
2	1 100	100	300
3	1 200	100	300
4	1 400	200	600
5	1 700	300	900
6	1 900	200	600
7	2 000	100	300
8	2 000	0	0
9	1 900	－100	－300

应当指出，加速原理发生作用是以资本存量得到充分利用，而且生产技术不变，从而资本-产出比率固定不变为前提的。

2. 乘数-加速数模型与经济周期

乘数-加速数模型的基本思想是把外部因素和内部因素结合在一起对经济周期给出解释，同时，它特别强调投资变动的影响。假设由于新发明的出现使投资的数量增长，投资数量的增长会通过乘数作用使收入增加。当人们的收入增加时，他们会购买更多的物品，从而整个社会的商品销售额增加。通过上面所说的加速数的作用，销售额的增加会促进投资以更快的速度增长，而投资的增长又会使国民收入增长，从而销售额再次上升。如此循环往复,国民收入将不断增大,于是社会经济便处于经济周期的扩张阶段。

但是,社会的资源是有限的,收入的增加迟早会达到资源所容许的最高限度。一旦经济到达经济周期的峰顶,收入便不再增长,从而销售额也不再增长。根据加速原理,销售额增长的停止意味着投资量下降为零。由于投资的下降,收入减少,从而销售额也会减少。又根据加速原理,销售额的减少会使投资进一步减少,而投资的下降又会使国民收入进一步下降。如此循环往复,国民收入会持续下降。这样一来,社会便处于经济周期的衰退阶段。

收入的持续下降使社会最终跌入经济周期的谷底。这时,由于在衰退阶段长期进行的负投资,生产设备逐年减少,所以仍在营业的一部分企业会感到有必要更新设备。随着投资的增加,收入开始上升。上升的国民收入通过加速数的作用又一次使经济进入扩张阶段。于是,一次新的经济周期便又开始了。

对乘数-加速数模型贡献最大的两位经济学家是英国的约翰·希克斯和美国的保罗·萨缪尔森。萨缪尔森提出的乘数-加速数模型的基本方程如下:

$$Y_t = C_t + I_t + G_t$$

$$C_t = \beta Y_{t-1} \ (0 < \beta < 1)$$

$$I_t = V(C_t - C_{t-1}) \ (V > 1)$$

第一个方程是产品市场的均衡公式,即收入恒等式。为简便起见,我们假定政府购买 $G_t = G$(常数)。第二个方程是简单的消费函数,它表明本期消费是上一期收入的线性函数。第三个方程表明,根据加速原理,本期私人投资取决于本期与前期消费的改变量,属于引致的本期私人投资,其中 V 为加速数。将后两个方程代入第一个方程,可得

$$Y_t = \beta Y_{t-1} + V(C_t - C_{t-1}) + G_t$$

对该模型的方程求解需要用到差分方程的知识,这里不予讨论。下面用具体的例子来说明在加速原理下的经济周期波动。

表 4-2 乘数和加速数的相互作用 单位:亿元

时期(t)	政府购买(G_t)	从上期国民收入中得来的本期消费(C_t)	引致的本期私人投资(I_t)	国民收入总额(Y_t)	经济变化趋势
1	1.00	0.000 000 0	0.000 000 0	1.000 000 0	—
2	1.00	0.500 000 0	0.500 000 0	2.000 000 0	复苏
3	1.00	1.000 000 0	0.500 000 0	2.500 000 0	繁荣
4	1.00	1.250 000 0	0.250 000 0	2.500 000 0	繁荣
5	1.00	1.250 000 0	0.000 000 0	2.250 000 0	衰退
6	1.00	1.125 000 0	−0.125 000 0	2.000 000 0	衰退
7	1.00	1.000 000 0	−0.125 000 0	1.875 000 0	萧条
8	1.00	0.937 500 0	−0.062 500 0	1.875 000 0	萧条
9	1.00	0.937 500 0	0.000 000 0	1.937 500 0	复苏
10	1.00	0.968 750 0	0.031 250 0	2.000 000 0	复苏
11	1.00	1.000 000 0	0.031 250 0	2.031 250 0	繁荣
12	1.00	1.015 625 0	0.015 625 0	2.031 250 0	繁荣
13	1.00	1.015 625 0	0.000 000 0	2.015 625 0	衰退
14	1.00	1.007 812 5	−0.007 812 5	2.000 000 0	衰退

表 4-2 中，假设边际消费倾向 $B=0.5$，加速数 $V=1$，政府每期开支 G_t 为 1 亿元。如果不考虑第 1 期以前的情况，那么从上期国民收入中得来的本期消费为零，引致投资当然也为零。因此，第 1 期的国民收入总额就是政府在第 1 期的支出 1 亿元。

第 2 期政府支出仍为 1 亿元。但由于第 1 期有收入 1 亿元，在边际消费倾向为 0.5 的情况下，第 2 期的引致消费 $C_2=\beta Y_1=0.5\times1=0.5$ 亿元，第 2 期的引致投资 $I_2=V(C_2-C_1)=1\times(0.5-0)=0.5$ 亿元，因此第 2 期的国民收入 $Y_2=C_2+I_2+G_2=0.5+0.5+1=2$ 亿元。同样可以算出第 3 期收入为 2.5 亿元，第 4 期收入为 2.5 亿元，以下各期收入也都能以同样方法算出。

由 $Y_t=\beta Y_{t-1}+V(C_t-C_{t-1})+G_t$ 和表 4-2 可以看出，边际消费倾向及加速数越大，政府支出对国民收入变动的作用也就越大。因此，在社会经济生活中，投资、收入和消费相互影响、相互调节，通过加速数，收入和消费的增加会引起新的投资，通过乘数，投资又使收入进一步增长。假定政府支出为一个固定的量，则靠经济本身的力量自行调节就会自发形成经济周期。经济周期中的不同阶段正是乘数与加速数交互作用而形成的：投资影响收入和消费（乘数作用）；反过来，收入和消费又影响投资（加速数作用）。两种作用相互影响，形成累积性的经济扩张或收缩的局面。这是某些西方学者对经济波动所做的一种解释。他们认为，只要政府对经济进行干预，就可以改变或缓和经济波动。例如，采取适当的扩张性政策刺激投资，采取某些政策鼓励提高劳动生产率以提高加速数，以及采取某些鼓励消费的措施，就可以克服或者缓解经济的萧条或波动。

（二）企业存货投资的决定

存货包括原材料、生产中使用的中间产品，以及待销售的最终产品。企业存货净值的变化，即年底存货与年初存货的差额，就是存货投资。存货投资在投资中所占比重并不大，但存货的波动却相当大。

存货投资之所以必要有三个原因：第一，存货是生产过程得以顺利进行的一个必要条件。也就是说，现代生产是一个连续的过程，为了防止原料与中间产品的供给由于随机性原因引起的短缺而中断生产过程，企业必须有一定量的存货。第二，存货是保证销售并稳定地占有市场的必要条件。市场需求千变万化，而产量很难适应需求的变化及时调整，所以有一定量最终产品存货以满足市场需求是十分必要的。第三，通过存货调节使企业的生产稳定地维持在一定水平上。

存货投资分为合意存货投资和非合意存货投资。合意存货投资是企业在长期保持的存货水平，即在这一水平上，生产和销售可以正常进行。这时存货投资的成本与收益相等。高于合意存货水平的存货就是非合意存货投资。我们主要分析合意存货投资的决定。

存货对维持正常生产和销售的好处就是存货投资的收益，为存货所付出的资金利息及其他支出（仓储费用等）就是存货的成本。因此，合意存货投资的确定涉及如下因素：

（1）企业订购原料与中间产品的订货成本及获得这些原料与中间产品的速度。订货成本包括谈判、签约、履约等的支出。一般来说，订货成本越低，原料与中间产品到达越快，合意存货投资就越低；反之，合意存货投资就越高。

(2) 对产品需求的不确定性。对产品的需求越不稳定,合意存货投资就越高;反之,合意存货投资就越低。

(3) 长期销售水平。最终产品的存货是销售量的一个固定比例。因此,合意存货投资的水平随长期销售量的增减同方向变动。

(4) 实际利率水平。存货所需资金同样要支付利息(或放弃自有资金本来可以得到的利息),这种利息支出是存货的成本。因此,合意存货投资与利率反方向变动。但应该指出的是,存货的目的主要是维持生产与销售的正常进行,在决定合意存货投资时,这个因素比实际利率更重要。

(5) 其他存货成本,包括仓储费用、存货的损耗等。合意存货投资随存货成本的变动而反方向变动。

以上因素中,(1)～(3)影响存货投资的收益,(4)～(5)影响存货投资的成本。包括合意存货投资与非合意存货投资在内的存货投资波动是与经济周期中企业的存货调整及决定这种调整的预期相关的。也就是说,在经济周期的不同阶段,销售量是不同的,企业为了使存货投资达到合意的水平,就要对存货进行调整。这种调整取决于企业对未来的预期。企业的预期可能是乐观的,也可能是悲观的,从而引起存货投资的波动。存货投资的这种变动往往大于实际国民生产总值的波动。一般来说,当经济开始衰退时,销售量减少,非合意存货增加,企业对未来的预期悲观,就会把合意存货水平确定得较低,从而大幅减少存货,存货的减少幅度大于实际国民生产总值的减少幅度。当经济开始复苏时,销售量增加,合意存货减少,企业对未来的预期乐观,就会把合意存货水平确定得较高,从而大幅增加存货,存货的增加幅度大于实际国民生产总值的增加幅度。正是由于以上原因,存货投资在经济中的波动是相当大的。

(三) 住房投资的决定

住房投资是指居民购买住房的支出。这部分投资在总投资中占的比重并不大,但波动却相当大。

住房投资是新增加的住房。一般来说,在任何一年中,住房投资在现有住房存量中只占有很小的比重。例如,在美国这一比重约为3%。决定住房投资的因素主要有以下几个:

(1) 原有住房的价格。这种价格指住房买卖的价格与租金。住房投资与原有住房的价格同方向变动。

(2) 财产总量与资产选择。住房是人们财产的形式之一。在其他条件不变的情况下,总财产越多,用于住房投资的数量也越多。但在既定的总财产中,住房投资的大小则取决于人们的资产选择,即各种形式的资产在总资产中所占的比重。资产选择取决于各种形式资产的风险与收益。如果不考虑风险问题,则资产选择取决于各种形式资产的相对收益率。如果住房作为一种资产的相对收益率高于其他资产,即在其他资产收益率不变时,住房的收益率增加,或在住房的收益率不变时,其他资产的收益率下降,那么住房投资就会增加;反之,住房投资将减少。

(3) 实际利率。住房投资是一项长期投资,实际利率高低对住房投资影响很大。与其他投资一样，住房投资也与实际利率反方向变动。但影响住房投资的主要是长期利率，尤其是长期抵押贷款的利率。正因为住房投资对长期抵押贷款利率的变动十分敏感，所以货币政策对住房投资的影响比其他投资大得多。例如，某人贷款 50 万元用于住房投资，偿还期为 25 年，偿还是按月进行的。当利率略有差别时，每月偿还的本息差别很大。当利率为 5%时，每月偿还本息 2 920 元；当利率为 10%时，每月偿还本息 4 540 元；当利率上升 1 倍时，每月偿还的本息也几乎上升了 1 倍。拥有住房的利息成本几乎与利率同倍增加。所以，住房投资受利率影响大，货币政策对这项投资的作用更显著。

在分析住房投资的决定时，还要考虑建筑业的时滞，即从进行住房投资到新住房建成之间的时间间隔。这种时滞并不长，在美国一般为 1 年以内。但这种时滞的存在对住房投资有两种影响：一是住房投资不取决于现期的住房价格，而取决于未来预期的住房价格。这就说明，在住房投资的决定中，预期的作用是重要的。二是由于建筑时滞，进行住房投资时要考虑投资与收益之间的时差，这种时差的长短由建筑时滞决定。

综上所述，在各种投资的决定中，实际利率的作用相当重要。但在各种投资中，实际利率作用的重要程度及其他因素的作用大小并不一样。而且，投资及各组成部分变动都很大。

第二节　IS 曲线：产品市场的均衡

把投资当作利率的函数以后，可以进一步用 IS 曲线来说明产品市场均衡的条件。所谓产品市场均衡，是指产品市场上总供给（总收入）与总需求（总支出）相等。产品市场均衡条件也可表示为投资（investment）和储蓄（saving）相等，这也是 IS 曲线的名称的来历。

一、IS 曲线的代数推导

慕课 4-2
IS 曲线

为避免重复，这里直接考虑最一般的情形——四部门模型（比例税条件下）产品市场的均衡。均衡条件为

$$Y = \mathrm{AE} = C + I + G + \mathrm{NX}$$

其中，消费函数 $C = C_0 + \beta Y_d$，$Y_d = Y - \mathrm{NT} = Y - T + T_r$，$T = T_0 + C$。$C_0$ 表示自发消费，Y_d 表示可支配收入，NT 表示政府净税收，T 表示税收，T_r 表示政府转移支付，T_0 表示定量税部分，t 表示边际税率。

将上面的后两个式子代入前面的式子中，可得消费支出为

$$C = C_0 + \beta Y_d = C_0 + \beta(Y - \mathrm{NT}) = C_0 + \beta(Y - T + T_r)$$
$$= C_0 + \beta(Y - T_0 - tY + T_r) = \beta(1-t)Y + C_0 - \beta T_0 + \beta T_r$$

在收入-支出模型（或简单国民收入模型）中，投资被假定为一个外生变量。实际上，投资受利率的影响，投资是利率的函数，可将其表示为 $I = I_0 - dr$。其中，I_0 是自主性投资，d 是投资的利率的敏感系数，r 是利率。

政府购买仍是由政府的决策决定，在某一时期不随国民收入的变动而变动，即 $G = G_0$。

净出口是出口与进口的差额 $\mathrm{NX} = X - M$。出口仍是一个外生变量，表示为 $X = X_0$；

进口与本国收入有关,可表示为 $M=M_0+mY$,其中 M_0 是自发性进口,m 是边际进口倾向。

将总支出的各组成部分代入,并结合国民收入决定的均衡条件,可以得到

$$Y=\mathrm{AE}=C_0+I_0+G_0-\beta T_0+\beta T_r+X_0-M_0+[\beta(1-t)-m]Y-dr$$

解之得

$$Y=\frac{C_0+I_0+G_0-\beta T_0+\beta T_r+X_0-M_0}{1-\beta(1-t)-m}-\frac{dr}{1-\beta(1-t)-m}$$

与上一章的均衡收入的公式有所不同,这里均衡国民收入由两项而不是一项组成。令

$$\overline{A}=\text{自主性支出}=C_0+I_0+G_0-\beta T_0+\beta T_r+X_0-M_0$$

$$k_i=\text{支出乘数}=\frac{1}{1-\beta(1-t)+m}$$

均衡国民收入可表示为

$$Y=k_i(\overline{A}-dr)$$

从上式可知,均衡国民收入与利率反方向变动。如果以纵轴代表利率、以横轴代表收入,则可以得到一条反映利率和收入间关系的曲线。这条曲线上任何一点都代表一定的利率与收入的组合,在任何一个组合点上,产品市场都是均衡的。由于产品市场均衡的条件还可以表示为 $I=S$(注意两部门、三部门及四部门的储蓄有着不同的表达式,这里略),因此由产品市场均衡所得到的一系列(r,Y)组合点所连成的曲线又称 IS 曲线。IS 曲线的斜率为负的经济学含义是这样的:从 IS 曲线上的某点沿着 IS 曲线向右下方移动,收入 Y 增加使储蓄 S 增加的同时,必然要求利率 r 下降,使投资 I 增加,从而保持产品市场的均衡。

二、IS 曲线的几何推导

IS 曲线的几何推导可以有如下两种方法。

IS 曲线的第一种几何推导方法是用含有四个象限的图来描述。图 4-3 中象限(1)的曲线表示,投资需求是利率的减函数,纵轴表示利率 r,横轴表示投资量 I。象限(2)表示投资和储蓄的均衡状态,纵轴表示储蓄 S,横轴仍表示投资 I,自原点发出的 45°线表示投资始终等于储蓄的组合点的集合。象限(3)的曲线表示储蓄是国民收入的增函数,纵轴表示储蓄,横轴表示收入。由这三个象限中的曲线可以得到象限(4)所表示的产品市场均衡的 IS 曲线。例如,象限(1)中,给定某一利率水平,可以得到该利率下的投资量;由象限(2)所表示的产品市场均衡条件 $I=S$,可得到该利率和投资水平下使产品市场保持均衡的储蓄量;在象限(3)中,由储蓄函数可得相应的收入水平。最后,在象限(4)中得到一个(r,Y)组合点,该点所表示的国民收入是在该利率水平下使产品市场保持均衡的收入。同理,可得到一系列满足产品市场均衡条件的利率和收入的组合点。将各组合点连接起来,就得到了 IS 曲线。它表示:与任一给定的利率相对应的国民收入水平,在这样的利率和收入水平上,投资恰好等于储蓄,因此这条曲线就称为 IS 曲线。

IS 曲线的第二种几何推导方法,是利用收入-支出模型来推导。如图 4-4 所示,较高

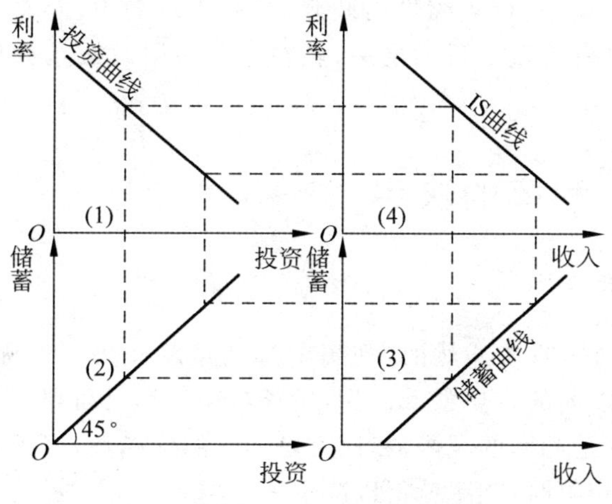

图 4-3　IS 曲线的几何推导一

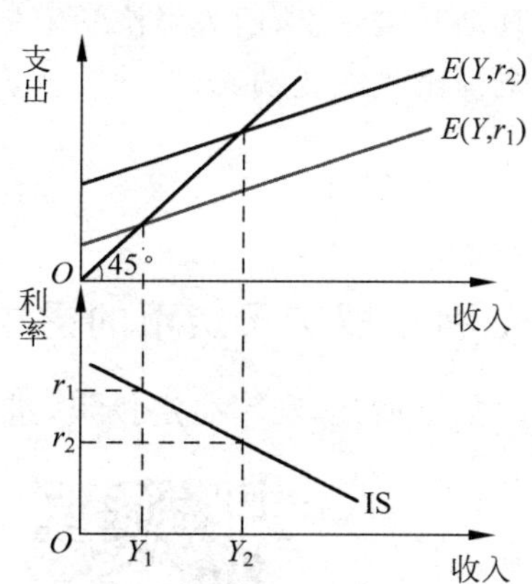

图 4-4　IS 曲线的几何推导二

的利率水平 r_1 对应一个较低的收入水平 Y_1，较低的利率水平 r_2 对应一个较高的收入水平 Y_2。

三、IS 曲线的斜率与截距

下面来分析哪些因素影响 IS 曲线的位置。将 IS 曲线方程 $Y=k_i(\overline{A}-dr)$ 改写为以利率 r 作为因变量、以收入 Y 作为自变量：

$$r=\frac{\overline{A}}{d}-\frac{Y}{k_i d}$$

IS 曲线的位置取决于 IS 曲线的斜率及其在纵轴上的截距。

IS 曲线的斜率与投资的利率敏感系数 d 及支出乘数 k_i 相关。d 值越大，表明投资对利率越敏感，同样的利率变化，投资将有较大变化，通过乘数效应，收入将发生较大变化，所以 IS 曲线较平坦，即 d 值较大时，IS 曲线的斜率较小。支出乘数较大，则同样的投资变化（由于同样的利率的变化引起），将引起国民收入有较大的变化，IS 曲线较平坦，即 k_i 值较大时，IS 曲线的斜率较小。

IS 曲线在纵轴上的截距与自主支出的大小有关。如图 4-5 所示，若已知自主支出的变动为 $\Delta\overline{A}$，则 IS 曲线沿纵向移动的距离为 $\frac{\Delta\overline{A}}{d}$、沿横向移动的距离为 $k_i\Delta\overline{A}$。导致自主支出变化的政策性因素主要有政府支出和税收的变动。在既定的利率水平上，增加财政支出、减少税收使 IS 曲线右移，从而提高收入水平；相反，减少财政支出、增加税收则会使 IS 曲线左移，从而降低收入水平。

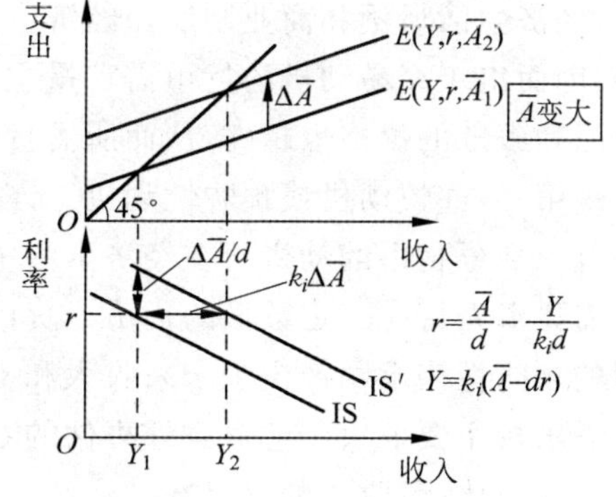

图 4-5　IS 曲线的平移

增加政府支出和减税，都属于增加总需求的膨胀性财政政策；而减少政府支出和增税，都属于降低总需求的紧缩性财政政策。因此，政府实行膨胀性财政政策,表现为IS向右上方移动;实行紧缩性财政政策,则表现为IS向左下方移动。实际上,西方经济学家提出IS曲线的重要目的之一,就在于分析财政政策如何影响国民收入变动。

第三节 利率的决定

一、利率取决于货币的需求和供给

如上所述,利率决定投资,进而影响国民收入。然而,利率本身又是怎样决定的呢?凯恩斯以前的古典学派认为,投资与储蓄都只与利率相关,投资是利率的减函数,储蓄是利率的增函数,当投资与储蓄相等时,利率就得以决定。

慕课 4-3
利率的决定

凯恩斯否定了这种观点。他认为,储蓄不仅取决于利率,更重要的是受收入水平的影响;收入是消费和储蓄的源泉,只有收入增加了,消费和储蓄才会增加;收入不增加,即使利率提高,储蓄也无从增加。如果不知道收入水平的高低,就无法建立储蓄与利率的函数关系,而如果不能确定储蓄函数,就不能确定利率,也就不能确定投资水平和国民收入水平。凯恩斯认为,利率不是由储蓄与投资决定的,而是由货币的供给量和需求量决定的。货币的实际供给量(用m表示)一般由国家控制,是一个外生变量,因此需要分析的主要是货币的需求。

二、货币需求动机

众所周知,人们的财富如果不以货币而以其他形式持有,会带来收益。例如,以债券形式持有会有债息收入,以股票形式持有会有股息及红利收入,以房产形式持有会有租金收入,等等。那么,人们为什么愿意持有无法带来利息或其他收入的货币呢?凯恩斯认为,人们需要货币是出于以下三类动机。

第一,交易动机。交易动机是指个人和企业为了进行正常的交易活动而需要货币的动机。在经济生活中,由于收入和支出在时间上不同步,因而个人和企业必须有足够的货币资金来支付日常开支。个人或企业出于这种交易动机所需要的货币量取决于其收入水平、经济生活惯例和商业制度。经济生活惯例和商业制度在短期内一般可假定为固定不变,因而出于交易动机的货币需求量主要取决于收入,收入越高,交易数量越大,所交换的商品和服务的价格也越高,从而所需货币量就越大。

第二,谨慎动机或预防性动机。谨慎动机或预防性动机是指为预防意外支出而需要持有一部分货币的动机。在经济生活中,个人或企业为应付事故、失业、疾病等意外事件而需要事先持有一定数量的货币。货币的交易需求产生于收入和支出的不同步性,而货币的预防性需求则产生于未来收入和支出的不确定性。凯恩斯认为,个人对货币的预防性需求量主要取决于他对意外事件的看法。但从全社会来看,这一货币需求量大体上与收入成正比,是收入的增函数。

如果用L_1表示交易动机和谨慎动机所产生的全部实际货币需求量,用Y表示实际收入，则货币需求量与收入的关系可表示为 $L_1=L_1(Y)$，或者 $L_1=kY$。式中的 k 是出于上述两种动机所需要的货币量与实际收入的比例关系，Y 为具有不变购买力的实际收入。

第三，投机动机。投机动机是指人们为了抓住购买有价证券的有利机会而需要持有一部分货币的动机。这种预期债券价格将下跌（利率上升）而需要把货币保留在手中的情况，就是对货币的投机性需求。那么，债券的市场价格是如何决定的？人们是否购买债券取决于债券价格与债券未来收益现值的比较，而债券的预期收益现值为

$$\text{债券预期收益现值}=\frac{R}{1+r'}+\frac{R}{(1+r')^2}+\cdots\approx\frac{R}{r'}$$

其中，R 为债券票面各期收益，r' 为债券的预期收益率。

只有当债券预期收益的现值高于债券价格时，人们才会购买债券；反之，人们就会将手中的债券抛出。当债券市场均衡时，债券价格一定与债券预期收益的现值相等。由于前面假定了人们只以债券和货币两种形式持有财富，当债券市场均衡时，货币市场也处于均衡状态。债券市场和货币市场的双重均衡意味着将货币存入银行所得利息与购买债券所得净收益相等。因此，在均衡的条件下，债券的预期收益率 r' 等于市场利率 r。也就是说，在均衡条件下，债券价格与债券的预期收益现值相等，而且债券的预期回报率与市场利率相等。也就是说，在债券的预期收益既定的前提下，债券价格与市场利率的变化方向相反，即

$$\text{债券价格}=\frac{R}{r}$$

假定一张债券一年可获利息 10 美元，若利率为 10%，则这张债券的市价为 100 元；若市场利率为 5%，则这张债券的市价为 200 元。可见，债券价格一般随利率变化而变化。由于债券的市场价格经常波动，凡预期债券价格将上涨（预期利率将下降）的人，就会用货币买进债券以备日后以更高的价格卖出；反之，凡预期债券价格将下跌的人，就会卖出债券保存货币以备日后债券价格下跌时再买进。这种预期债券价格将下跌（利率上升）而需要把货币保留在手中的情况就是对货币的投机性需求。可见，利率越高，则有价债券价格越低，人们若认为这一价格已降低到正常水平以下，预期很快会回升，就会抓住机会及时买进有价证券，于是人们手中出于投机动机而持有的货币量就会减少；相反，利率越低，即有价债券价格越高，人们若认为这一价格已涨到正常水平以上，预期很快会回跌，就会抓住时机卖出有价证券，于是人们手中出于投机动机而持有的货币量就会增加。

总之，对货币的投机性需求取决于利率。如果用 L_2 表示货币的投机需求，用 r 表示利率，则这一货币需求量和利率的关系可表示为

$$L_2=L_2(r)$$

或

$$L_2=L_2(r)=-hr$$

其中，h 是货币的利率敏感系数。

三、流动性偏好与流动偏好陷阱

流动性偏好这一概念最早是由凯恩斯提出的，也被译为灵活偏好或流动偏好，是指人

们持有货币的偏好。人们之所以产生对货币的偏好,是由于货币是流动性或者说灵活性最大的资产。货币随时可做交易之用,随时可应付不测之需,随时可作投机之用,因此人们对货币的偏好或者说对货币的需求,就称为流动偏好。简言之,流动性偏好是指由于货币具有使用上的灵活性,人们宁愿牺牲利息收入而储存不生息的货币来保持财富的心理倾向。货币的利率敏感系数也称作流动性偏好的利率系数(货币需求的利率弹性)。

对利率的预期是人们调节货币和债券配置比例的重要依据,利率越高,货币需求越小。当利率极高时,这一需求量等于零,因为人们认为这时利率不大可能再上升,或者说有价证券的价格不大可能再下降,因而将所持有的货币全部换成有价债券。反之,当利率极低(如2%)时,人们会认为这时利率不大可能再下降,或者说有价证券市场不大可能再上升而只会跌落,因而将所持有的有价证券全部换成货币。人们有了货币也绝不肯再去购买有价证券,以免证券价格下跌时遭受损失。人们不管有多少货币都愿意保持在手中的情况称为“凯恩斯陷阱”或“流动性陷阱”,这就是凯恩斯的第三基本心理规律。当经济处于流动性陷阱情况下时,流动性偏好趋向无限大,即货币需求的利率弹性为无穷大,此时即使银行增加货币供给,也不会再使利率下降。

四、货币需求函数

货币的总需求是人们对货币的交易需求、预防需求和投机需求的总和。货币的交易需求和预防需求取决于收入,而货币的投机需求取决于利率,因此对货币的总需求函数可描述为

$$L = L_1 + L_2 = L_1(Y) + L_2(r) = kY - hr$$

其中,L、L_1 和 L_2 都代表对货币的实际需求,即具有不变购买力的实际货币需求量。名义货币量和实际货币量是有区别的。名义货币量是不管货币购买力如何而仅计算其票面值的货币量。把名义货币量折算成具有不变购买力的实际货币量,必须用价格指数加以调整。如用 P 代表价格指数,则名义货币需求函数是实际货币需求函数乘以价格指数,即 LP,或者$(kY-hr)P$。需要注意的是,在没有明确指出的情况下,货币需求函数是指实际货币需求函数。

从上面关于流动性偏好和流动性偏好陷阱的分析可以知道,当利率极高时,货币的投机需求为零,用 $\bar{r}$ 表示利率上限,当 $r>\bar{r}$ 时,$L=kY$;而当利率极低时,货币的投机需求无穷大,用$\underline{r}$表示利率下限,当 $r=\underline{r}$时,$L\geqslant kY-h\underline{r}$。因此严格来说,货币需求函数的表达式写成 $L=kY-hr$,应是利率处在一定范围内($\bar{r}>r>\underline{r}$)时的货币需求表达式。将货币需求表达式的三种情况写在一起,如下所示:

$$L(Y,r) = kY(r \geqslant \bar{r})$$
$$L(Y,r) = kY - hr(\underline{r} < r < \bar{r})$$
$$L(Y,r) \geqslant kY - h\underline{r}(r = \underline{r})$$

货币需求函数可以用图形来表示,横轴表示实际货币需求(L)、纵轴表示利率(r)。图4-6中垂线 L_1 表示满足交易动机和谨慎动机的货币需求曲线,它和利率无关,因而垂直于横轴。L_2 线表示满足投机动机的货币需求曲线,它起初向右下方倾斜,表示货币的投机需求量随利率下降而增加,最后为水平状,表示流动偏好陷阱。图4-7中的 L 线则是

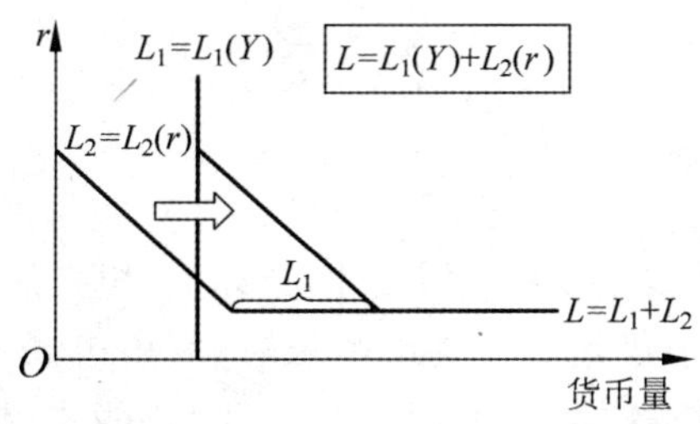

图 4-6　货币需求与货币需求曲线

包括 L_1 和 L_2 在内的全部货币需求曲线。这条货币需求曲线表示在一定收入水平上货币需求量和利率的关系，利率上升时货币需求量减少，利率下降时货币需求量增加。

那么，货币需求量和收入水平的正向关系如何表现出来呢？需要通过在同一坐标图上画若干条货币需求曲线来表示，如图 4-8 所示。图中的三条货币需求曲线分别代表收入水平为 Y_1、Y_2 和 Y_3 时的货币需求曲线。可见，货币需求量与收入的正向变动关系是通过货币需求曲线的水平移动来表示的，而货币需求量与利率的反向变动关系则通过每一条货币需求曲线都是向右下方倾斜来表示的。

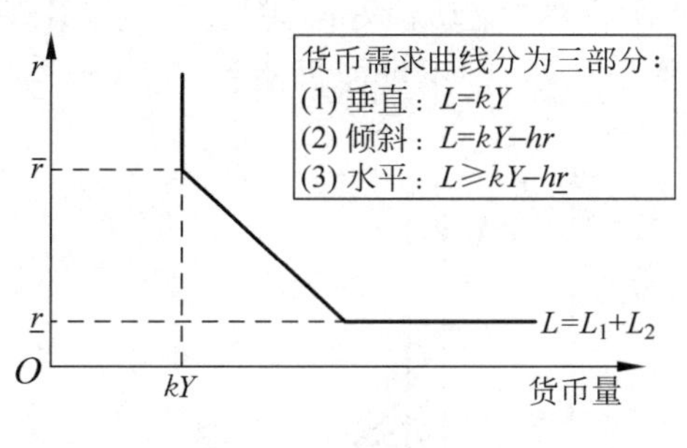

图 4-7　货币需求曲线

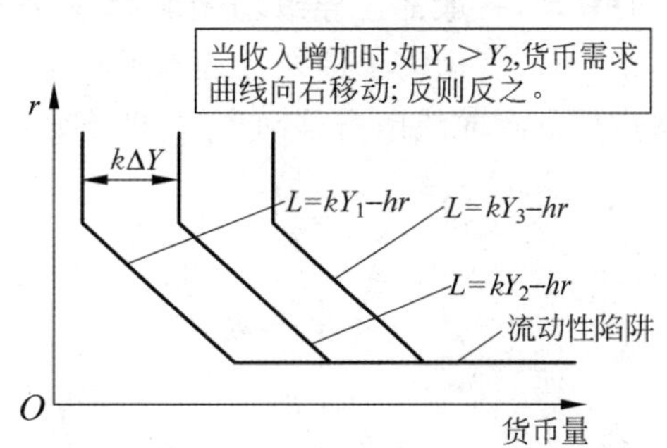

图 4-8　收入与货币需求曲线

五、货币供求均衡和利率的决定

货币供给有狭义的货币供给和广义的货币供给之分。狭义的货币供给是指硬币、纸币和银行活期存款的总和（一般用 M_1 表示）。活期存款可随时提取，并可当作货币在市面上流通，因而是狭义货币的一个组成部分。狭义的货币供给加上定期存款，便是广义的货币供给（一般用 M_2 表示）。再加上个人和企业所持有的政府债券等流动资产或“货币近似物”，便是意义更广泛的货币供给（一般用 M_3 表示）。下面所讲的货币供给是指 M_1 供给。

货币供给是一个存量概念，它是一个国家在某一时点上所保持的不属于政府和银行所有的硬币、纸币和银行存款的总和。绝大多数经济学家认为，货币供给量是由国家用货币政策来调节的，是一个外生变量，其大小与利率高低无关，因此货币供给曲线是一条垂直于横轴的直线。同货币需求有实际货币需求与名义货币需求之分一样，货币供给也有实际货币供给和名义货币供给之分。如果用 M、m 和 P 依次代表名义货币量、实际货币量和价格指数，则

$$m = \frac{M}{P}$$

或

$$M = Pm$$

图 4-9 中的货币供给曲线(m)和货币需求曲线(L)相交的点(E)决定了利率的均衡水平(r_0)。它表示,只有当货币供给等于货币需求时,货币市场才达到均衡状态。如果市场利率低于均衡利率 r_0,则说明货币需求超过货币供给,这时人们感到手中持有的货币太少,就会卖出有价证券,证券价格就会下降,亦即利率要上升。对货币需求的减少,一直要持续到货币供求相等时为止。相反,当利率高于均衡利率 r_0 时,说明货币供给超过货币需求,这时人们感到手中持有的货币太多,就会用多余的货币买进有价证券,于是证券价格要上升,亦即利率要下降。这种情况也一直要持续到货币供求相等时为止。只有当货币供求相等时,利率才不再变动。

如图 4-10 所示,货币需求曲线和供给曲线会变动。例如,当人们对货币的交易需求或投机需求增加时,货币需求曲线就会向右上方移动;当政府增加货币供给时,货币供给曲线就会向右移动。货币需求曲线与货币供给曲线中任何一条曲线的移动,或是二者同时移动,一般都会导致均衡利率发生变动。需要注意的是,当利率降低到一定程度(如 2%)时,货币需求曲线接近水平状态,这就是凯恩斯所说的"流动偏好陷阱"。此时,不管货币供给曲线向右移动多少,即不管政府增加多少货币供给,都不可能再使利率下降。

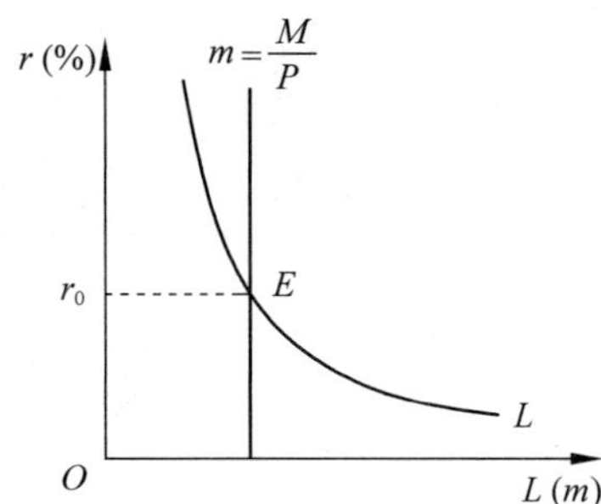

图 4-9 货币供给和需求的均衡

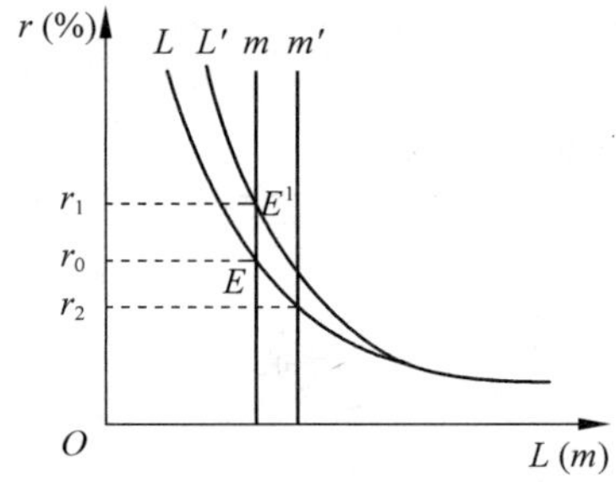

图 4-10 货币需求和供给曲线的变动

在经济学界存在货币是否中性的争论。所谓货币是否中性,是指货币存量的变动最终是只影响名义工资等名义变量,还是对实际产出、实际利率等实际变量也产生影响。这是货币政策选择的基本依据,也是宏观经济学领域长期争论的一个问题。值得注意的是,凯恩斯主张货币非中性,即增发货币会刺激实体经济增长,产出会增加。当然,其理论前提是,有效需求不足,经济未达到充分就业水平。同时,凯恩斯认为,当利率极低时,经济将陷入"流动性陷阱",增加货币不会对实体经济产生影响。

第四节 LM 曲线:货币市场均衡

LM 曲线是指在保持货币市场均衡的条件下,反映收入与利率之间关系的曲线。LM 曲线上的任何一点都代表一定的利率与收入的组合,在任何一个组合点上,货币需求

(liquidity，简记为 L)与货币供给(money supply，简记为 M)都相等，即货币市场是均衡的，因此把这条曲线称为 LM 曲线。

一、LM 曲线的推导

(一) 代数推导法

将货币需求方程在利率的不同区间的表达式代入货币市场均衡条件 $m=L$，可得到下述表示货币市场均衡的方程式：

$$m = L(Y,r) = kY(r \geqslant \bar{r})$$
$$m = L(Y,r) = kY - hr(\underline{r} < r < \bar{r})$$
$$m = L(Y,r) \geqslant kY - h\underline{r}(r = \underline{r})$$

从上述货币市场均衡的条件，可以得到 LM 曲线的方程表达式为：

(1) 当 $r \geqslant \bar{r}$ 时，$Y = \dfrac{m}{k}$；

(2) 当 $\underline{r} < r < \bar{r}$ 时，$Y = \dfrac{m}{k} + \dfrac{hr}{k}$；

(3) 当 $r = \underline{r}$ 时，$Y \leqslant \dfrac{m}{k} + \dfrac{h\underline{r}}{k}$。

慕课 4-4
LM 曲线

根据方程描绘出的 LM 曲线包括水平、倾斜和垂直三个部分，如图 4-11 所示。

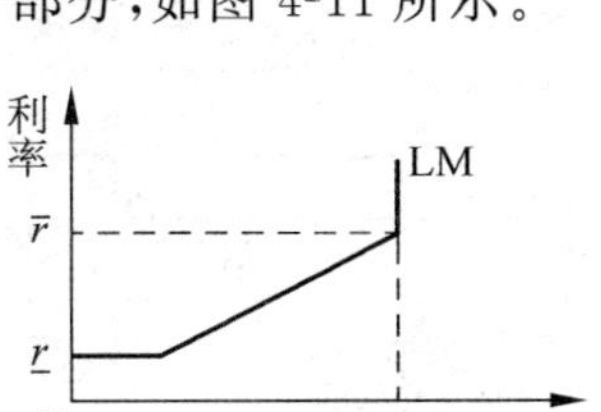

图 4-11　LM 曲线的图形

在 LM 曲线的方程式中，货币供给(m)被假定为一个外生变量(某一常数)，因为它是由货币当局所控制的。因此，在货币供给量既定的情况下，货币市场的均衡只能通过调节对货币的需求来实现。对于给定的 LM 曲线，由于实际货币供给(m)为一个定量，为保持货币市场均衡，要求实际货币需求(L)与给定实际货币供给相等。如果收入 Y 增加，导致 L_1 增加(因为 L_1 与 Y 同方向变动)，则相应地，L_2 必须减少，由于 L_2 与利率反方向变动，所以利率将提高。反之，收入减少时，使 L_1 降低，利率必须相应下降，使 L_2 增加，从而保持货币市场的均衡。实际上，当实际货币供给量一定时，使实际货币需求与给定的实际货币供给相等的收入、利率的组合可以有无穷多个。如果用纵坐标表示利率、横坐标表示收入，上述满足货币市场均衡的(Y,r)组合点将全部落在给定的实际货币供给(m)所对应的那条 LM 曲线上。

(二) 几何推导法

LM 曲线的几何推导可以有两种方法。

一种方法是用包含四个象限的图形来表现，如图 4-12 所示。象限(1)中向右下方倾斜的曲线是货币的投机需求函数 $m_2=L_2(r)$；象限(2)则表示当货币供给为一定量时，应如何划分用于交易需求的货币和投机需求的货币。由于 $m=m_1+m_2$，所以 $m-m_1=m_2$ 或 $m-m_2=m_1$，那条与横纵轴都成 45°的直线就表示这种关系。投机需求量用横轴表示，交易需求量在纵轴上表示。象限(3)的曲线是货币的交易需求函数 $m_1=L_1(Y)$。象限

(4)表示与货币市场均衡相一致的利率与收入的一系列组合。当已知利率水平时，根据象限(1)可求得投机性货币需求量 L_2，它由 m_2 来满足；在总的货币供给量给定的条件下，可以求出 m_1，它用以满足交易性货币需求量 L_1，根据象限(3)可以得到相应的收入水平。由上面三个象限可以得到象限(4)中的一个(r,Y)组合点，该点的利率和收入能够使货币市场保持均衡。按照同样的方法，可以在象限(4)中得到一系列利率和收入组合点，将这些线连接起来就描绘出 LM 曲线，这条曲线上的任一点所表示的利率与对应的国民收入都会使实际货币供给$\left(\frac{M}{P}\right)$等于实际货币需求(L)。

LM 曲线的第二种几何推导方法是利用总的货币需求曲线，如图 4-13 所示。在上面的图中，横轴表示货币供给和货币需求，纵轴表示利率水平。货币供给是一条给定的垂线，货币需求曲线则可以有无穷多个。对应某个收入水平，在 r-L 坐标图中有一条货币需求曲线，随着收入的增加，货币需求曲线向右移动。对于给定的货币供给曲线，可以有无数条货币需求曲线与之相交。每个交点决定了一个利率水平和收入水平。在下面的图中，横轴表示收入，纵轴表示利率，将上图中货币供求曲线交点所决定的各个(r,Y)组合点画在下图中，即可得到 LM 曲线。

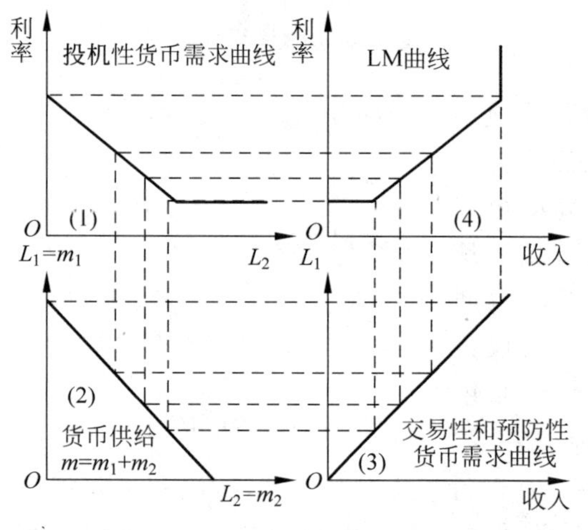

图 4-12 LM 曲线的几何推导一

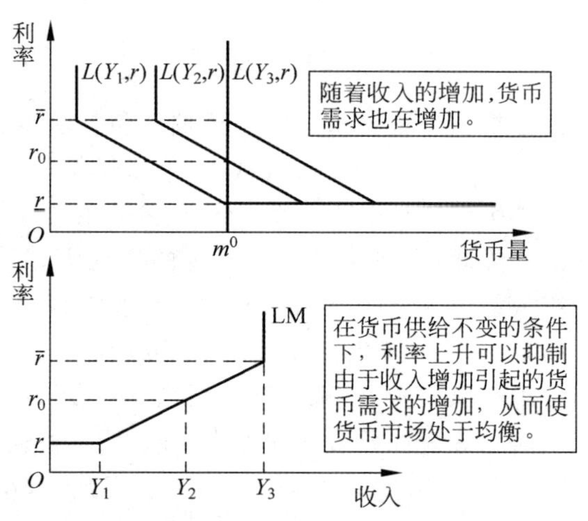

图 4-13 LM 曲线的几何推导二

二、LM 曲线的三个区域

根据不同利率水平下货币投机需求的大小，可以将 LM 曲线划分为三个区域，如图 4-14所示。当利率下降到很低水平(债券价格上升到高点)时，人们不管手中有多少货币，都不会去购买债券，因而货币需求成为无限大($h\to\infty$)，即存在流动性陷阱。此时，LM 曲线变成一条水平线，即凯恩斯区域。相反，利率水平上升到一定程度后，货币的投机需求为零($h=0$)。因为债券价格处于最低点(债券此后只会涨不会跌)，人们手中本来准备用于投机的货币已用于购买债券，货币需求不再增加，在此区域内货币需求不受利率影响，LM 线为垂线。古典学派认为人们只有交易需求而无投机需求，因而垂直区域称为古典区域。当利率介于最低和最高水平之间时，在货币供给既定的情况下，当利率上升导

致 L_2 下降时，为保持货币市场均衡，L_1 必须上升，因而要求收入水平上升。在中间区域，利率水平与收入水平同方向变动。可见，LM 曲线的斜率在古典区域为无穷大，在凯恩斯区域为零，在中间区域则为正值。下面主要分析影响中间区域 LM 曲线斜率的因素。

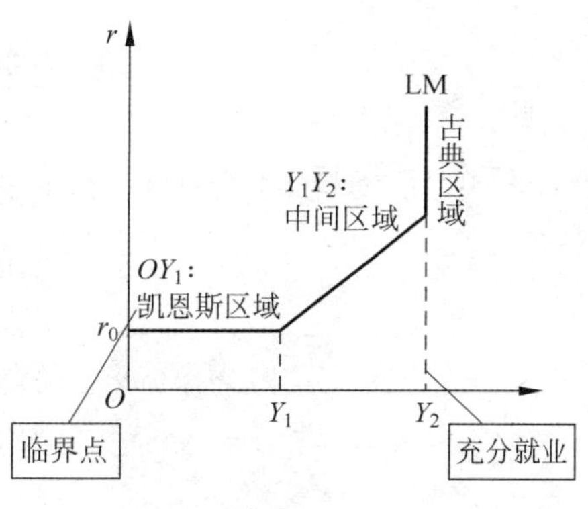

图 4-14　LM 曲线的三个区域

三、LM 曲线的斜率与移动

将 LM 曲线倾斜部分的方程改写为以利率为因变量、收入为自变量的形式：

$$r=\frac{-m}{h}+\frac{kY}{h}(\underline{r}<r<\bar{r})$$

从上面的方程式可以看到，k/h 是 LM 曲线的斜率，而 m/h 是 LM 曲线的截距的绝对值。k 或 h 改变，LM 曲线倾斜部分的斜率将改变，m 的改变则会使 LM 曲线平移。

首先来看斜率的变化。随着 k 变大或 h 变小，LM 曲线将变得更为陡峭。k 变大意味着同样的收入变化将引起交易性货币需求的较大变化，为保持货币市场的均衡，需要利率有较大的增加，因而 LM 曲线较陡峭。h 变大则意味着同样的利率变化将引起投机性货币需求有较大的增加，为保持货币市场的均衡，需要收入水平有较大的下降，因而 LM 曲线较平坦。

LM 曲线的水平移动是由于实际货币供给发生变化引起的。由于实际货币供给是由名义货币供给 M 和价格水平 P 决定的，这两个变量中的任何一个发生变化或者同时变化都将引起 LM 曲线的移动。LM 曲线移动后，在横轴和纵轴上的移动量分别为 $\Delta m/k$ 和 $-\Delta m/h$。实际货币供给增加后，LM 曲线在横轴上的移动量为正值，表明 LM 曲线沿水平方向向右移动；而其在纵轴上的移动量为负值，表明 LM 曲线在垂直方向上向下移动。也就是说，实际货币供给增加，将引起 LM 曲线向右下方移动，如图 4-15 所示。

m变大时，LM曲线上下移动的距离可由公式 $r=\frac{-m}{h}+\frac{kY}{h}(\underline{r}<r<\bar{r})$
得到：$-\Delta m/h$
水平移动的距离可由公式 $Y=\frac{m}{k}+\frac{hr}{k}(\underline{r}<r<\bar{r})$
得到：$\Delta m/k$

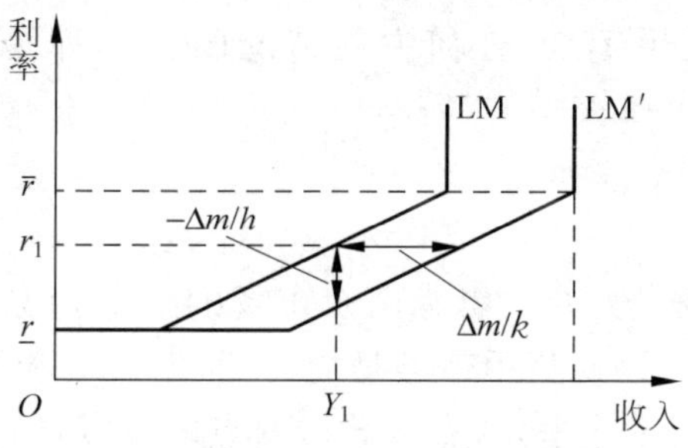

图 4-15　LM 曲线平移

第五节 IS-LM 模型

一、两个市场同时均衡时的利率和收入

按照凯恩斯的观点,国民收入取决于与总供给相等的总有效需求。而有效需求取决于消费支出和投资支出。由于消费倾向在短期是稳定的,因而有效需求主要取决于投资支出。投资量又取决于资本边际效率和利率的比较。当资本边际效率一定时,则投资取决于利率。利率取决于货币供给数量和流动性偏好(货币需求量)。货币需求量由货币的交易需求量和投机需求量构成。货币的交易需求量取决于收入水平,而投机需求量则取决于利率水平。可见,在商品市场上,要决定收入必须先决定利率,否则收入水平就无法确定。而利率是在货币市场上决定的。在货币市场上,如果不先确定一个特定的收入水平,利率也无法确定。但收入水平又是在商品市场上决定的。因此,利率的决定又依赖于商品市场。这样一来,凯恩斯的理论就陷入了循环推论:利率通过投资影响收入,而收入通过货币需求影响利率;或者反过来说,收入依赖于利率,而利率又依赖于收入。英国经济学家约翰·希克斯在解释凯恩斯的理论时,把商品市场和货币市场结合起来,建立了一个商品市场和货币市场的一般均衡模型,即 IS-LM 模型,从而得到了一个反映均衡利率和均衡国民收入的均衡点,在形式上解决了上述循环推论的问题。

慕课 4-5
IS-LM 模型

对此,我们从前面的分析中已经知道,在 IS 曲线上,有一系列利率与相应收入的组合可以使产品市场均衡;在 LM 曲线上,又有一系列利率和相应收入的组合可以使货币市场均衡。但能够使商品市场与货币市场同时达到均衡的利率和收入的组合点却只有一个。该组合点就是 IS 曲线和 LM 曲线的交点,其数值可以通过求解 IS 和 LM 的联立方程得到。

$I(r)=S(Y)$………………IS 曲线方程

$\frac{M}{P}=L$…………………LM 曲线方程

由于货币供给量 M 和价格被假定为不变,因此在这个二元方程组中,变量只有利率(r)和收入(Y),解出这个方程组即可得到 r 和 Y 的一般解。这个一般解可在 IS 曲线和 LM 曲线的交点上获得。在该交点上同时实现了两个市场的均衡,因为只要投资、储蓄、货币需求和货币供给的关系不变,任何失衡情况的出现都是不稳定的,最终都会趋向均衡。

二、非均衡的调整

为了理解这一点,首先分别单独考虑两个市场的失衡情况。一是图 4-16 中的 E'点。由于 E'点位于 LM 曲线上,因此货币市场是均衡的,但投资和储蓄不相等。位于 IS 线上的 E''点与 E'点处于同一利率水平,这意味着这两点的投资量相同,但 E'点的收入水平低于 E''点的收入水平,也就是说 E'点的储蓄偏低,因此在该点,产品市场处于投资大于储蓄

的状态，即总需求大于总供给，生产和收入会增加。收入增加时，货币交易需求增加，在货币供给量不变时，货币投机需求量必须减少，才能保证货币市场的均衡。而货币的投机需求量只有在利率上升时才会减少。在实际生活中的情况是：人们为了获得更多用于交易的货币，只能出售有价证券，从而引起证券价格下降（利率上升）。收入上升和利率上升二者结合起来，使 E' 点沿着 LM 曲线向 E 点靠近，这一过程一直要到利率和收入都上升到 E 点的水平时才会停止。

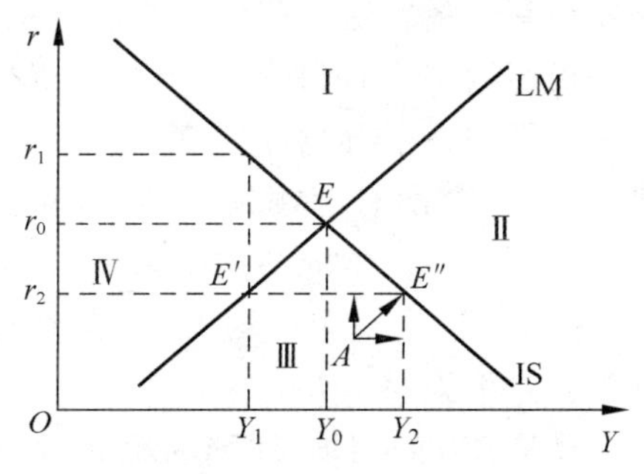

图 4-16 产品市场和货币市场的一般均衡

二是图中的 E'' 点。由于 E'' 点位于 IS 曲线上，因此投资和储蓄是相等的，但货币市场不均衡。由于 E'' 点与 E' 点的利率水平相同，这两点处的投机性货币需求相等，而 E'' 点相对于 E' 点的收入水平更高，即 E'' 点的交易性货币需求 L_1 大于 E' 点，也就是说，在 E'' 点货币需求大于货币供给。在货币供给一定的条件下，利率会上升，从而使 L_2 下降。利率上升抑制了投资，进而使收入下降，并引起 L_1 下降。利率上升和收入下降相结合，一方面使产品市场仍然保持均衡，另一方面使货币需求下降，从而货币市场上从货币需求大于货币供给的非均衡状态向均衡进行调整。E'' 点沿 IS 曲线向 E 点逐渐靠拢。这一过程同样一直要到 E 点才会停止。

从上述两种情况可以看到，E' 点由于位于 IS 曲线下方，因此投资大于储蓄。由此可知，IS 曲线上方区域中利率和收入的任何结合点上，投资一定小于储蓄。再看 E'' 点，由于位于 LM 曲线右方，因此货币需求大于供给。由此可知，在 LM 曲线左方的利率和收入的任何结合点上，货币需求一定小于货币供给。因此，如图 4-16 所示，IS 曲线和 LM 曲线把坐标平面分成Ⅰ、Ⅱ、Ⅲ、Ⅳ四个区域。在四个区域中都存在产品市场和货币市场的非均衡状态。例如，区域Ⅰ中任何一点，由于位于 IS 曲线右上方，因此有投资小于储蓄的非均衡；由于同时又位于 LM 曲线左上方，因此有货币需求小于供给的非均衡。其余三个区域中的非均衡关系也可以这样推论得知。可以把这四个区域中的非均衡关系归纳为如表 4-3 所示的情况。

表 4-3 产品市场和货币市场的非均衡

区 域	产品市场	货币市场
Ⅰ	$I<S$	$L<M$
Ⅱ	$I<S$	$L>M$
Ⅲ	$I>S$	$L>M$
Ⅳ	$I>S$	$L<M$

各个区域中存在的各种不同组合的 IS 和 LM 的非均衡状态会得到调整。IS 不均衡会导致收入变动：投资大于储蓄会导致收入上升；投资小于储蓄会导致收入下降。LM 不均衡会导致利率变动：货币需求大于货币供给会导致利率上升；货币需求小于货币供给会

导致利率下降。这种调整最终都会趋于均衡利率和均衡收入。

我们以图4-16中经济处于A点所表示的收入和利率组合的不均衡状态为例。A点在区域Ⅲ中,一方面有超额产品需求,从而收入会上升,从A点沿平行于横轴的箭头向右移动;另一方面有超额货币需求,从而利率会上升,从A点沿平行于纵轴的箭头向上移动。这两方面调整的共同结果是引起收入和利率的组合沿对角线箭头向右上方移到E''点。在E''点,产品市场均衡了,货币市场仍不均衡,于是经济会再调整,这种调整直到E点才会停下来。

经济在IS曲线与LM曲线的交点上同时实现了产品市场和货币市场的均衡。然而,这一均衡不一定是充分就业均衡。这意味着,仅靠市场的自发调节无法实现充分就业均衡。由此,需要国家用财政政策或货币政策进行调节。

第六节　凯恩斯理论的基本框架

凯恩斯在《通论》中阐释的经济理论奠定了现代西方宏观经济学的基础,其基本框架如图4-17所示。

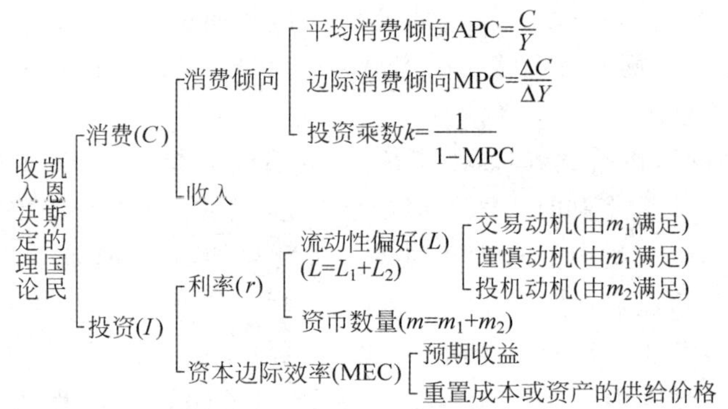

图4-17　凯恩斯理论的基本框架

图4-17所概括的凯恩斯经济理论纲要包括如下要点:

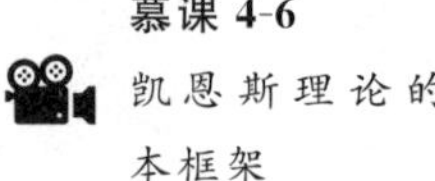

慕课 4-6

凯恩斯理论的基本框架

(1) 国民收入取决于消费和投资。

(2) 消费由消费倾向和收入决定。消费倾向分为平均消费倾向和边际消费倾向。边际消费倾向大于0小于1,因此收入增加时,消费也增加。但在增加的收入中,用来增加消费的部分所占比例可能越来越小,用于增加储蓄的部分所占比例可能越来越大。

(3) 消费倾向比较稳定。因此,国民收入波动主要来自投资的变动。投资的增加或减少通过投资乘数引起国民收入的多倍增加或减少。投资乘数与边际消费倾向有关。由于边际消费倾向大于0小于1,因此投资乘数大于1。

(4) 投资由利率和资本边际效率决定,投资与利率成反方向变动关系,与资本边际效率成正方向变动关系。

(5) 利率取决于流动性偏好与货币数量。流动性偏好是货币需求，由 L_1 和 L_2 组成，其中 L_1 来自交易动机和谨慎动机，L_2 来自投机动机。货币数量 m 是货币供给，由满足交易动机和谨慎动机的货币与满足投机动机的货币组成。

(6) 资本边际效率由预期收益和资本资产的供给价格或称重置成本决定。凯恩斯认为，造成资本主义经济萧条的根源是消费需求和投资需求所构成的总需求不足以实现充分就业。消费需求不足是由于边际消费倾向小于 1(凯恩斯第一基本心理规律)，而投资需求不足来自资本边际效率在长期内递减(凯恩斯第二基本心理规律)。为解决有效需求不足，必须发挥政府的作用，用财政政策和货币政策来实现充分就业。财政政策就是政府增加支出或减少税收来增加总需求，通过乘数原理引起收入多倍增长。货币政策是增加货币供给量来降低利率，刺激投资从而增加收入。由于存在"流动性陷阱"(凯恩斯第三基本心理规律)，因此货币政策效果有限，增加收入主要靠财政政策。

凯恩斯经济理论的要点还可以用上文介绍的代表产品市场和货币市场同时均衡的数学模型来表示。

1. $S = S(Y)$………………………………………… 储蓄函数
2. $I = I(r)$………………………………………… 投资函数
3. $S = I$ 或 $S(Y) = I(r)$……………………… 产品市场均衡条件
4. $L = L_1 + L_2 = L_1(Y) + L_2(r)$……………… 货币需求函数
5. $M/P = m = m_1 + m_2$………………………… 货币供给函数
6. $m = L$………………………………………… 产品市场均衡条件

根据(1)、(2)、(3)可求得 IS 曲线，根据(4)、(5)、(6)可求得 LM 曲线。求解 IS 和 LM 的联立方程，即可得到产品市场与货币市场同时均衡的利率和收入。

本章基本概念

资本边际效率　投资边际效率　IS 曲线　LM 曲线　灵活偏好(流动性偏好)　交易动机　谨慎动机　投机动机　货币的交易需求　货币的投机需求　IS-LM 模型　凯恩斯陷阱(流动性陷阱)　LM 曲线的凯恩斯区域　LM 曲线的古典区域　LM 曲线的中间区域

自 测 题

即测即练　自测4　扫码答题

复习与思考

1. 用乘数-加速度模型解释经济周期。

2. 通过计算资本(投资)边际效率进行投资决策。

3. 理解货币需求类型及凯恩斯货币需求函数。

4. 理解LM曲线的方程及图形(分为几个区域、斜率为正的经济含义、斜率的大小、曲线的移动)。

5. 理解IS曲线的方程及图形(斜率为负的经济含义、斜率的大小、曲线的移动)。

6. 理解IS-LM模型(均衡的计算、非均衡的区域)。

7. 理解凯恩斯理论的基本框架。

8. 用凯恩斯的三大基本心理规律说明经济萧条的原因及应采取的宏观经济政策。

9. 假定某经济中$Y=C+I+G+\mathrm{NX}$,消费函数为$C=100+0.9(1-t)Y$,投资函数为$I=200-500r$,净出口为$\mathrm{NX}=100-0.12Y-500r$,货币需求为$L=0.8Y-2\,000r$,政府支出为$G=200$,税率为$t=0.2$,名义货币供给为$M=800$,价格水平为$P=1$,试求:

(1) IS曲线;

(2) LM曲线;

(3) 产品市场与货币市场同时均衡时的利率和收入;

(4) 两个市场同时均衡时的消费、投资和净出口值。

第五章

宏观经济政策分析

上一章分析了IS曲线和LM曲线。在短期,国民收入波动的主要原因被认为来自需求方面,而财政政策和货币政策是西方国家进行总需求管理的两大基本经济政策,这两大经济政策的作用和效果可以通过分析IS-LM模型得到清楚的说明。本章在上一章说明IS-LM模型的基础上,阐述西方学者是如何运用IS-LM模型分析西方经济政策的作用和效果的。

第一节　宏观经济政策工具和目标

宏观经济政策是政府为增进社会经济福利而制定的解决经济问题的指导原则和具体措施,而任何一项经济政策的制定都是根据一定的经济目标进行的。宏观经济政策工具是用来实现政策目标的手段。

一、宏观经济政策工具

宏观经济政策是指国家或政府为了增进整个社会的经济福利、改进国民经济的运行状况、实现一定的政策目标,有意识、有计划地运用一定的政策工具而制定的解决经济问题的指导原则和措施。常用的宏观经济政策工具有需求管理、供给管理和国际经济政策。

慕课 5-1
宏观经济政策概述

需求管理是指通过调节总需求实现一定的政策目标的宏观经济政策工具,包括财政政策和货币政策。需求管理政策是以凯恩斯的总需求分析理论为基础制定的,是凯恩斯主义重视的政策工具。需求管理是要通过对总需求的调节,使总需求等于总供给,达到既无失业又无通货膨胀的目标。它的基本政策包括实现充分就业政策和保证物价稳定政策两个方面。在有效需求不足的情况下,也就是总需求小于总供给时,政府应采取扩张性的政策措施,刺激总需求增长,克服经济萧条,实现充分就业;在有效需求过度增长的情况下,也就是总需求大于总供给时,政府应采取紧缩性的政策措施,抑制总需求,以克服因需求过度扩张而造成的通货膨胀。

供给学派理论的核心是把注意力从需求转向供给。供给管理是通过对总供给的调节实现一定的政策目标。在短期内影响供给的主要因素是生产成本,特别是生产成本中的工资成本。在长期内影响供给的主要因素是生产能力,即经济潜力的增长。供给管理政策具体包括控制工资与物价的收入政策和指数化政策(将在第八章介绍),以及人力政策和经济增长政策。这里简单介绍后两种政策。人力政策又称就业政策,是一种旨在改善劳动力市场结构,以减少失业的政策。该政策主要包括三方面的内容:一是人力资本投资。由政府或有关机构向劳动力投资,以提高劳动力的文化技术水平与身体素质,适应劳动力市场的需要。二是完善劳动力市场。政府应该不断完善和增加各类就业介绍机构,为劳动力的供求双方提供迅速、准确而完全的信息,帮助劳动力找到满意的工作,也帮助企业得到其所需的员工。三是协助劳动力流动。劳动力在地区、行业和部门之间的流动,有利于劳动力的合理配置与人尽其才,也能减少由于劳动力的地区结构和流动困难等原因而造成的失业。对劳动力流动的协助包括提供充分的信息、必要的物质帮助与鼓励。经济增长政策则包括四方面的内容:一是增加劳动力的数量和质量。增加劳动力数量的方法包括提高人口出生率、鼓励移民入境等;提高劳动力质量的方法则是增加人力资本投资。二是资本积累。资本积累主要来源于储蓄,可以通过减少税收、提高利率等途径鼓励人们储蓄。三是技术进步。技术进步在现代经济增长中起着越来越重要的作用,因此促进技术进步成为各国经济政策的重点。四是计划和平衡增长。现代经济中各部门之间的协调增长是经济本身所要求的,国家的计划与协调要通过间接的方式实现。

国际经济政策是对国际经济关系的调节。现实中每一个国家的经济都是开放的,各国经济之间存在日益密切的往来与相互影响。一国的宏观经济政策目标中有国际经济关系的内容(国际收支平衡),其他目标的实现不仅有赖于国内经济政策,而且有赖于国际经济政策。因此,在宏观经济政策中也应该包括国际经济政策。

上述三个方面最主要的还是需求管理政策,包括财政政策和货币政策,重点是分析财政政策和货币政策的效果以及两个政策的配合使用。根据凯恩斯经济学的国民收入均衡分析,由于社会总就业量取决于总需求和总供给的均势,如果在短期内生产技术、资本设备的数量和质量、劳动力的数量和技能等不变,即假定总供给不变,则经济调节的重点就应在总需求一边。按照凯恩斯主义经济学的说法,在通常情况下,经济中的有效需求是不足的。因此,充分就业状态下的国民收入均衡不可能自行实现,而只有通过对总需求,即对有效需求的管理,才能实现充分就业均衡。

宏观经济政策的理论基础是凯恩斯主义的总需求决定国民收入的理论,即IS-LM模型。该模型说明了产品市场和货币市场同时达到均衡时利率和国民收入是如何决定的。在IS-LM模型中,产品市场和货币市场同时达到均衡时,经济处于IS和LM曲线的交点上,但该点所决定的均衡收入不一定是充分就业的收入。当市场的自发调节无法实现充分就业均衡时,就需要国家运用财政政策和货币政策进行调节。财政政策的变动将改变IS曲线的位置,而货币政策的变动将改变LM曲线的位置。IS-LM模型是分析财政政策和货币政策效应的工具。

二、宏观经济政策目标

一国的宏观经济政策需根据形势的变化进行调整,不宜长期化,因为经济形势是不断变化的。在经济全球化趋势不断发展的今天,一国的经济形势不仅取决于国内的经济走势,还在相当程度上取决于全球经济的走势。在封闭经济下,经济增长、价格稳定、充分就业是政府宏观调控追求的主要目标;在开放经济下,国际收支平衡成为政府关注的目标之一。

经济增长是指在一个特定时期内经济社会的人均产量和人均收入的持续增长，包括维持高经济增长率和培育经济持续增长的能力。一般认为，经济增长与就业目标是一致的。经济增长通常用一定时期内实际国民生产总值年均增长率来衡量。经济增长会增加社会福利，但并不是增长率越高越好。这是因为经济增长一方面要受各种资源条件的限制，不可能无限地增长，对于经济已相当发达的国家来说更是如此；另一方面，经济增长也要付出代价，如造成环境污染、引起各种社会问题等。因此，经济增长是实现与本国具体情况相符的适度增长率。

充分就业是指包含劳动在内的一切生产要素都以愿意接受的价格参与生产活动的状态。充分就业包含两种含义：一是指除了摩擦失业和自愿失业外，所有愿意接受各种现行工资的人都能找到工作的一种经济状态，即消除了非自愿失业就是充分就业；二是指包括劳动在内的各种生产要素都按其愿意接受的价格全部用于生产的一种经济状态，即所有资源都得到充分利用。失业意味着稀缺资源的浪费或闲置，从而使经济总产出下降，社会总福利受损。因此，失业的成本是巨大的，降低失业率、实现充分就业常常成为宏观经济政策的首要目标。

物价稳定是指物价总水平的稳定。通常用价格指数来衡量一般价格水平的变化。价格稳定不是指每种商品价格固定不变，也不是指价格总水平固定不变，而是指价格指数相对稳定。价格指数又分为消费物价指数（CPI）、批发物价指数（PPI）和国民生产总值折算指数（GNP deflator）三种。物价稳定并不是通货膨胀率为零，而是允许保持一个低而稳定的通货膨胀率。所谓低，是指通货膨胀率介于1%和3%之间；所谓稳定，是指在相当时期内能使通货膨胀率维持在大致相等的水平上。这种通货膨胀率能为社会所接受，对经济也不会产生不利的影响。

国际收支平衡具体分为：静态平衡与动态平衡；自主平衡与被动平衡。静态平衡是指一国在一年的年末，国际收支不存在顺差也不存在逆差；动态平衡不强调一年的国际收支平衡，而是以经济实际运行可能实现的计划期为平衡周期，保持计划期内的国际收支均衡。自主平衡是指由自主性交易，即基于商业动机，为追求利润或其他利益而独立发生的交易实现的收支平衡；被动平衡是指通过补偿性交易，即一国货币当局为弥补自主性交易的不平衡而采取调节性交易达到的收支平衡。国际收支平衡的目标是实现汇率稳定、外汇储备有所增加、进出口平衡。国际收支平衡不是消极地使一国在国际收支账户上经常收支和资本收支相抵，也不是消极地防止汇率和外汇储备变动，而是使一国外汇储备有所增加。适度增加外汇储备被视为改善国际收支的基本标志。同时，一国国际收支状况不仅反映一国的对外经济交往情况，还反映该国经济的稳定程度。

以上四大目标相互之间既存在互补关系，也有交替关系。互补关系是指一个目标的实现对另一个目标的实现有促进作用。例如，为了实现充分就业水平，就要维护必要的经济增长率。交替关系是指一个目标的实现对另一个目标的实现有排斥作用。例如，物价稳定与充分就业之间就存在两难选择。为了实现充分就业，必须刺激总需求、扩大就业量，这通常需要实施扩张性的财政政策和货币政策，由此会引起物价水平的上升；而为了抑制通货膨胀，就必须实施紧缩性的财政政策和货币政策，由此又会引起失业率的上升。

又如,经济增长与物价稳定之间也存在相互排斥的关系。因为在经济增长过程中,通货膨胀是难以避免的。再如,国内均衡(或称内部均衡)与国际均衡(或称外部均衡)之间存在交替关系。这里的国内均衡是指充分就业和物价稳定,而国际均衡是指国际收支平衡。要实现国内均衡,就可能会降低本国产品在国际市场上的竞争力,从而不利于国际收支平衡。要实现国际收支平衡,又可能不利于实现充分就业和稳定物价的目标。

因此,在制定经济政策时,必须对经济政策目标进行价值判断,权衡轻重缓急和利弊得失,确定目标的实现顺序和目标指数高低,同时使各个目标能有最佳的匹配组合,使所选择和确定的目标体系成为一个和谐的、有机的整体。

第二节 财政政策、货币政策及其有效性

一、财政政策与货币政策

财政政策是指政府通过变动税收和支出来影响总需求,进而影响就业水平和国民收入的政策。变动税收是指改变税率和税率结构。当经济萧条时,政府采用减税政策,可以给个人和企业多留下一些可支配收入,以刺激消费需求,从而增加生产和就业。尽管这又会增加对货币的需求,使利率上升,导致私人投资减少,从而削弱减税对增加总需求的作用,但总的来说,国民收入还是增加了。改变所得税结构,使高收入者增加赋税负担,使低收入者减少一些负担,同样可以起到刺激社会总需求的作用。

政府支出有两种形式:一是政府购买,即政府在物品和劳务上的花费 购买军备、修建道路、支付法官的薪水等;二是政府转移支付,如政府在社会福利、保险、贫困救济和补助方面的支出,以提高某些群体(如老人或失业者)的收入。在经济萧条时,政府扩大对物品和劳务的购买,多搞些公共建设,可以扩大私人企业的产品销路,还可以增加消费,刺激总需求。在经济萧条时,政府对贫困救济和失业补助方面的转移支付增加,也能起到增加消费、刺激需求的作用。尽管这也会增加对货币的需求,从而使利率上升,影响一些私人投资,但总的来说,生产和就业还是会增加。政府还可以针对企业实施减税和采取加速折旧等办法给私人投资以津贴,直接刺激私人投资,增加生产和就业。以上措施都是扩张性的财政政策。当然,在经济高涨、通货膨胀率上升太高时,政府也可以采用增税、减少政府支出等紧缩性财政措施来抑制物价上涨。

货币政策是指一国货币当局即中央银行,通过银行体系变动货币供给量(或利率)来调节总需求的政策。在经济萧条时增加货币供给,降低利率,刺激私人投资,进而刺激消费,使生产和就业增加;反之,在经济过热,通货膨胀率太高时,则紧缩货币供给量,提高利率,抑制投资和消费,使生产和就业减少一些,或增长慢一些。前者是扩张性货币政策,后者是紧缩性货币政策。

无论是财政政策还是货币政策,都是通过影响利率、消费、投资来影响总需求,使就业和国民收入得到调节。这些影响都可以在IS-LM图形中看出。如果LM曲线不变,政府实行扩张性财政政策就会使IS曲线向右上方移动,它与LM曲线相交所形成的均衡利率和收入都高于原来的利率和收入。而实行紧缩性财政政策则会使IS曲线向左下方移动,

使利率和收入下降。相反，如果 IS 曲线不变，政府实行扩张性的货币政策会使 LM 曲线向右下方移动，它与 IS 曲线相交所形成的均衡利率低于原来的利率，而收入则高于原来的收入。实行紧缩性货币政策则会使 LM 曲线向左上方移动，使利率上升，收入减少。上述结果见表 5-1。

表 5-1　财政政策和货币政策的影响

政策种类	对消费的影响	对利率的影响	对投资的影响	对 GDP 的影响
财政政策（减少所得税）	增加	上升	减少	增加
财政政策（增加政府开支，包括政府购买和转移支付）	增加	上升	减少	增加
财政政策（投资津贴）	增加	上升	增加	增加
货币政策（扩大货币供给）	增加	下降	增加	增加

二、财政政策效果的 IS-LM 图形分析

尽管实行扩张性的财政政策和货币政策都能产生增加国民收入的效果，但是政策效果却会因 IS 曲线和 LM 曲线的斜率不同而有很大差别。

分析财政政策的效果，首先需要明确财政政策的效应机理。如图 5-1 所示，实施扩张性的财政政策，如政府支出增加 ΔG，在总支出-总收入模型（AE-NI 模型）中表现为总支出曲线 AE 垂直向上移动 ΔG，AE 线与 45°线的交点在水平方向移动的距离则为 $k_g\Delta G$，即政府支出乘数与政府支出增加额的乘积，这就是前面提到的乘数原理，即一笔政府支出的增加能带来多倍国民收入的增加。在 AE-NI 模型中，财政政策的乘数效应只考虑了产品市场的影响，而没有考虑货币市场的影响。在 IS-LM 模型中，IS 曲线将向右水平移动 $k_g\Delta G$ 的距离，但是 IS 曲线与 LM 曲线的交点在水平方向上的距离增加将小于假定利率不变条件下，IS 水平向右移动的距离（如图 5-2 所示），$Y_0Y_2<Y_0Y_1$。这是由于当政府支出增加，导致国民收入增加时，利率不可能不上升。因为国民收入增加，对货币的交易需求增加了，但货币供给未变（LM 未变），因而人们用于满足投机需求的货币必须减少，才能保证交易需求的增加，并使货币市场保持在均衡状态。因此，在货币政策不变的情况下，扩张性财政政策将导致均衡利率上升，利率的上升会抑制私人投资，这就是所谓的“挤出效应”，即扩张性的财政政策会导致利率上升，这将抑制私人投资。由于存在挤出效应，乘数效应被削弱。

慕课 5-2

财政政策效果

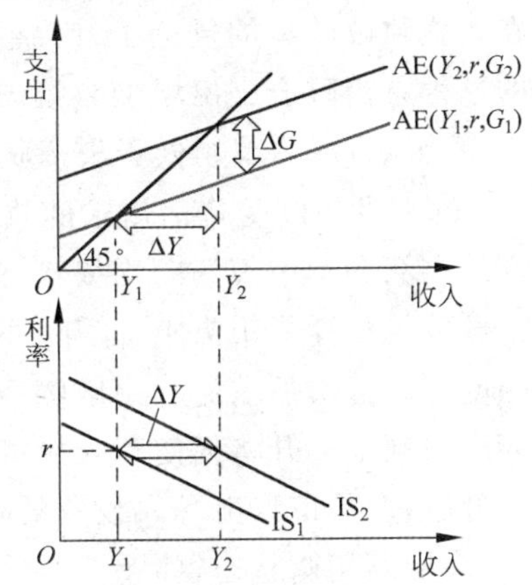

图 5-1　AE-NI 模型中财政政策的效应机理

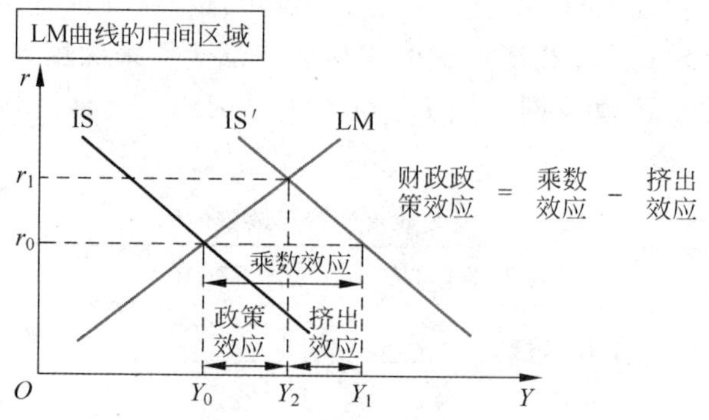

图 5-2 IS-LM 模型中财政政策的效应机理

从图 5-2 中可以看到,财政政策效应=乘数效应-挤出效应。需要强调的是,挤出效应只在实施扩张性财政政策时才会出现。当政府实施紧缩性财政政策时,政府支出减少(或税收增加)导致国民收入减少,将减少货币需求,使利率下降,促使私人投资增加。一些学者也把这种由于公共投资减少导致私人投资增加的效应称为"挤入效应",如图 5-3 所示。

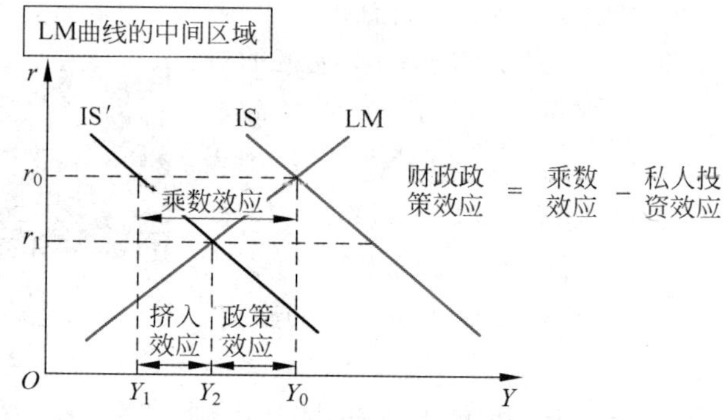

图 5-3 紧缩性财政政策的"挤入效应"

在实施财政政策的过程中,产品市场和货币市场都有一个从均衡到失衡,再达到新的均衡的过程。当政府支出增加导致国民收入多倍增加时,国民收入增加幅度受政府支出乘数 k_g 的影响,产品市场处于失衡状态;国民收入增加将引起货币的交易性需求 $L_1(Y)$ 上升,L_1 的上升幅度受货币需求的收入敏感系数 k 的影响;此时,货币市场也处于失衡状态。产品市场和货币市场向均衡状态的恢复是通过利率上升完成的。在货币市场上,利率上升导致投机性货币需求 L_2 下降,由于 L_2 下降的幅度由 L_1 上升的幅度决定,利率上升的幅度将由货币需求的利率敏感系数 h 决定,从而货币市场恢复均衡。在产品市场上,一定幅度的利率上升将促使私人投资减少,投资减少的幅度受投资的利率敏感系数 d 的影响。最后,产品市场上私人投资的减少将抑制实施扩张性财政政策引起的国民收入的增加,最终恢复均衡状态,如图 5-4 所示。

下面分析财政政策的有效性,我们以增加政府支出的扩张性财政政策为例,且假定实际货币供给不变。从上面财政政策的机理可以看出,影响财政政策效果的因素有四个:

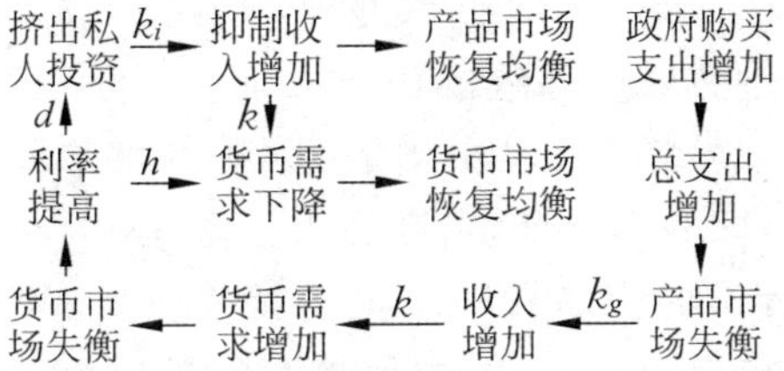

挤出私人投资 —k_i→ 抑制收入增加 → 产品市场恢复均衡　　政府购买支出增加

↑d　　　k↓　　　　　　　　　　　　　↓

利率提高 —h→ 货币需求下降 → 货币市场恢复均衡　　总支出增加

↑　　　　　　　　　　　　　　　　　　　↓

货币市场失衡 ← 货币需求增加 ←k— 收入增加 ←k_g— 产品市场失衡

图 5-4　财政政策乘数效应的传导机制

①投资的利率敏感系数;②支出乘数;③货币需求的利率敏感系数;④货币需求的收入敏感系数。其中前两个因素影响 IS 曲线的斜率,后两个因素影响 LM 曲线的斜率。此外,分析某个因素对财政政策效果的影响时,假定其他因素不变。

LM 曲线的斜率有三种情形,最常见的情形是向右上方倾斜,下面的分析是在 LM 曲线的中间区域进行的。

首先分析投资的利率敏感系数(d)对财政政策效果的影响。d 越小,IS 曲线越陡。分析 d 对财政政策效应的影响,要求财政政策的力度相同,这体现为斜率不同的两条 IS 曲线水平移动的距离($k_i\Delta\bar{A}=k_g\Delta G$)相同。如图 5-5 所示,斜率不同的两条 IS 曲线与固定的 LM 曲线(因为货币政策不变)在财政政策实施之前相交于同一个均衡点 E;但是政策实施后的均衡点位置不同,较陡的 IS 曲线与 LM 曲线的交点 E' 所决定的收入水平 Y_2 大于较平坦的 IS′曲线与同一条 LM 曲线的交点 E'' 所确定的收入水平 Y_3。可见,投资的利率敏感系数 d 值越小,IS 曲线越陡,财政政策的效果越强。其经济学含义为:政府支出增加,通过乘数效应导致国民收入加倍增加;国民收入的增加引起货币的交易性需求增加,由于货币供给不变,为保持货币市场均衡,要求货币的投机性需求减少,从而利率上升,引起私人投资减少。若投资的利率敏感系数较小,意味着相同幅度的利率上升将使投资下降幅度较小,即挤出效应较小,财政政策的效果较强。

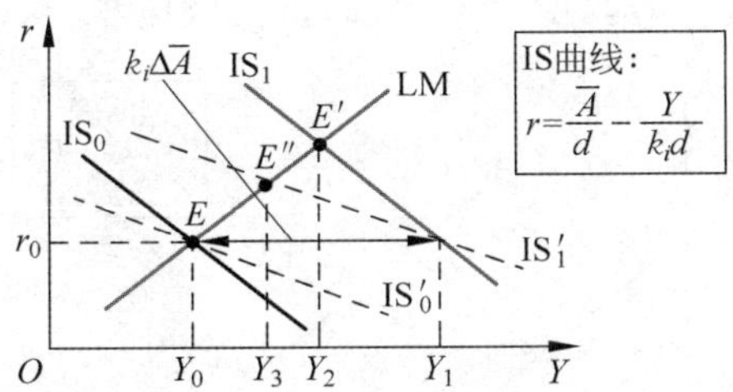

图 5-5　投资的利率敏感系数(d)对财政政策效果的影响

其次,分析支出乘数对财政政策效果的影响。k_g 越大,IS 曲线越平坦。分析 k_g 对财政政策效果的影响,要求财政政策的力度相同,这体现为斜率不同的两条 IS 曲线垂直移动的距离$\left(\frac{\Delta\bar{A}}{d}=\frac{\Delta G}{d}\right)$相同。如图 5-6 所示,斜率不同的两条 IS 曲线与固定的 LM 曲线(因为货币政策不变)在财政政策实施之前相交于同一个均衡点 E;但是政策实施后的均衡点位置不同,IS 曲线越平坦,在不考虑利率变动的影响时,水平方向移动的距离越大,即 $Y_0Y_1>Y_0Y_2$;IS 曲线与 LM 曲线的交点所决定的收入水平也越大,即 $Y_0Y_3>Y_0Y_4$。

也就是说,政府支出乘数 k_g 值越大,IS 曲线越平坦,财政政策的效果越强。其经济学含义为:政府支出增加,通过乘数效应导致国民收入加倍增加;政府支出乘数 k_g 值越大,将导致国民收入加倍增加的幅度越大。当然,国民收入的增加同样会引起货币的交易性需求增加和投机性需求下降,即利率上升,引起私人投资减少。尽管在 k_g 较大时,由于国民收入增加的幅度更大,使货币的交易性需求上升幅度更大、投机性货币需求下降幅度更大,从而利率上升较多,挤出效应较大,但这种较大的挤出效应是国民收入加倍增加的副产品,由于 k_g 较大所引起的国民收入的净增加大于 k_g 较小的情况,即政府支出乘数 k_g 越大,财政政策的效果越强。

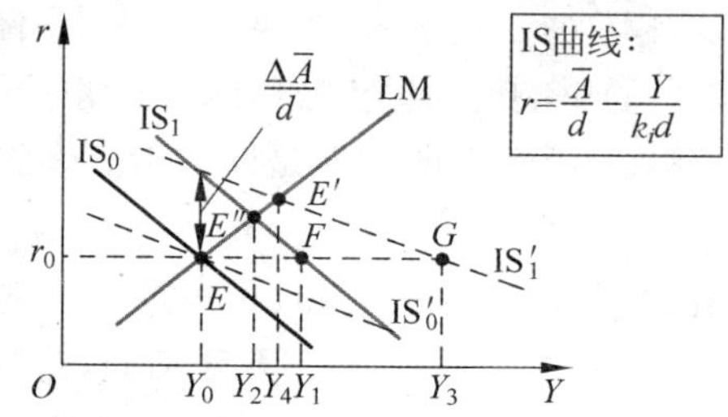

图 5-6 支出乘数(k_g)对财政政策效果的影响

再次,分析货币需求的利率敏感系数(h)对财政政策效果的影响。如图 5-7 所示,h 影响 LM 曲线的斜率,h 越大,LM 曲线越平坦。在实施财政政策之前,两条 LM 曲线与 IS 曲线相交于同一点 E,实施财政政策后,IS 曲线与较平坦的 LM 曲线的交点 E'' 所对应的国民收入水平更高,$Y_0Y_3 > Y_0Y_2$。也就是说,货币需求的利率敏感系数(h)越大,财政政策效果越强。其经济学含义为:政府支出增加将引起国民收入的加倍增加;国民收入的增加使货币的交易性需求上升,为保持货币市场均衡,货币的投机性需求将下降;当货币投机性需求的利率敏感系数较大时,货币的投机性需求下降一定幅度只会引起利率较小幅度的上升,从而私人投资下降幅度也不大,即挤出效应小,财政政策的效果较强。

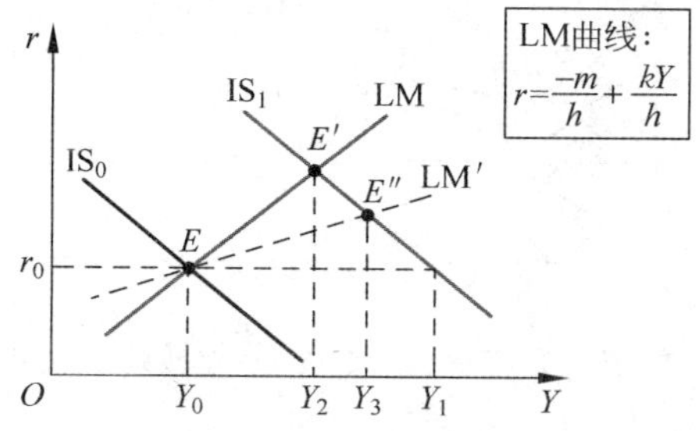

图 5-7 货币需求的利率敏感系数(h)对财政政策效果的影响

最后,分析货币需求的收入敏感系数(k)对财政政策效果的影响。如图 5-8 所示,k 越小,LM 曲线越平坦。在实施财政政策之前,两条 LM 曲线与 IS 曲线相交于同一点 E,实施财政政策后,IS 曲线与较平坦的 LM 曲线的交点 E'' 所对应的国民收入水平更高,$Y_0Y_3 > Y_0Y_2$。也就是说,货币需求 LM 曲线越平坦(k 越小),财政政策效果越强。其经济学含义为:政府支出增加,将引起国民收入的加倍增加;国民收入的增加使货币的交易性需求(L_1)上升。当 k 较小时,L_1 上升幅度较小,因而 L_2 只需下降较小幅度即可保持货币市场均衡,从而利率上升的幅度较小,私人投资下降幅度也不大,即挤出效应小,财政政策的效果较强。

LM 曲线垂直时的状态称为 LM 的古典区域,如图 5-9 所示。此时,LM 曲线垂直,货币的投机性需求的利率敏感系数 h 为零,利率处于很高的水平,债券价格很低,投机性货币需求为零。如果政府推行一项增加支出的扩张性财政政策而要向私人部门借钱,则只有在私人部门认为将投资支出减少一个等于政府借款的数目是合算的时候,政府才能借到这笔款项。为此,利率一定要上涨到足以使政府公债产生的收益大于私人投资的预期收益,即发生"完全挤出",财政政策完全无效。

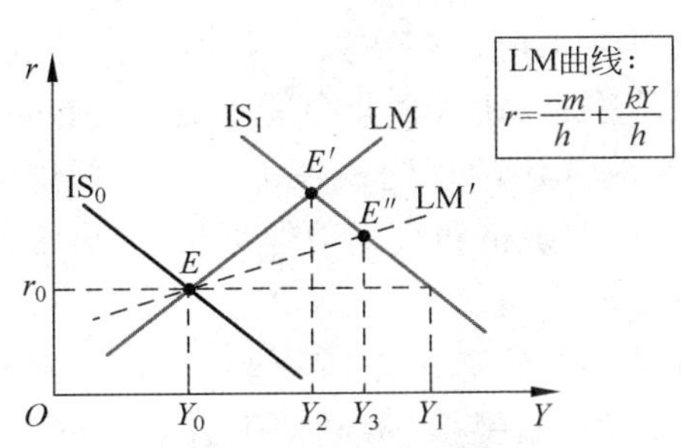

图 5-8 货币需求的收入敏感系数(k)对财政政策效果的影响

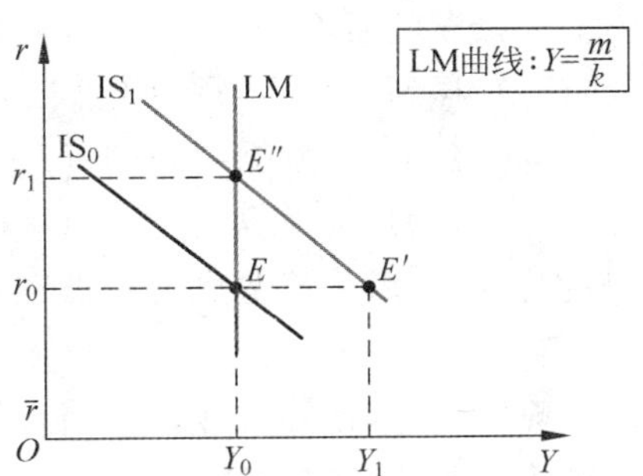

图 5-9 古典区域的财政政策效果

LM 曲线水平时的状态称为 LM 的凯恩斯区域(也称为流动性陷阱区域),如图 5-10 所示。此时,货币需求的利率敏感系数 h 为无穷大,利率处于非常低的水平,债券价格非常高,人们预期债券价格只会下降而不会上升,因此将等待债券价格下降而不会购买债券,即投机性货币需求无穷大。当政府支出 G 增加,引起国民收入 Y 增加时,L_1 增加,在货币供给不变的情况下,要求 L_2 下降。从无穷大的货币需求 L_2 中减少一部分用于满足增加的第一类货币需求 L_1,L_2 仍是无穷大。由于投机性货币需求 L_2 无穷大,不管有多少货币人们都愿意持在手中而不会换成债券,利率不会上升,挤出效应为零,财政政策的效果较强。

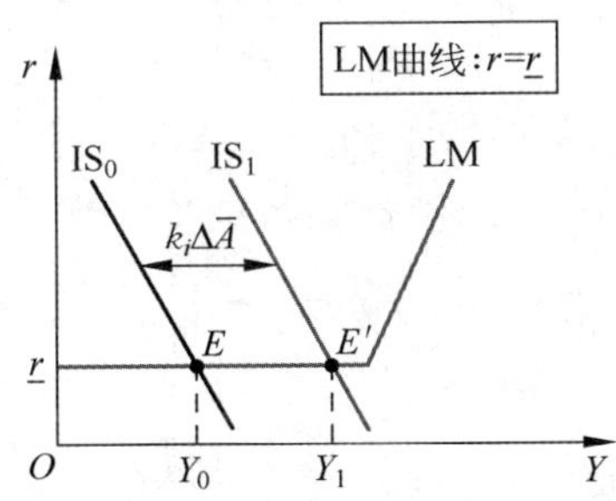

图 5-10 凯恩斯区域的财政政策效果

总之,经济繁荣时,Y、r 较高,接近充分就业水平,LM 曲线较陡,财政政策的效果较小;经济萧条时,Y、r 较低,LM 曲线较平坦,财政政策的效果较明显。

三、货币政策效果的 IS-LM 图形分析

关于货币政策的作用机制,不同的经济学家有着不同的看法。凯恩斯主义的观点是,货币政策是通过货币供给量变动影响利率进而影响投资和产出实现的。然而,一些经济学家认为,货币供给对产出的影响是存在的,但这种影响并不一定通过利率这座桥梁来实现。他们提出了货币政策起作用的其他一些途径。

慕课 5-3
货币政策效果

一种理论认为,货币政策会影响投资,但并不是因为改变了利率就改变了投资的成本从而改变了投资的需求,而是因为利率的变动会影响人们的资产组合。较低的利率会使人们把财产转移到股票上,因为他们感到投资股票会比把钱存在银行获得更多的收益。于是股票价格会上升,根据托宾的 q 理论,当股票价格更高时,企业会进行更多的投资。

另有理论认为,货币政策是通过影响消费来影响产出的。这种理论是上面理论的扩展,认为扩张的货币政策造成的较低利率所带来的股票价格和长期债券价格上升,会使人们感觉更富有,于是他们会消费得更多,从而使总需求增加。

还有理论认为,在开放经济中,货币政策还可以通过汇率变动影响进出口从而对总需求发生作用。尤其在实行浮动汇率的情况下,当银行收紧银根时,利率上升,国外资金会流入,于是本币会升值,净出口会下降,从而使本国的总需求下降。但在固定汇率情况下,央行为了维持本币不升值,势必抛出本币,按固定汇价收购外币,于是本国货币市场上货币供给增加,使原本想达到的货币政策目标受到影响。

需要指出的是,在凯恩斯主义的 IS-LM 模型中,货币政策正是通过货币供给量和利率变动,进而影响投资需求而引起产出变动来发挥作用的。具体而言,其作用机理为:货币供给增加,导致货币市场失衡,利率下降,一方面在货币市场上引起货币的投机性需求 L_2 上升,L_2 上升的幅度受货币需求的利率敏感系数 h 的影响;另一方面,在产品市场上,利率下降引起私人投资增加,投资增加的幅度受投资的利率敏感系数 d 的影响。投资增加使产品市场失衡,但同时投资通过投资乘数效应使收入加倍增加,储蓄因此而增加,增加的储蓄与增加的投资相等,产品市场恢复均衡。在货币市场上,收入的增加会引起交易性货币需求 L_1 增加,L_1 增加的幅度受货币交易需求的收入敏感系数 k 的影响。增加的 L_1 和 L_2 之和与增加的货币供给相等,货币市场恢复均衡。如图 5-11 所示,货币政策的效果同样受四种因素的影响:①货币需求的利率敏感系数(h);②货币需求的收入敏感系数(k);③投资的利率敏感系数(d);④投资乘数(k_i)。前两个因素影响 LM 曲线的斜率,

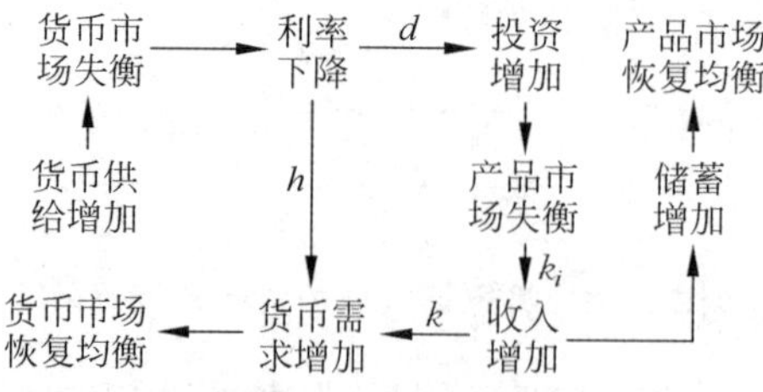

图 5-11 货币政策乘数效应的传导机制

后两个因素影响 IS 曲线的斜率。

首先，分析货币需求的利率敏感系数(h)对货币政策效果的影响。h 越小，LM 曲线越陡；分析 h 对货币政策效果的影响，要求货币政策的力度相同，这体现为斜率不同的两条 LM 曲线水平移动的距离相同。如图 5-12 所示，初始均衡点重合的两条 LM 曲线向右水平移动相同距离后，与同一条 IS 曲线(财政政策不变)相交的新的均衡点不同，较为陡峭的 LM 曲线所形成的新的均衡点 E' 对应的国民收入水平的增加较多，$Y_0Y_1 > Y_0Y_2$，即 h 越小，货币政策效果越强。其经济学含义为：货币供给增加导致利率下降，进而投机性货币需求 L_2 上升。货币需求的利率敏感系数 h 越小，意味着要使 L_2 上升一定幅度，需要利率下降的幅度较大，进而投资增加较多，从而国民收入的加倍增加也会更多，即货币政策的效果较强。

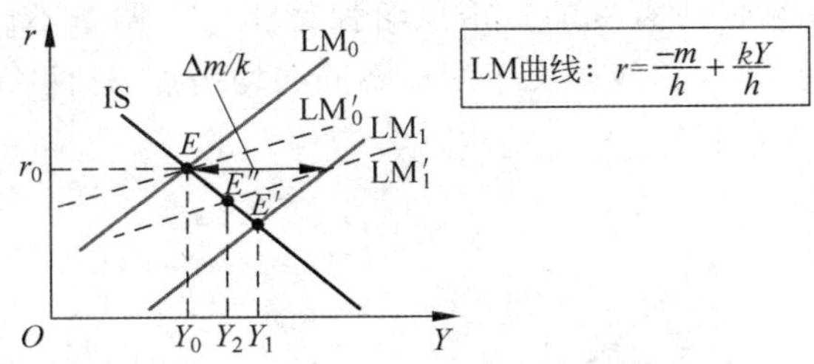

图 5-12　货币需求的利率敏感系数(h)对货币政策效果的影响

其次，分析货币需求的收入敏感系数(k)对货币政策效果的影响。k 越小，LM 曲线越平坦。同样，分析 k 对货币政策效果的影响，也要求货币政策的力度相同，这体现为斜率不同的两条 LM 曲线垂直移动的距离相同。如图 5-13 所示，初始均衡点重合的两条 LM 线垂直向下移动相同距离后，与同一条 IS 曲线(财政政策不变)相交的新的均衡点位置不同，较为平坦的 LM 曲线所形成的新的均衡点 E'' 对应的国民收入水平的增加较多，$Y_0Y_2 > Y_0Y_1$，即 k 越小，货币政策效果越强。其经济学含义为：货币供给增加将导致利率下降，进而投机性货币需求 L_2 上升。利率的下降导致投资增加，进一步引起国民收入的多倍增加。国民收入的增加将引起货币的交易性需求 L_1 上升，由于 k 较小，L_1 上升幅度较小，要使货币需求的增加与货币供给的增加保持一致，需要 L_2 有较大幅度的增加，所以利率下降的幅度是较大的，从而投资和国民收入增加的幅度都较大，即货币政策的效果较强。

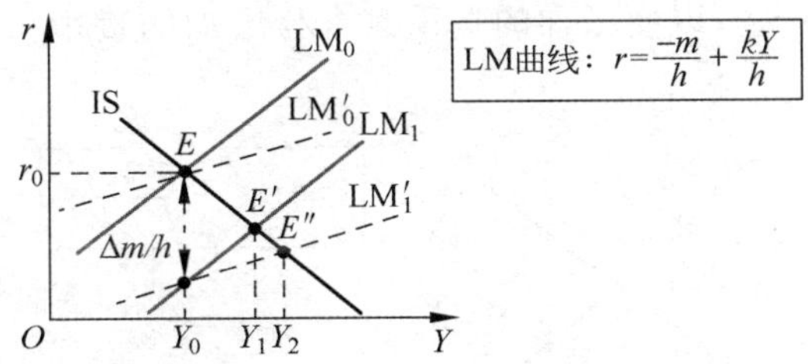

图 5-13　货币需求的收入敏感系数(k)对货币政策效果的影响

再次，分析投资的利率敏感系数(d)对货币政策效果的影响。d 影响的是 IS 曲线的斜率,d 越大,IS 曲线越平坦。如图 5-14 所示,LM 曲线向右移动到新的位置后,与两条 IS 曲线的交点不同。LM 曲线与较平坦的 IS 曲线的交点 E''所对应的国民收入水平的增加较多,$Y_0Y_2 > Y_0Y_1$,即货币政策的效果较强。其经济学含义为:货币供给增加导致利率下降,投资增加时,投资的利率敏感系数越大,则利率下降相同幅度的情况下,投资增加的幅度越大,国民收入加倍增加的幅度也越大,即 d 越大,货币政策的效果越强。从货币市场的均衡来看,斜率不同的两条 IS 曲线与同一条 LM_1 曲线相交于两个不同的均衡点,其货币供给是相同的。由于 d 较大的 IS 曲线收入增加较多,所以 $L_1(Y)$增加也较多,因此需要 r 下降的幅度要小一些,从而使 $L_2(r)$上升的幅度小一些,以便增加的货币需求与增加的货币供给保持相等,使货币市场达到新的均衡。d 越小的 IS 曲线收入增加越少,所以 $L_1(Y)$增加也越少,因此需要 r 下降幅度大一些,从而使 $L_2(r)$上升的幅度大一些,以便增加的货币需求与增加同等程度的货币供给保持相等。两条不同的 IS 曲线与增加相同幅度的货币供给后的 LM_1 曲线相交于两个不同的均衡点,这两个均衡点的货币供给与货币需求是相同的。

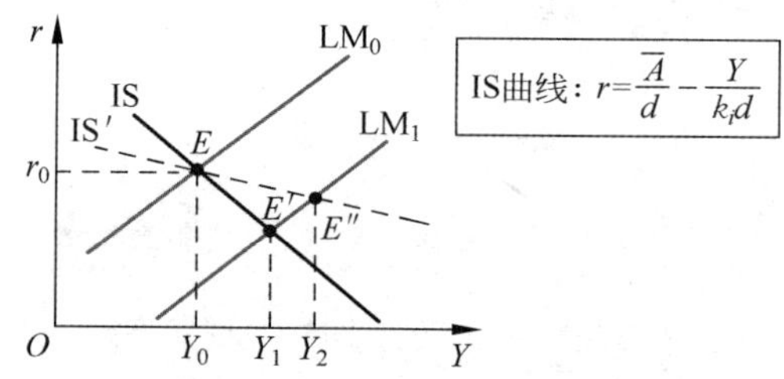

图 5-14 投资的利率敏感系数(d)对货币政策效果的影响

最后,分析投资乘数(k_i)对货币政策效果的影响。k_i 值同样影响 IS 曲线的斜率,k_i 越大,IS 曲线越平坦。如图 5-15 所示,LM 曲线向右移动到新的位置后,与两条 IS 曲线的交点不同。LM 曲线与较平坦的 IS 曲线的交点 E''所对应的国民收入水平的增加较多,$Y_0Y_2 > Y_0Y_1$,即货币政策的效果较强。其经济学含义为:货币供给增加导致利率下降,投资增加时国民收入加倍增加。k_i 越大,增加幅度相同的投资,将使国民收入加倍增加的幅度更大,即 k_i 越大,货币政策的效果越强。从货币市场均衡来看,斜率不同的两条 IS 曲线与同一条 LM_1 曲线相交于两个不同的均衡点,其货币供给是相同的。由于 k_i 值较大的 IS 曲线收入增加较多,所以 $L_1(Y)$增加也较多,因此需要 r 下降的幅度小一些,从而使 $L_2(r)$上升的幅度小一些,以便增加的货币需求与增加的货币供给保持相等,使货币市场达到新的均衡。

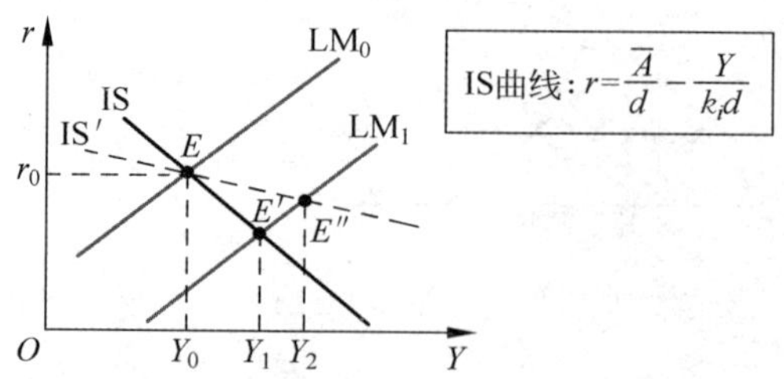

图 5-15 投资乘数(k_i)对货币政策效果的影响

上面分析的是LM曲线中间区域的情形，下面分析在LM曲线的古典区域和凯恩斯区域的货币政策的效果。如图5-16所示，在古典区域，LM曲线是一条垂线，货币需求的利率敏感系数(h)为零，即投机性货币需求为零。增加货币供给造成的利率降低不会直接影响L_2，只能通过刺激投资使收入增加进而使交易性货币需求L_1等量增加，因此国民收入增加的幅度最大，货币政策的效果最强。如图5-17所示，在LM曲线的凯恩斯区域(或流动性陷阱区域)，投机性货币需求的利率敏感系数为无穷大，即人们对货币的投机性需求趋于无穷大，此时，利率水平极低而债券价格较高，人们无论有多少货币都不会去购买债券，而是持在手中，等待债券价格降低后再购买债券。政府增加货币供给不会使利率下降，也不会增加私人投资和均衡收入水平。

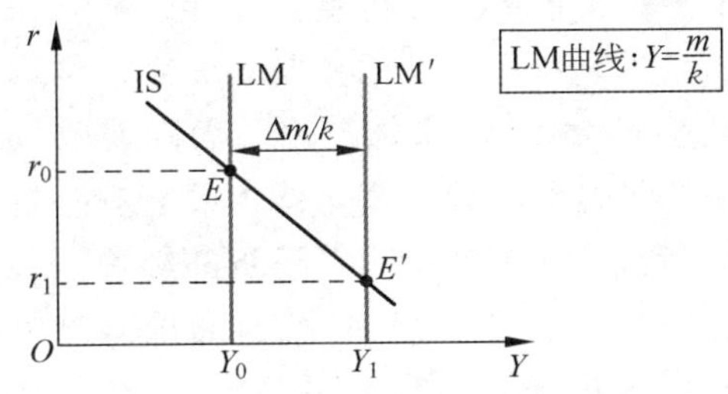

图5-16　古典区域的货币政策效果

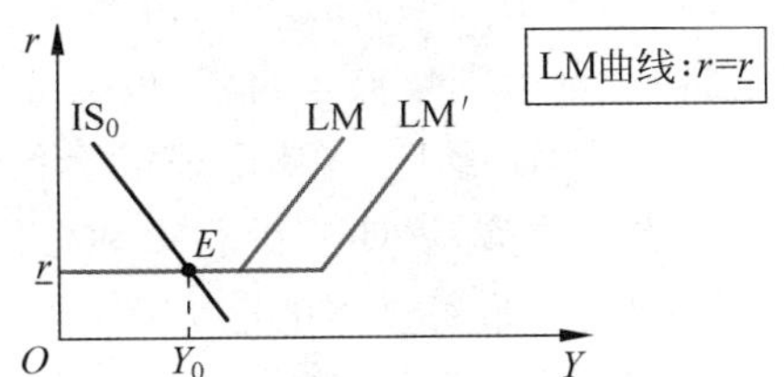

图5-17　凯恩斯区域的货币政策效果

四、货币中性与货币非中性

货币是中性还是非中性，要看货币供给变化对一般价格水平和实际利率及产出水平的影响差异。如果货币供给变化只是影响一般价格水平，一定量的货币供应增加(减少)只引起一般价格水平的上升(下降)，那么货币就是中性的；如果货币供应变化引起实际利率和产出水平等实际经济变量的调整和改变，那么货币就是非中性的。

(一) 货币中性论

货币中性是货币数量论一个基本命题的简述，是指货币供给的增长将导致价格水平的同比例增长，对于实际产出水平没有产生影响。总体来看，古典学派和新古典学派的经济学家都认为货币供给量的变化只影响一般价格水平，不影响实际产出水平，因而货币是中性的。

古典学派经济学家将统一的经济整体机械地分为实物方面和货币方面，他们一般把货币作为与实体经济没有内在联系的“外生变量”，强调货币的中性，即货币的供给变化不影响就业、产出等实际变量，从而形成了传统的二分法和“货币面纱论”。在古典学派经济学家看来，经济的长期发展完全是由实物部门决定的，因而政府任何积极的货币政策都是多余的，甚至是有害的。货币政策的任务只是控制货币数量，稳定物价水平，维持货币的购买力。

新古典学派认可货币中性完全是基于新古典主义经济学的两个基本假设：理性预期和市场出清。由于人们的预期是合乎理性的，他们就会考虑到过去的失误，并在必要的时候修改预期，以便在今后的行为决策中成功地消除那些引起预期失误的规律。由于市场是可以出清的,产品市场和劳动力市场都不会存在超额供给:当产品市场出现超额供给时,价格就会下降,直到商品价格低到使消费者愿意购买时为止;当劳动力市场出现超额供给时,工资就会降低,直到工资低到使企业愿意为想工作的失业者提供工作为止。因此,政府的经济政策,不管是被人们预期到的,还是没有被人们预期到的,都不会对实际经济产生真正的影响。具体来说,已经被人们准确预期到的经济政策,只要人们希望维持原先的经济地位,就必然会采取措施设法抵消这些政策的作用,从而使这些政策无效。

(二) 货币非中性论

随着西方国家经济的快速发展及货币在其中调节作用的显现,货币中性论对现实经济的解释作用也不断下降。19世纪末,瑞典经济学家魏克塞尔将利率分为货币利率和自然利率,其中货币利率是现行的市场借贷利率,而自然利率是投资的预期利润率。当货币数量增加时,货币利率低于自然利率,企业家因此会扩大生产,增加产出。而随着收入增加、支出增加和物价上涨,就出现了累积性的经济扩张过程。魏克塞尔认为政府有必要采取一定的货币政策,以使货币利率和自然利率相一致,从而消除货币对经济的影响。

真正指出货币对经济的巨大作用的人是凯恩斯。1936年凯恩斯发表《通论》,对传统的“二分法”理论进行了批判。《通论》中写道:“我以为把经济学分为两部分:一部分是价格论与分配论,另一部分是货币论,实在是错误的分法”“特别是当我们进而讨论何者决定社会全体之产量及就业量时,我们就需要一个关于货币经济之全盘理论”①。《通论》将市场理论、就业理论同货币理论结合起来,对总产量或国民收入和总就业量的决定进行了分析研究,创立了以国民收入和就业理论为中心的宏观经济理论。文中指出,古典学派所谓充分就业的均衡只是一个特例,通常情况总是小于充分就业的均衡。造成这一现象的根本原因是有效需求(消费需求 + 投资需求)不足。消费需求取决于人们的消费倾向,而投资需求取决于人们对经济前景的预期,要增加投资和消费,就必须降低利率,而利率取决于货币的供求关系。因此,在凯恩斯及其追随者看来,货币的作用是巨大的,货币是非中性的,国家应制定适当的财政政策和货币政策,以应对经济危机和萧条。凯恩斯认为,价格和工资缺乏弹性,经济不存在一个自动矫正机制,经济就可能出现非充分就业下的均衡,但这种均衡低于充分就业下的潜在产出均衡水平。只要存在未被利用的资源,总需求的扩大就会使产出增加,影响总需求的财政政策和货币政策是有效的,因此凯恩斯主张实行扩张的财政政策和货币政策来扩大总需求,以此消除失业和经济危机,促进经济增长。

(三) 货币中性还是货币非中性

货币的中性和非中性问题,或者说货币政策有效性与无效性问题,就其实质而言,主要是指货币供给量的变动能否影响实际产出、收入和就业量的问题。而货币供给量的变动能否影响实际产出、收入和就业量,首先取决于是否存在社会经济主体对经济利益的追求这一基础。如果人们对货币政策工具的操作及其所引起的货币供给量、利率等传导中介指标的变动漠不关心,货币政策的运作必将收效甚微。其次,作为微观经济主体的生产

① 凯恩斯. 就业、利息和货币通论:中译本[M]. 北京:商务印书馆,1963:249.

者与消费者在经济上和法律上的地位必须是平等的，生产者可以根据获得的信息自主决定自己的行为，消费者可以在可支配收入范围之内依自己的意愿进行消费，这时中央银行才能通过货币政策操作影响商品的成本和价格，进而达到影响生产者和消费者行为的目的。此外，中央银行相对于政府必须具有较强的相对独立性，以便相对独立地制定和实施货币政策，从而有利于货币政策影响实际产出目标的实现。

货币中性与否虽然从古典经济学家的争论中已提出此问题，至今在各个学派的经济学家中也没有形成统一的意见和看法，但从历史与现实的发展来看，货币非中性论可能更贴近现实。通过比较物物交换经济与货币经济发展史我们可以看出，后者前进的步伐要比前者快得多。二者发展速度不同的原因虽然有多种解释，如技术进步、知识积累、制度完善等，但二者根本的区别仍在于货币的存在与否。货币产生后，不仅大大便利了交易、降低了交易成本，使有限的资源得到更充分的利用，更重要的是，由此逐渐形成的一套商品货币关系。因此，从更广阔的角度来分析问题，货币非中性更具说服力。当今世界各国政府都将货币政策作为调节宏观经济运行的重要手段。

五、财政政策与货币政策的局限性

财政政策与货币政策的局限性主要表现为政策时滞性，即从发现经济运行中存在的问题，最终到针对问题而执行的政策全部产生效果之间存在一系列的步骤，而其中每一个步骤都需要时间才能完成。可以把经济政策的时滞性分为内部时滞和外部时滞，其中内部时滞又可分为认识时滞、决策时滞和行动时滞。认识时滞是指从经济运行出现扰动到政策制定者认识到需要采取行动之间的间隔；决策时滞是指从政策制定者认识到需要采取行动到作出政策决定之间的间隔；行动时滞是指从作出政策决定到实施之间的间隔。外部时滞是指政策行为被采取后，其对经济影响的传递要经历一段时间。

因此，正确的经济政策虽然可以起着熨平经济波动的作用，然而由于政策的时滞性，也会产生推波助澜的后果，使宏观经济的运行更不稳定，如图 5-18 所示。

图 5-18 中的横轴和纵轴分别表示时间和宏观经济波动的幅度。图中的实线代表在没有政策干预的情况下宏观经济的波动。假设在波动最低的 A 点，国家设法制定和执行熨平经济波动的政策。由于 A 点是波动最低点，这种政策显然必须是扩张性的。但是，由于政策的时滞，政策的效果在 B 点才能全部发挥出来。然而在 B 点，宏观经济波动本身已经发展到高涨的顶点，此时熨平宏观经济波动的政策应该是收缩性的。正是在这种最不需要扩张性政策的 B 点，针对 A 点的扩张性政策恰恰发挥了全部作用，其后果是使上涨的幅度更大，如图中虚线所示。

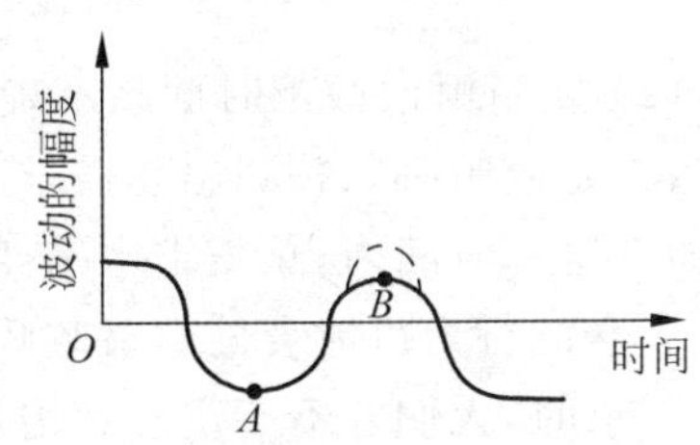

图 5-18 经济政策的时滞性

从财政政策和货币政策所具有的时滞性的特点来看，财政政策的内部时滞较长，而货币政策的外部时滞较长。财政政策的时滞主要表现为决策时滞和执行时滞。因为财政政策的变动通常是一个完整的法律过程，该过程包括议会与许多专门委员会的讨论、政府部门的研究、各利益集团的院外活动等。因此，财政政策最终形成并付诸实践需要较长的时间,在实施财政政策时,经济形势可能已经发生了意想不到的变化,从而会影响其所要达到的目标。财政政策的外部时滞通常较短,如政府购买的变动对增加总需求有直接而迅速的作用,减税对增加个人可支配收入有即时的作用,而收入变动对消费支出的影响则要在一定时间后才会产生。

货币政策的时滞通常表现为外部时滞。中央银行变动货币供给量要通过影响利率,再影响投资,然后再影响就业和国民收入,因而货币政策的作用要经过相当长一段时间才会得到充分发挥。尤其是,市场利率变动以后,投资规模并不会很快发生相应变动。利率下降以后,企业扩大生产规模需要一个过程;利率上升以后,企业缩小生产规模更不是一件容易的事。总之,货币政策即使在开始采用时不需要花很长时间,执行后到产生效果却要有一个相当长的过程,在此过程中,经济情况有可能发生与人们原先预料的相反变化。例如,经济衰退时中央银行扩大货币供给,但未等到这一政策效果完全发挥出来经济就已转入繁荣,物价已开始较快地上升,结果原来扩张性的货币政策不是反衰退,却为加剧通货膨胀起了火上浇油的作用。

财政政策和货币政策除了都具有时滞性这一缺陷外,还受政治经济周期的影响。在西方,政治官员最关心的是能否在竞选中取胜,因此他们对经济政策的执行往往以是否有利于竞选取胜而非是否对人民真正有利为前提。在当选以后的一段时间,由于照顾党派或与己有关的利益,他们可以容忍对经济表现不利的政策,从而导致经济发展缓慢,因为他们可以把责任推给上一届的当权者。然而,面临再度竞选连任时,他们则必须迅速执行有利于经济的政策,使经济呈现蓬勃发展的面貌。如此循环交替,形成下降和上升的周期。

除了上述局限性外,财政政策和货币政策还各自具有特殊的局限性。

财政政策特有的局限性主要表现在以下四个方面:

(1) 有些财政政策的实施会遇到阻力。例如,增税一般会遭到公众的普遍反对,减少政府购买可能会引起大垄断资本的反对,削减福利性政府转移支付则会遭到大多数民众的反对。

(2) 实行财政政策时面临不确定性,主要表现在如下方面:一是乘数的大小难以准确确定;二是政策必须预测出总需求水平通过财政政策作用达到预定目标究竟需要多长时间,而在这一时间内,总需求水平,特别是投资可能发生戏剧性变化,从而导致决策失误;三是公众的行为可能会偏离财政政策的目标(动态不一致),如政府通过增支减税政策扩大总需求时,人们并不一定会把增加的收入用于增加支出,也可能转化为储蓄。此外,其他外在的不可预测的随机因素的干扰,也可能导致财政政策达不到预期效果。

(3) 扩张性财政政策具有挤出效应。财政投资的实质是借用民间资金来投资,增加政府用以投资的财源会相应减少民间用于投资的资金,即由于公债的发行,民间部门的投资或消费资金会减少。

(4) 在大部分竞争性部门,政府投资的效率不如民间投资,政府投资规模太大,持续时间太长,往往会造成全社会投资效率的下降。

货币政策特有的局限性主要表现在以下三个方面:

(1) 从货币市场均衡的情况看,增加或减少货币供给要想影响利率,必须以货币流通速度不变为前提。如果这一前提并不存在，货币供给变动对经济的影响就要打折扣。在经济繁荣时期，中央银行为抑制通货膨胀需要紧缩货币供给，或者说放慢货币供给的增长率，然而，那时公众的支出通常会增加，而且物价上升快时，公众不愿把货币持在手上，而希望尽快花出去，从而货币流通速度会加快，这相当于在流通领域增加了货币供给量。此时，即使中央银行减少货币供给，也无法使通货膨胀率降下来。反之，在经济衰退时期，货币流通速度下降，中央银行增加货币供给对经济的影响也可能被货币流通速度下降所抵消。

(2) 在不同时期政策效果不同。在通货膨胀时期实行紧缩的货币政策可能效果比较显著，但在经济衰退时期，实行扩张的货币政策效果则不明显。此时企业对经济前景普遍悲观，即使中央银行松动银根，降低利率，投资者也不肯增加贷款从事投资活动，银行为安全起见，也不肯轻易放款。特别是由于存在流动性陷阱，无论银根如何松动，利率都不会降低。这样一来，货币政策作为反衰退的政策，其效果相当微弱。即使从反通货膨胀来看，货币政策的作用也主要表现为反对需求拉上型通货膨胀，而对成本推进型通货膨胀，货币政策的效果很小。因为物价的上升若是由工资上涨超过劳动生产率上升幅度引起的或是由垄断企业为获取高额利润引起的，则中央银行想通过控制货币供给来抑制通货膨胀就比较困难了。

(3) 在开放经济中，货币政策的效果还要受资金在国际上的流动的影响。例如，一国实行紧的货币政策时，利率上升，国外资金会流入，若汇率浮动，本币会升值，出口会受抑制，进口会受刺激，从而使本国总需求比在封闭经济情况下有更大的下降。若实行固定汇率，中央银行为使本币不升值，势必抛出本币，按固定汇率收购外币，于是货币市场上本国货币供给增加，使原先实行的紧的货币政策效果大打折扣。

第三节　财政政策与货币政策的配合使用及相机抉择

根据以上有关分析可知，如果经济处于萧条状态，政府既可采用扩张性财政政策，也可采用扩张性货币政策，还可以将两种政策结合起来使用。

图 5-19 中假定经济起初处于 E 点，收入为 Y_0，利率为 r_0，而充分就业的收入为 Y^f。为克服萧条，实现充分就业，政府可实行扩张性财政政策使 IS 曲线右移，也可实行扩张性货币政策使 LM 曲线右移。单独采用这两种政策虽然都可以使收入达到 Y^f，但会使利率大幅上升或下降。如果既想使收入增加到 Y^f，又不想使利率变动，则可采用扩张性财政政策和货币政策混合使用的办法。实行扩张性财政政策使产出水平上升的同时，为了使利率不因产出上升而上升，可相应地实行扩张性货币政策，增加货币供应量，使利率保持原有水平，从而确保投资不被挤出，产量达到 Y^f。这种配合扩张性财政政策而实施的扩张性货币政策，被称为"适应性的"货币政策。

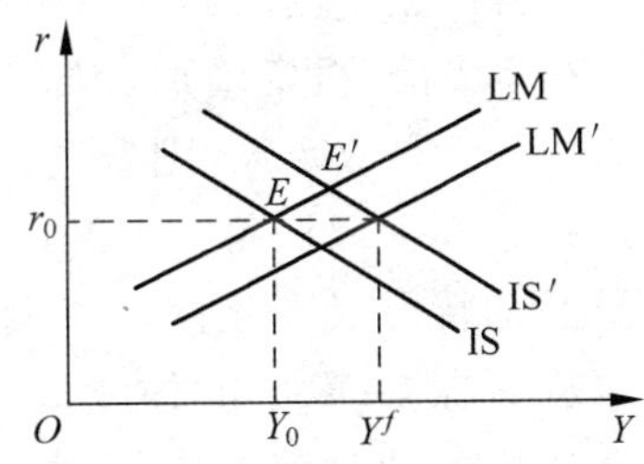

图 5-19　财政政策和货币政策的混合使用

财政政策和货币政策可以有多种混合。这

些混合使用的政策的效应,有的是事先可以预计的,有的则必须根据财政政策和货币政策哪一个更强有力而定,因而政策效果是不确定的。例如,IS曲线和LM曲线如果移动幅度相同,则产出增加时利率也不变。若财政政策的影响大于货币政策的影响,IS曲线右移距离超过LM曲线右移距离,利率就会上升;反之,则会下降。可见,这两种政策结合使用时对利率的影响是不确定的。表5-2给出了各种政策混合使用的效应。

慕课 5-4
两种政策的混合使用

表 5-2 财政政策和货币政策混合使用的效应

序号	政策混合	产出	利率
1	扩张性财政政策和紧缩性货币政策	不确定	上升
2	紧缩性财政政策和紧缩性货币政策	减少	不确定
3	紧缩性财政政策和扩张性货币政策	不确定	下降
4	扩张性财政政策和扩张性货币政策	增加	不确定

政府和中央银行可以根据具体情况及不同目标,选择不同的政策组合。例如,当经济萧条但又不太严重时,可采用第一种组合,用扩张性财政政策刺激总需求,同时用紧缩性货币政策控制通货膨胀;当经济发生严重通货膨胀时,可采用第二种组合,用紧缩性货币政策提高利率,降低总需求水平,同时实行紧缩性财政政策,以防止利率过分提高;当经济中出现通货膨胀但不太严重时,可采用第三种组合,用紧缩性财政政策压缩总需求,同时用扩张性货币政策降低利率,以免财政过度紧缩而引起衰退;当经济严重萧条时,可采用第四种组合,用扩张性财政增加总需求,用扩张性货币政策降低利率以克服挤出效应。例如,20世纪60年代初美国经济萧条,为克服衰退,政府一方面减税,另一方面采用适应性的货币政策,使产量增加时利率和价格基本保持不变。60年代末70年代初,美国通货膨胀率过高而失业率较低,为控制通货膨胀,实行了紧缩性财政政策与紧缩性货币政策相结合的政策。70年代末80年代初,里根政府为克服通货膨胀和经济萧条并存的"滞胀"局面,采用了减税与紧缩通货相结合的政策:一方面刺激需求,增加供给;另一方面克服通货膨胀。

在考虑如何混合使用两种政策时,不仅要看当时的经济形势,还要考虑政治上的需要,这是因为虽然扩张性财政政策和货币政策都可以增加总需求,但不同政策的后果可以对不同的人群产生不同的影响,也使GDP的组成比例发生变化。例如,实行扩张性货币政策会使利率下降,投资增加,因而对投资部门尤其是住宅建设部门十分有利。然而,实行减税的扩张性财政政策,则有利于增加个人可支配收入,从而可以增加消费支出。同样是采用扩张性财政政策,如果是增加政府支出,如兴办教育、防治污染、培训员工等,则人们受益的情况又不相同。正因为不同的政策措施会对GDP的组成比例(投资、消费和政府购买在GDP中的构成比例)产生不同影响,进而影响不同人群的利益,政府在作出混合使用各种政策的决策时,必须考虑各行各业、各个阶层的人群的利益如何协调的问题。

本章基本概念

宏观经济政策　需求管理　供给管理　经济增长　充分就业　物价稳定　国际收支平衡　财政政策　挤出效应　货币政策　政策时滞　外部时滞　内部时滞　认识时滞　决策时滞　行动时滞

自　测　题

即测即练　扫码答题

复习与思考

1. 利率对投资的影响在财政政策和货币政策的作用机制中起什么作用?
2. 分析财政政策和货币政策效应的传导机制。
3. 分析 d,h 对财政政策和货币政策效果的影响。
4. 分析凯恩斯陷阱下财政政策和货币政策的效果。
5. 了解凯恩斯和古典主义极端条件下宏观经济政策的效果。
6. 如何理解凯恩斯学派和古典学派对货币中性和非中性及货币政策有效性的看法?
7. 宏观经济政策的时滞有哪几类?财政政策和货币政策的时滞有何不同?
8. 简述宏观经济政策的目标、含义及相关性。
9. 进行财政政策与货币政策的配合使用的案例分析。
10. 用 IS-LM 模型分析下述情况对总收入的影响:
(1) 由于大量公司破产而引起的悲观情绪;
(2) 货币供给量增加;
(3) 所得税增加;
(4) 边际消费倾向降低。

11. 假定某经济中消费函数为 $C=0.8(1-t)Y$,税率为 $t=0.25$,投资函数为 $I=900-50r$,政府购买支出为 $G=800$,货币需求为 $L=0.25Y-62.5r$,实际货币供给量为 $M/P=500$,试求:
(1) IS 曲线;
(2) LM 曲线;
(3) 两个市场同时均衡时的利率和收入。

第六章

总需求-总供给模型

前面有关宏观经济问题的讨论是在一般价格水平固定不变(凯恩斯定律),同时产出没有达到充分就业产出水平的假设下进行的,而且之前的国民收入决定理论模型未考虑供给方面的因素。现实经济中,产出可能低于也可能高于充分就业产出水平,产量变动的同时会引起产品价格的变化,因此需要新的模型来解释国民收入的决定,这就是总需求-总供给模型。

总需求-总供给模型(AD-AS 模型)是将总需求与总供给结合在一起放在一个坐标图上,用来解释国民收入和价格水平的决定,考察价格变化的原因及社会经济如何实现总需求与总供给的均衡。这一模型是后凯恩斯主流学派——新古典综合派①用于分析国民收入决定的一个工具,它是在凯恩斯的收入-支出模型和希克斯的 IS-LM 模型的基础上,进一步将总需求和总供给结合起来解释国民收入的决定及相关经济现象,是对前两个模型仅强调总需求的片面性进行的补充和修正。因此,总需求-总供给模型所依据的理论已经不是标准的或纯粹的凯恩斯理论。

第一节 总 需 求

总需求是经济社会对产品和服务的需求总量,是实际消费支出(C)、投资(I)、政府购买(G)和净出口($X-M$)之和。总需求函数(aggregate demand function)被定义为一个经济社会的成员对总产出的购买量(或需求量,即均衡的国民产出)与物价水平的关系。总需求曲线则用图形来描述与每一价格水平相对应的均衡支出或收入,总需求曲线上的任意一点表示使产品市场、货币市场同时实现均衡的总产量与价格水平的组合。

① 新古典综合派又称后凯恩斯主流学派,是二战后产生于美国的现代凯恩斯主义的一个重要学派。首先提出"新古典综合"这一特定概念的是萨缪尔森。新古典综合派主张把凯恩斯的宏观经济理论与之前的微观经济理论综合在一起,形成一种较完整的经济学说。该学派试图在凯恩斯的总量经济范畴基础上,用新古典的个量分析的理论和方法去"综合"出一种新的经济学说,试图把两种不同的理论(传统的自由放任和凯恩斯的国家干预)纳入同一系统,使其成为战后西方经济学的主流学派。但是进入 20 世纪 70 年代以后,西方世界出现了滞涨,即失业与通货膨胀并存。这一现象显然无法用新古典主义的理论体系来解释。于是,萨缪尔森在 1970 年《经济学》的第八版中,就不再使用"新古典综合"一词,而改用"主流经济学",这也在一定程度上反映了新古典综合学派的困境。

一、总需求曲线的推导

总需求曲线可以根据 IS-LM 模型推导出来，推导方法有几何法和代数法两种。

下面首先说明怎样根据 IS-LM 模型推导总需求曲线。在 IS-LM 模型中，一般价格水平被假定为一个常数，在价格水平固定不变且货币供给为已知时，IS 曲线和 LM 曲线的交点决定均衡的收入（产量）水平。如图 6-1 所示的 IS-LM 模型中，当价格 P 的数值为 P_1 时，LM(P_1)与 IS 曲线相交于 E_1 点，E_1 点所表示的国民收入和利率分别为 Y_1 和 r_1。将 P_1 和 Y_1 标在下面的坐标系中，就得到了总需求曲线上的 D_1 点。现在，假设 P 由 P_1 下降到 P_2。由于 P 的下降，LM 曲线移动到 LM(P_2)的位置，与 IS 曲线的交点为 E_2 点。E_2 点所表示的收入和利率分别为 Y_2 和 r_2。对应上图中的 E_2 点，可在下图中找到 D_2 点。同样，随着 P 的变化，LM 曲线和 IS 曲线可以有多个交点，每一个交点都标志着一个特定的 Y 和 r，于是就有许多 P 和 Y 的组合，从而构成了下图中的一系列点。把这些点连在一起所得到的曲线便是总需求曲线 AD。需要指出的是，价格水平的变化对 IS 曲线的位置没有影响，因为决定 IS 曲线的变量是实际量，不随价格变化而变动。

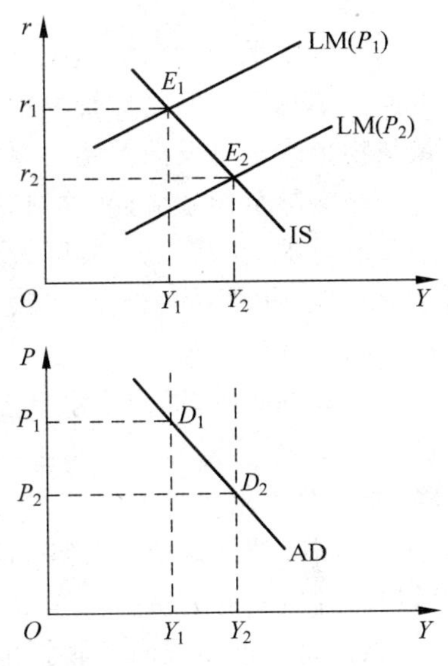

图 6-1　总需求曲线的推导

代数法即求解 AD 曲线的方程，是由 IS 曲线与 LM 曲线的方程联立求解（消去利率 r，加入一般价格水平 P）得到的。由产品市场和货币市场的均衡条件可得到 IS 曲线与 LM 曲线的方程：

$$\begin{cases} I(r) = S(Y), & \text{IS 曲线方程} \\ M/P = L(Y,r), & \text{LM 曲线方程} \end{cases}$$

在上面的 LM 曲线的方程中，用 M/P 表示实际货币供给，从而将一般价格水平 P 纳入方程中；把 Y 和 r 当作两个方程中的未知数，而把其他变量特别是 P 当作参数对这两个方程联立求解，消去利率 r，得到关于国民收入 Y 与价格水平 P 的函数表达式，即总需求函数。例如，已知产品市场上的储蓄函数 $S(Y)=-1\ 000+0.5Y$ 和投资函数 $I(r)=2\ 500-200r$，货币市场上的实际货币供给 $m=1\ 000/P$ 和货币需求函数 $L=0.5Y+2\ 500-200r$，求总需求曲线方程。

由产品市场均衡，可得 IS 曲线方程：

$$-1\ 000 + 0.5Y = 2\ 500-200r$$

由货币市场均衡，可得 LM 曲线方程：

$$1\ 000/P = 0.5Y + 2\ 500-200r$$

上面两式联立消去 r，可得总需求曲线方程：

$$Y = 1\ 000 + 1\ 000/P$$

二、总需求曲线的变动

(一) 沿着总需求曲线的移动

当物价水平变动而其他条件不变时,总需求就会变动,表现为沿着总需求曲线移动。从上面关于总需求曲线的推导中可以看到,总需求曲线是向右下方倾斜的,即社会的需求总量与物价水平是反向关系。总需求曲线向下倾斜的原因可根据三种效应进行解释。

一是实际余额效应(又称财富效应或凯恩斯效应),它是实际货币量变动对实际国民生产总值需求量的影响。实际货币余额是根据货币所能购买的物品量来衡量货币,等于名义货币量除以物价水平。当物价水平上升时,居民财富的实际价值将减少,从而将减少对产品和服务的需求。

二是利率效应,即价格水平上升,实际货币需求不变,名义货币需求上升。当名义货币供给不变时,实际货币供给下降。由于实际货币需求大于实际货币供给,r 上升,C 和 I 下降,导致总支出水平下降。

三是国际贸易效应,它意味着物价水平的上升会导致消费者减少对本国产品的消费,而增加对进口品的消费。

总之,总需求曲线向下倾斜是因为更低的价格增加了家庭财富的真实价值(主要是增加了消费),带来了更低的利率(主要是增加了投资),使本国出口品相对于外国进口品有更低的价格(增加了出口)。在其他条件不变的情况下,如果价格水平变化,经济将沿着固定的总需求曲线向上或向下移动。

(二) 总需求曲线自身的移动

除物价水平外,一切影响实际国民收入总需求量的因素发生变动都会引起总需求曲线位置的移动。引起总需求曲线移动的变量分为三类:政府政策的变化、家庭和企业预期的变化、外贸变量的变化。

(1) 政府政策的变化。政府使用财政政策和货币政策时,总需求曲线将移动。扩张性财政政策和货币政策将使总需求曲线向右移动,紧缩性财政政策和货币政策将使总需求曲线向左移动。

(2) 家庭和企业预期的变化。如果家庭对未来收入有乐观预期,将增加当前消费;如果企业对未来投资收益率有乐观预期,将增加当前投资。这将使总需求曲线向右移动。

(3) 外贸变量的变化。如果本国实际 GDP 增加快于其他国家,本国进口增长会快于出口,净出口将会减少;净出口也会因本币相对于其他国家货币的汇率上升而减少。在每一个价格水平上,净出口的减少都将引起总需求曲线向左移动。

第二节 总 供 给

一、总供给和生产函数

总供给是社会的收入总量(或总产出),它描述了经济社会的基本资源(主要包括劳动力、生产性资本存量和技术水平)用于生产时所提供的产量(国民收入)。在宏观经济学中,描述总产出与劳动、资本和技术之间关系的工具是宏观生产函数,又称总量生产函数,可表示为

$$Y = F(N,K,T)$$

其中,N 表示劳动量,K 表示资本量,T 表示技术状况。

宏观生产函数可分为短期和长期两种。由于资本存量和技术水平在短期内不可能有较大的改变,所以在短期生产函数中,二者被认为是不变的常数,表示在资本量和技术状况不变的条件下,社会总产出量与劳动投入量之间的关系。西方经济学假定短期生产函数有两条重要的性质:一是总产出随总就业量的增加而增加;二是在技术不变和资本为常数的假设条件下,由于边际报酬递减规律的作用,随着总就业量的增加,总产出按递减的比率增加。由于就业者的工作性质不同,每天的工作时间差别很大,衡量就业量更为准确的指标是劳动时数。在图 6-2 中,横轴所表示的总就业量用劳动时数表示,纵轴表示总产量 Y,短期生产函数曲线是一条斜率为正且数值递减的曲线。

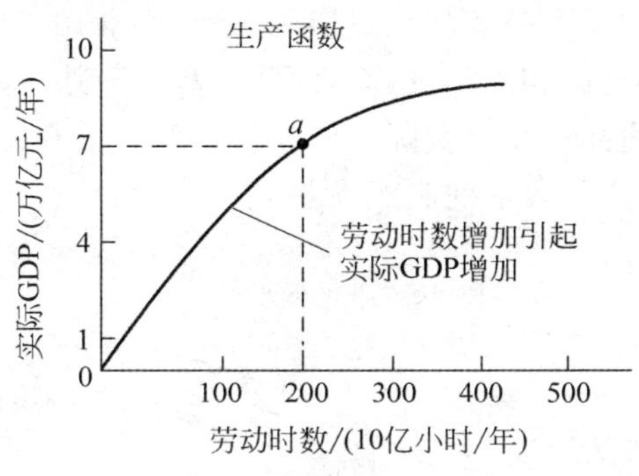

图 6-2　短期生产函数

劳动的边际产量可被定义为,当所有其他影响产量的因素都不变时,增加一小时劳动所增加的实际 GDP。用实际 GDP 的变动量除以雇佣劳动的变动量来计算劳动的边际产量。之所以劳动的边际产量会随着雇佣劳动量的增加而递减,是因为所有的劳动(无论是新的劳动,还是已有的劳动)都使用同样固定的物质资本量并在既定的技术下工作。随着所雇佣的劳动的增加,物质资本的使用越来越密集,也越来越容易出故障,并由此出现了瓶颈现象。最终,随着雇佣劳动的增加,工人们在其他每个方面的所得也会减少,产量几乎不再增加。

长期来看,存在足够的改善技术的时间,技术水平可以有很大改善,资本存量也会随着积累的增加有很大进步,人口的增长能够影响充分就业的劳动者人数。因此,不同于短期生产函数,在长期生产函数中,一切自变量都可以改变。关于长期生产函数的问题,经济增长理论中有专门的研究,在宏观经济学的本科课程中涉及的仅限于短期生产函数,即在一定时期和一定条件下,总供给将主要由经济的总就业水平决定,而要决定总就业水平,则需要引出劳动力市场。

二、劳动力市场均衡和总供给曲线

在宏观经济分析中,总供给曲线的推导是建立在劳动力市场均衡分析的基础上的。劳动力市场均衡分析与推导总需求曲线时所使用的产品市场和货币市场均衡分析在方法论上完全不同。这应被看作是西方宏观经济理论中的逻辑缺陷之一。这也是在西方宏观经济学中,关于总供给的理论是一个最有争议的领域的原因。

(一) 劳动力市场

下面关于劳动力市场的说明是关于最简单的劳动力市场——完全竞争市场,这也是古典主义理论关于劳动力市场的说明。

如果劳动力市场是竞争性的,而企业只能接受既定的市场工资和其产品的市场价格,则企业将会选择一个就业水平,使劳动的边际产品等于实际工资,只有在这一就业水平,利润才能最大化。实际工资等于货币工资 W 除以价格水平 P,即 W/P。如果企业的就业低于这一水平,劳动的边际产品就将超过实际工资,企业用工资 W 雇佣一个工人,该工人的边际产品将超过付给他的实际工资,企业可以从中获利。企业将不断利用这一获利机会,直到增雇的工人的边际产品与实际工资相等时为止。在图 6-3 中,与工资总额线平行的线与利润线相切的切点所表示的利润就是利润最大化点。

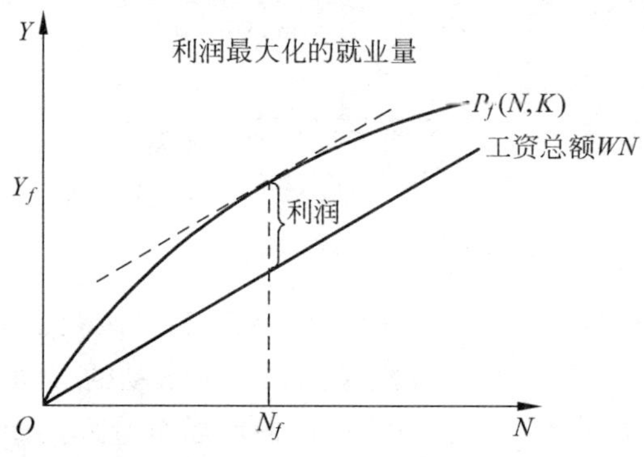

图 6-3 竞争性劳动力市场就业量的确定

由于劳动的边际产品随劳动投入的增加而降低,所以劳动的需求函数是实际工资的减函数。宏观经济学认为,微观经济学意义上的劳动需求与实际工资的关系,对于总量意义上的劳动力市场也是成立的。用 N_d 表示劳动需求量,则劳动需求函数可表示为

$$N_d = N_d\left(\frac{W}{P}\right)$$

其中,$\frac{W}{P}$为实际工资,N_d 与$\frac{W}{P}$反方向变动。

实际工资低时,劳动的需求量大;实际工资高时,劳动的需求量小。劳动需求曲线具有负斜率,如图 6-4 所示。

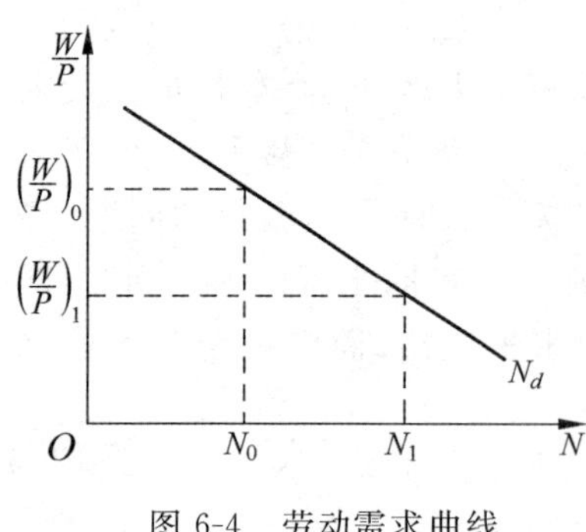

图 6-4 劳动需求曲线

与劳动需求类似，总量意义上的劳动供给也被认为是实际工资的函数，劳动供给函数可表示为

$$N_s = N_s\left(\frac{W}{P}\right)$$

其中，N_s 是$\frac{W}{P}$的增函数。

劳动供给曲线如图 6-5 所示。

劳动的需求曲线和供给曲线决定了劳动力市场的唯一均衡就业水平及均衡实际工资水平，劳动力市场的均衡由劳动的需求曲线和供给曲线的交点决定，如图 6-6 所示。

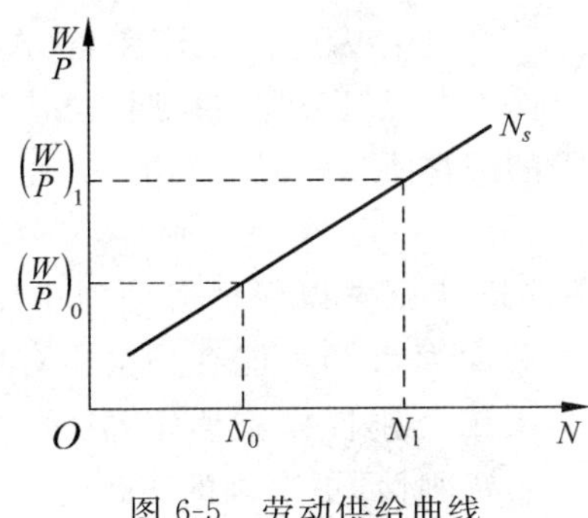

图 6-5　劳动供给曲线

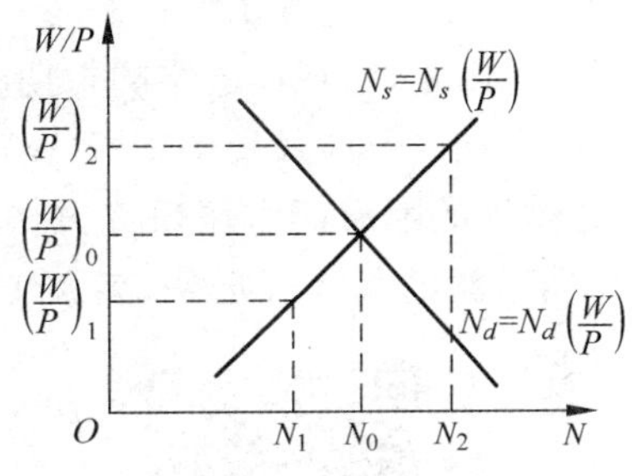

图 6-6　劳动力市场的均衡

（二）总供给模型的研究

1. 总供给的古典研究方法

按照古典主义理论，工资 W 和价格 P 都是可以灵活调整的，因而实际工资总是立即调整到劳动供求相等的水平。在某一价格水平下，如果劳动供大于求，即存在失业，货币工资就会下降；反之，如果劳动力市场存在超额劳动需求，货币工资就会提高。最后实际工资将调整到使劳动力市场达到均衡的水平。也就是说，在长期中，经济的就业水平并不随着价格水平的变动而变动，而始终处于充分就业状态。劳动力市场的均衡条件为

慕课 6-2
AS 曲线——古典模型

$$N_d\left(\frac{W}{P}\right) = N_s\left(\frac{W}{P}\right)$$

这里，充分就业产量又称潜在产量，是在现有资本和技术水平条件下，经济社会的潜在就业量所能生产的产量。潜在就业量就是充分就业量，是指一个社会在现有激励条件下所有愿意工作的人都参加工作时，达到的就业量。由于一些难以避免的原因，当就业量等于潜在就业量时，失业率实际上并不为零。我们把经济中达到潜在就业量时社会存在的失业率称为自然失业率。当就业量低于潜在就业量时，失业率高于自然失业率；反之，当就业量高于潜在就业量时，失业率低于自然失业率。

在确定了就业水平后，通过前面所述的生产函数，即可确定由劳动力市场均衡所决定的总供给量。此时，总供给曲线是一条垂线，它位于充分就业产出水平，属于古典主义的

AS曲线。古典主义的AS模型的前提假设是价格和名义工资能够灵活调整,物价水平、工资率及其他资源价格都以同样的百分比变动,因此潜在GDP不取决于当前物价水平。在古典模型中,实际工资是由劳动力市场的均衡决定的,而且如果劳动供求不受干扰(不存在外部冲击,即劳动供求曲线没有移动),产出水平就会保持不变,无论价格水平是多少。

在宏观经济学中,上述垂直的总供给曲线被看作是长期供给曲线。因为从长期看,价格和工资都是有伸缩性的,通过价格和工资的调整,资源已得到充分利用,无论价格水平如何变动,总供给都不会增加,经济中的产量始终等于潜在产量。在宏观经济学中,"长期"被定义为价格和工资可灵活变动的时期,它是长到足以使供给的基本因素发挥作用的时间框架,从而使实际GDP等于潜在GDP,即实现充分就业。由于涉及不变生产要素、人口、技术水平变化等因素,宏观经济学的长期所意味的时间要长于微观经济学的长期。相应地,宏观经济学的短期主要涉及货币工资(W)和价格水平(P)的调整所需的时间长度。

2. 总供给的凯恩斯学派研究方法

凯恩斯学派的基本假定是,名义工资和价格并不能迅速调整以保证劳动力市场处于均衡,在这个意义上劳动力市场可能存在失业(非充分就业)。凯恩斯的名义工资刚性模型假定,在实现充分就业之前,存在名义工资刚性,更准确的表述是"名义工资向下刚性",即工人会对货币工资的下降进行抵抗,但却欢迎货币工资的上升,因此货币工资只能上升,不能下降。同时,由于工人具有"货币幻觉",即只看到货币的票面数值而不关注货币的实际购买力,所以他们会抵抗价格水平不变情况下货币工资的下降,却不会抵抗货币工资不变情况下价格水平的提高,尽管两种情况都会造成实际工资下降。由于名义工资向下刚性,劳动力市场的自动调节机制失效。换言之,实际工资无法通过名义工资的下降而下降,以立即消除劳动力市场的供过于求状态(存在失业)。

慕课 6-3
AS 曲线——凯恩斯模型

从劳动力市场供过于求和产出低于充分就业产出的某一状态出发,如果政府采取刺激总需求的政策,物价将上升。在名义工资不变的条件下,物价上升将使实际工资下降,进而导致对劳动需求的增加。在劳动力市场供过于求的情况下,就业是由对劳动的需求决定的。因此,在劳动力市场实现均衡之前,我们得到一条向上倾斜的总供给曲线,如图6-7所示。

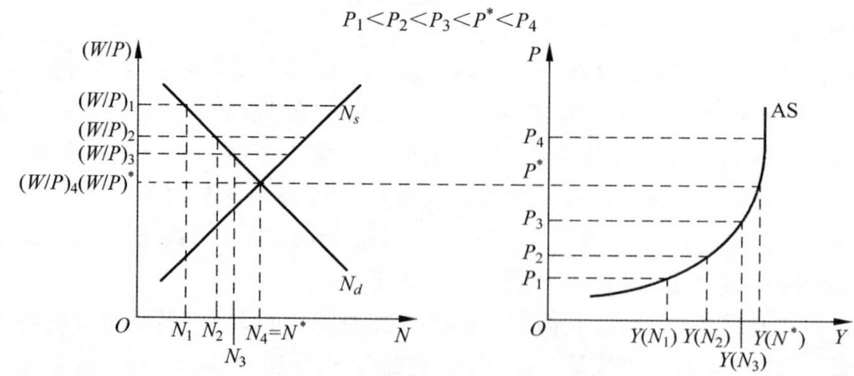

图6-7 凯恩斯货币工资刚性模型

凯恩斯的名义工资刚性模型假定，在实现充分就业之后，工人不再容忍实际工资的下降，他们要求增加名义工资以保持实际工资不再下降，因而名义工资曲线上移。这时，实际工资因名义工资和物价等速增加而保持不变(等于均衡实际工资)，就业量由劳动力市场的均衡点决定。与此相对应，总供给曲线由向上倾斜变成垂线。尽管凯恩斯没有解释为什么在实现充分就业前，工人容忍实际工资发生变化(存在货币幻觉)，但在实现充分就业之后，工人便开始坚持实际工资不变，但联系实际，考虑到当劳动力市场存在过剩劳动力时，工人倾向于接受较低的实际工资，而当劳动力市场已实现充分就业，不存在过剩劳动力时，工人倾向于要求更高的实际工资是合乎情理的。

凯恩斯货币工资刚性模型(常规 AS 曲线)描述了一条向右上方倾斜的 AS 曲线(SAS)，被视为描述了中短期的情况。SAS 曲线向右上方倾斜的原因可简单地解释为，当投入品价格不变而产品价格上升时，以利润最大化为目的的企业所作的合理反应是增加产量。每个企业都这样做，所以当投入品价格不变而物价水平上升时，总供给就会增加，同时就业增加、失业减少。因此，SAS 曲线向右上方倾斜，表明随着价格上升，产量增加。这一模型的政策含义是:政府如果采取使货币贬值或增加货币供给等影响价格水平的政策措施，可以对实际工资产生影响，从而影响产出的供给。而这些政策在古典模型中只能提高价格，名义货币量与价格水平同比例变化，对利率和真实产出等真实变量不产生影响，即货币是中性的。

在凯恩斯的国民收入决定中，我们接受了一个凯恩斯主义命题:需求决定供给，这意味着 AS 曲线是水平的，而 AD 曲线不仅代表对应不同物价水平的需求量，而且代表对应相应物价水平的短期或超短期供求均衡点(如图 6-8 所示)。图中的两条水平的短期总供给曲线 AS_0 和 AS_1 可以被视为超短期 AS 曲线。

上述命题成立的前提是，经济处在萧条状态，是在非充分就业状态下运行的，由于存在闲置的生产能力，供给的增加不会导致生产成本的增加，因而也不会导致产品价格的增加。这种假设只在短期内可以接受，故所假设的水平供给曲线是一条短期供给曲线。水平的 AS 曲线的政策含义是，只要国民收入或产量处在低于充分就业的水平，国家就可以使用增加需求的政策来达到充分就业状态。

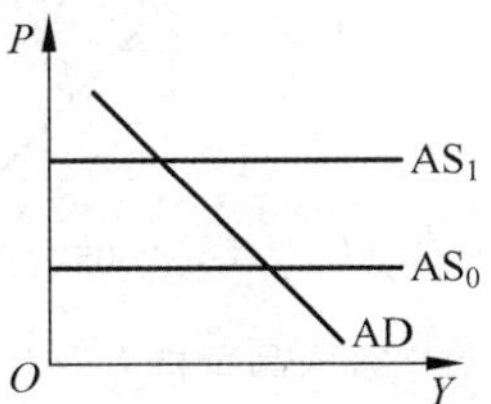

图 6-8　凯恩斯主义命题与 AS-AD 模型

(三) 总供给曲线的变动

从短期 AS 曲线来看，当投入品(劳动和原料)价格不变而物价水平上升时，会出现沿着 SAS 曲线的变动，如图 6-9 所示。

慕课 6-4
总供给曲线的变动

而潜在 GDP 变动或是生产资源(劳动和原料)的价格变动时，会出现 SAS 曲线的移动。如果潜在 GDP 增加，会引起 SAS 曲线右移，如图 6-10 所示。而投入品价格上升，会引起 SAS 曲线左移，如图 6-11 所示。

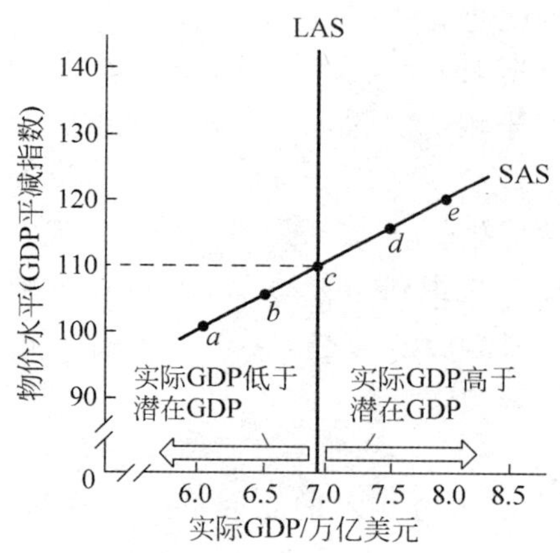

图 6-9 短期总供给曲线

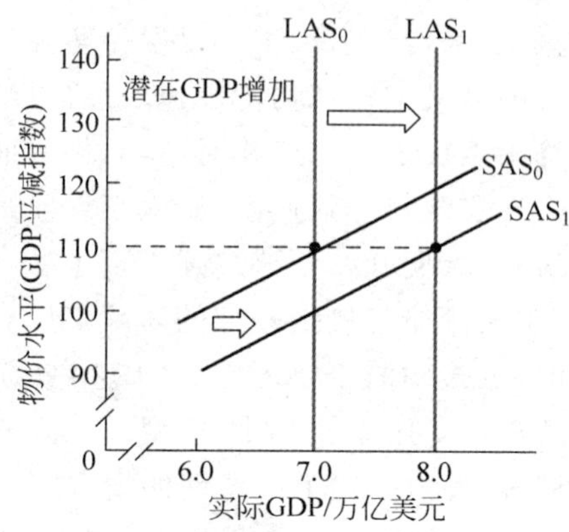

图 6-10 潜在 GDP 增加对 SAS 的影响

按照凯恩斯的观点,货币工资率的上升发生在实现充分就业后,石油价格的上升(外部冲击)可以发生在任何时刻。如果在充分就业产出水平上,货币工资和物价水平同比例上升,SAS 曲线将沿着 LAS 曲线移动,如图 6-12 所示。

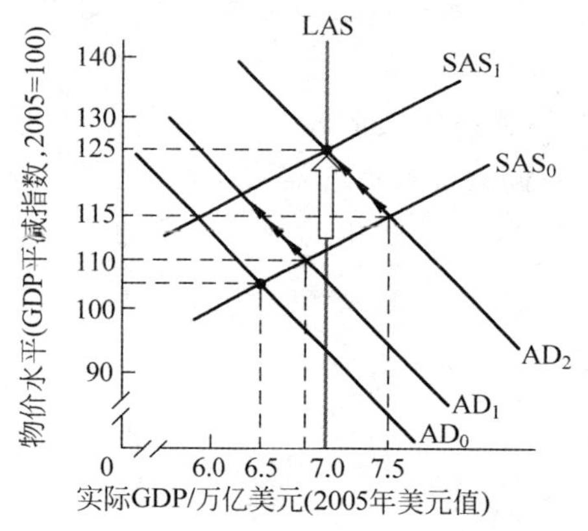

图 6-11 投入品价格上升对 SAS 的影响

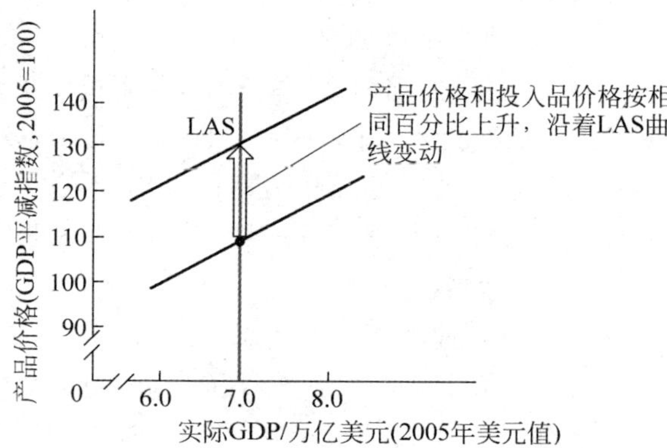

图 6-12 货币工资和物价水平同比例上升

从长期总供给曲线来看,如果物价水平与投入品价格同比例上升,SAS 曲线将沿着 LAS 移动,如图 6-12 所示;而生产能力(潜在 GDP)的改变会引起 LAS 曲线的移动。导致生产能力变动的因素主要包括充分就业的劳动量变动、资本量变动(增加),以及发生了技术进步。当潜在 GDP 变动时,通常会同时引起 SAS 曲线的移动,如图 6-10 所示。

第三节 总供求分析

一、短期与长期宏观经济均衡

前面已经讨论了 AD-AS 模型中的各种影响因素。可以使用该模型来分析实际 GDP 和价格水平的变化。如图 6-13 所示,当实际 GDP 需求量等于实际 GDP 供给量时,短期宏观经济均衡就会实现,但短期宏观经济均衡时不一定实现了充分就业。只有当短期总供给曲线和总需求曲线在长期总供给曲线上相交时，经济才处于充分就业水平。此时，企业在正常水平上运作，每个需要工作的人都有工作，除了结构性和摩擦性失业。通常把这种均衡称作长期宏观经济均衡。在长期均衡时，通过货币工资的调整，使就业量固定于充分就业水平。但是，经济并不经常处于充分就业的均衡状态。下面讨论导致经济偏离长期均衡的因素。

慕课 6-5
总供求分析

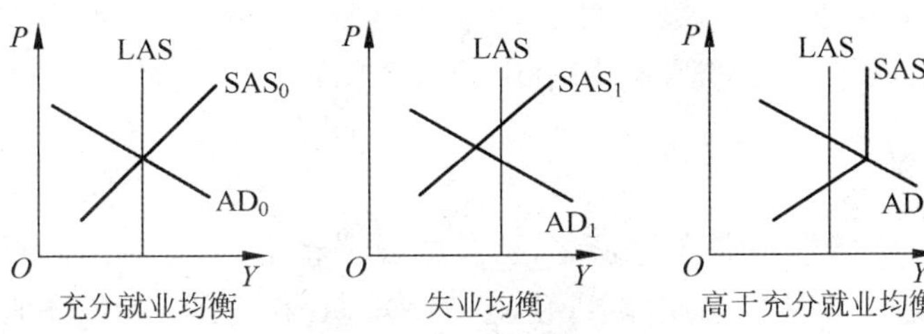

图 6-13　短期宏观经济均衡与充分就业

二、经济衰退、扩张和供给冲击

（一）经济衰退

如前所述，总需求有四个组成部分，四者之中任何一个减少都可能使总需求曲线向左移动，并引起经济衰退。经济衰退会使总需求曲线向左移动，从 AD_0 移动到 AD_1，如图 6-14 所示。经济从 A 点移动到新的短期宏观经济均衡，即 AD_1 与 SAS_0 的交点 B。在短期内，实际 GDP 下降并且低于潜在水平。如此低水平的 GDP 会使企业的收益率降低，并带来较高的失业率，经济会处于衰退状态。

推动经济回到潜在水平的力量会在长期内发挥作用。图 6-14 展示了经济怎样从衰退恢复到潜在 GDP 水平。AD 曲线的左移最初造成短期均衡价格水平下降，长期中由于

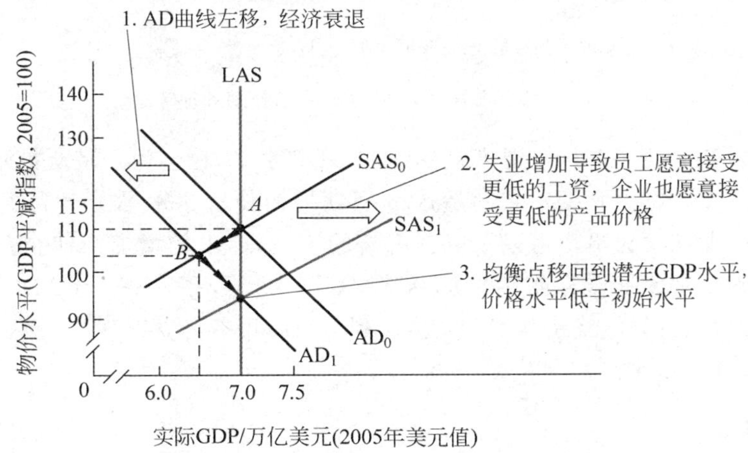

图 6-14　总需求减少的短期和长期效应

衰退造成的失业增加会使员工愿意接受更低的工资,需求的减少也会使企业不得不接受更低的产品价格。因此,SAS曲线会向右移动,从 SAS_0 移动到 SAS_1。在该点,经济会恢复长期均衡。经济从 SAS_0 移动到 SAS_1 并不会立即发生,需要几年经济才能恢复潜在GDP水平。结论是,总需求的下降在短期会造成经济衰退,而在长期只会造成价格水平的下降。这种经济恢复到潜在GDP水平的过程是自动调整机制发挥作用的结果,在该过程中,不需要政府的任何干预。除了等待自动调整机制来结束经济衰退(该过程所需时间较长)外,还有一种选择是政府通过使用货币政策和财政政策使AD曲线右移,从而更快地恢复到潜在GDP水平。是应该等待自动调整机制来结束经济衰退还是应该由政府运用货币政策或财政政策,是经济学家们争论的一个问题。

(二)经济扩张

假设企业的投资回报预期变得乐观,社会的投资将增加,这将引起总需求曲线向右移动,如图6-15所示,均衡从 *A* 点移动到 *B* 点。在短期内,实际GDP增加,价格水平提高,经济会处在高于潜在水平的位置:企业在超出正常能力的状态下运转,一些应处于结构性和摩擦性失业的人或者不在劳动力范围内的人被雇佣。

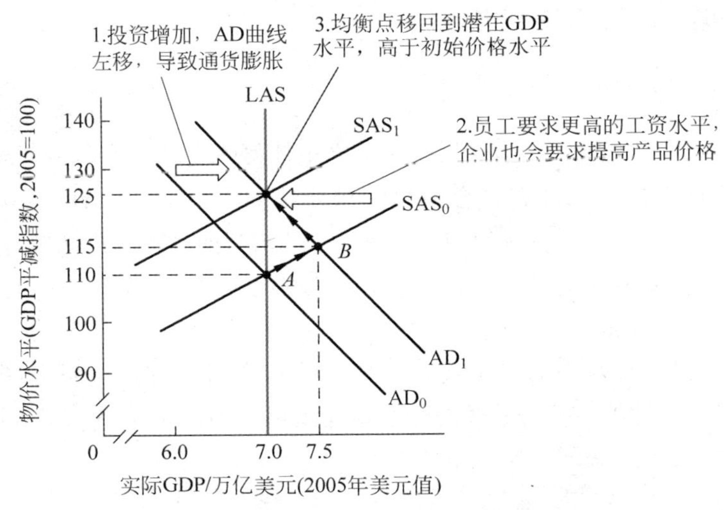

图6-15 总需求增加的短期和长期效应

自动调整机制会使经济从衰退恢复到潜在GDP水平,也会使经济从扩张恢复到潜在GDP水平。从 AD_0 移动到 AD_1 之初造成的短期均衡使价格水平上升到 *B* 点。由于经济扩张造成的失业减少让员工可以争取到更高的工资,需求的增加会使企业对产品制定更高的价格,因此SAS曲线会向左移动,从 SAS_0 到 SAS_1,在 SAS_1 与 AD_1 的交点,经济会恢复到长期均衡。同样,经济从 SAS_0 移动到 SAS_1 并不会立即发生,而是需要几年才能恢复到潜在GDP水平。

(三)供给冲击

供给冲击在短期内导致滞涨。假设石油价格大幅提高,这个供给冲击导致很多企业的成本增加，引起 SAS 曲线向左移动。如图 6-16(a)所示，价格水平在新的短期均衡点 B 处更高，但 GDP 变得更低，这种通货膨胀和经济衰退并存的情况被称为滞胀(stagflation)。

长期内经济会恢复到潜在 GDP。供给冲击造成的经济衰退会增加失业和减少产出，这最终会使员工愿意接受更低的工资，企业也愿意接受更低的产品价格。如图 6-16(b)所示，短期中总供给曲线从 SAS_1 移回 SAS_0，使经济从 B 点回到初始的 A 点。经济可能需要几年才能在原来的价格下重新达到潜在 GDP 水平，也可以通过货币政策和财政政策使总需求曲线向右移动。通过政策调整可以更快地使经济恢复到潜在 GDP，但是会造成价格的永久上升。

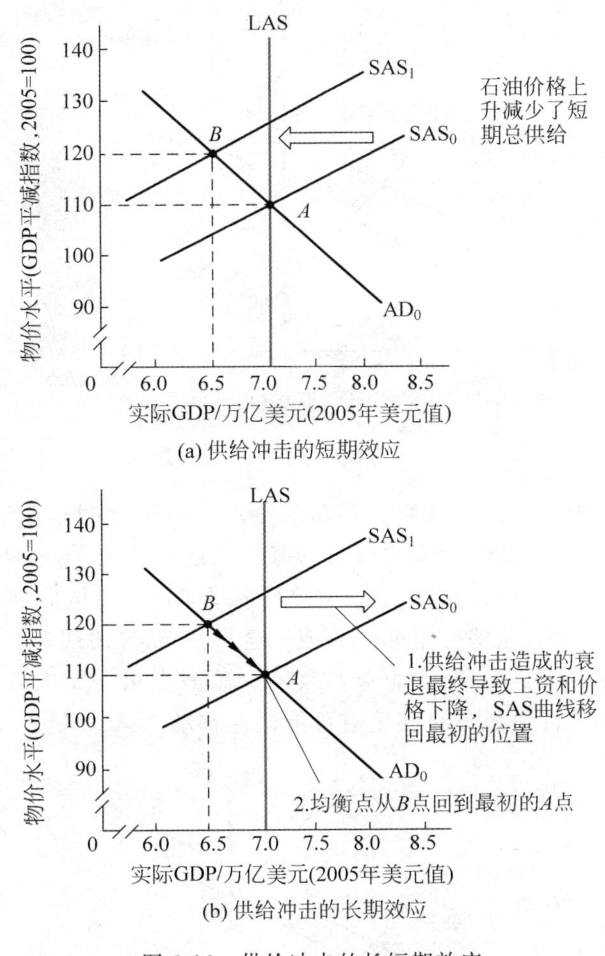

(a) 供给冲击的短期效应

(b) 供给冲击的长期效应

图 6-16　供给冲击的长短期效应

三、经济增长与通货膨胀：动态 AD-AS 模型

前面的总供求分析没有考虑长期经济增长，LAS 曲线被认为是静止不动的，即不存在长期性经济增长，这个假设与现实经济是不相符的。实际情况是，长期内潜在 GDP 会不断增长，在经济增长过程中往往伴随着持续性通货膨胀。考虑到长期经济增长的模型被称作动态总需求-总供给模型，动态 AD-AS 模型可以为实际 GDP 和价格变化提供准确

描述,如图6-17所示。在这个模型中,由于劳动量、资本存量增加及技术进步,导致潜在GDP增加,引起长期总供给曲线向右移动。同样的因素将增加企业在短期内愿意提供的产品和服务的数量,引起短期总供给曲线向右移动。随着人口增加和收入提高,消费也会增加;伴随着经济增长,企业将扩大生产能力,新企业也会不断建立,这都会增加投资需求;随着人口增加和经济扩张,对政府所提供服务的需求也在增加,如警察和教师的数量增加,因此政府购买也增加了。上述因素将引起总需求曲线向右移动。

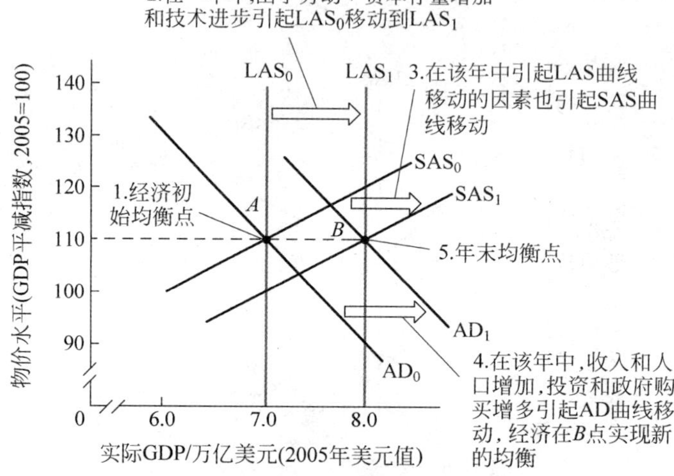

图 6-17 动态总需求和总供给模型

如果总需求曲线和总供给曲线向右移动的量正好等于长期总供给变化的数量,价格将仍然保持在初始水平,因此不会发生通货膨胀。在这种情况下,经济将经历无通货膨胀的增长,这并非典型情形。这是由于:第一,SAS曲线同样受工人和企业对未来价格变化的预期与供给冲击的影响,这些变量能部分或完全抵消SAS曲线在一年中对正常趋势线左右移动造成的偏差;第二,消费者、企业和政府会削减支出。支出减少会导致总需求曲线向右移动的距离比正常情况下小甚至有可能向左移动。

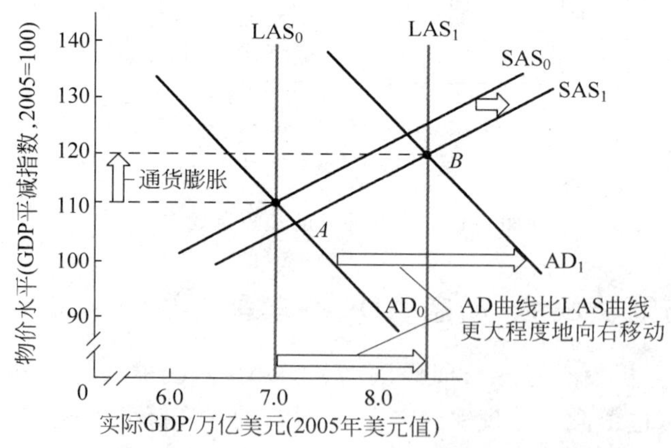

图 6-18 使用动态总需求-总供给曲线来理解通货膨胀

更为典型的情形是：由于经济中购买的增长快于总供给的增长，AD 曲线比 LAS 曲线向右移动的距离更大，而 SAS 曲线由于上述两方面的原因，抵消了推动 LAS 曲线右移的因素（包括技术进步、劳动力和资本存量增长）同时推动 SAS 曲线右移的作用，SAS 相比 LAS 曲线右移的距离更短，均衡点位于价格更高的 *B* 点，因此产生了通货膨胀，如图 6-18 所示。

案例 6-1
世界正经历第四次石油危机

第四节 物价水平与宏观经济政策：AD-AS 框架下的宏观经济政策效果

在收入-支出模型中（未考虑价格变动的影响），我们已经知道，如果自发支出增加将导致均衡产出的多倍增加，这种效应被称为乘数效应。财政政策和货币政策都具有乘数效应，但是当考虑到物价水平的影响时，政策的乘数效应会减弱。例如，当经济处于充分就业水平，而政府错误地认为失业率大于自然失业率，并采用扩张性财政政策来努力降低失业率时，政府支出的增加仍然对实际 GDP 有乘数效应，但是这种效应小于物价水平不变时的效应，即财政政策效果减弱。图 6-19 中，短期总供给曲线的斜率越大，物价水平的上涨就越大，对实际 GDP 的乘数效应也就越小。

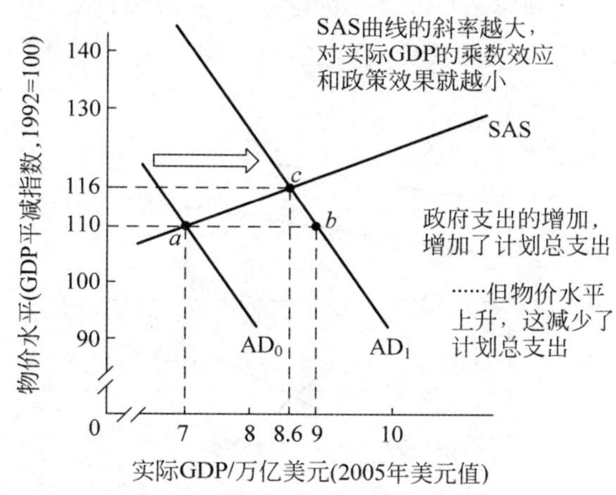

图 6-19 短期中的乘数和宏观政策效果

在长期中，人们对通货膨胀的预期会导致 SAS 曲线向左上方移动，直到使产出水平恢复到初始的潜在产出水平。总需求的增加不会改变实际 GDP，但会使物价水平上升，如图 6-20 所示。在长期中，乘数变为零。

在支出-收入（AE-NI）模型、IS-LM 模型和 AD-AS 模型中，乘数效应是逐渐减弱的，如图 6-21 所示。支出-收入模型只涉及产品市场，政府支出增加会导致实际产出的多倍增加；IS-LM 模型涉及产品市场和货币市场，政府支出增加会导致利率上升，从而挤出私

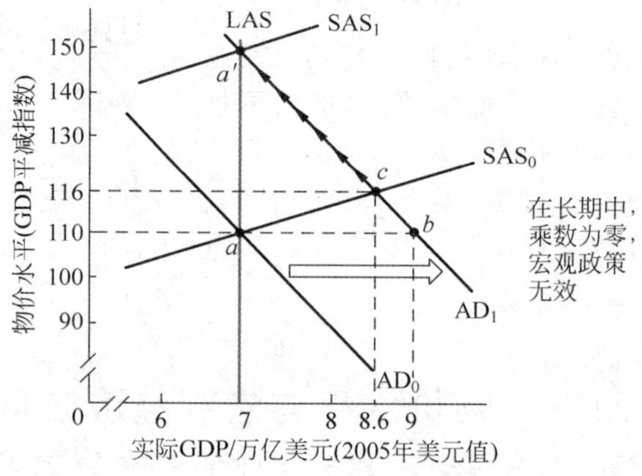

图 6-20 长期中的乘数和宏观政策效果

人投资，均衡产出水平从 Y_4 降为 Y_3，乘数效应变弱；除了产品市场和货币市场，AD-AS模型还涉及劳动力市场，根据凯恩斯的货币工资刚性模型，劳动力市场并非完全竞争性的，因此常规的 AS 曲线是向右上方倾斜的，从而使均衡产出水平从 Y_3 进一步降低到 Y_2，乘数效应则被进一步削弱。在两种极端情形下，AS 曲线成为垂线或是水平线。根据古典主义理论，劳动力市场是完全自由竞争的，AS 曲线是位于充分就业产出的一条垂线，此时乘数效应变为零。如果不考虑劳动力市场的影响，像 IS-LM 模型中所分析的，实际产出是由总需求决定的，这实际上隐含地假定 AS 曲线是一条水平线。整体来看，图 6-21显示了三个宏观经济模型的关系，总供求模型包容性最大，是封闭经济的最后完成模型。但是，产出和价格水平还要受对外经济的影响，这通过 IS-LM-BP 模型来描述。

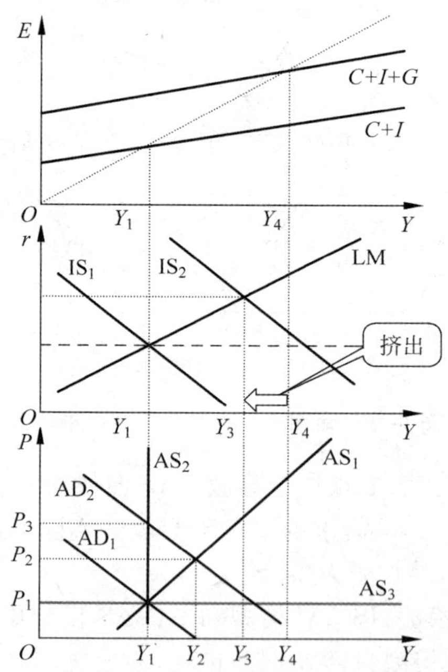

图 6-21 AE-NI 模型、IS-LM 模型和 AD-AS 模型的比较

本章基本概念

总需求　总供给　总量生产函数　实际工资　名义工资　古典主义的总供给曲线　凯恩斯萧条模型的总供给曲线　凯恩斯货币工资刚性模型　货币中性　货币幻觉　工资刚性

自　测　题

即测即练

扫码答题

复习与思考

1. 给出 AD 曲线的推导：几何法和代数法。
2. 说明 AD 曲线的斜率和变动。
3. 解释总需求曲线向下倾斜的原因。
4. 说明 AS 曲线的不同形状分别对应何种经济条件。
5. 说明 AS 曲线的变动。
6. 用 AD-AS 模型分析短期与长期均衡以及经济受到外部冲击后的调整。
7. 利用动态总需求-总供给模型解释滞胀。
8. 说明 AD-AS 框架下的乘数效应与政策效果。
9. 比较 AE-NI 模型、IS-LM 模型、AD-AS 模型(从市场状况、假设条件、研究内容、坐标轴入手)。
10. 已知总供给曲线为 $Y_s=500P$，总需求曲线为 $Y_d=600-50P$(单位：亿元)。

(1) 求供求平衡点；

(2) 如果总需求上升 10%，求新的供求平衡点；

(3) 如果总需求曲线不变，总供给上升 10%，求新的供求平衡点。

第七章

失业与通货膨胀

从上一章中可以看到，总需求曲线与总供给曲线未必相交于充分就业之点，即使二者偶然相交于充分就业之点，二者的向左或向右移动也可能造成失业或(和)物价的持续上涨，即通货膨胀。从现实情况看，总需求和总供给由于经常受外界的干扰而处于变动中。也就是说，宏观经济经常遭受失业和通货膨胀的冲击。本章将对失业和通货膨胀的相关研究成果进行较为系统的说明。

第一节　失业的描述

宏观经济学研究的一个基本问题是如何实现资源的充分利用。劳动力是最重要的资源，失业意味着劳动力处于没有工作的闲置状态，会带来多方面的经济和社会问题。

一、失业者与失业率

根据国际劳工组织(International Labor Organization，ILO)的定义，失业者是指在一定年龄范围内，有工作能力、愿意工作，正在找工作但仍没有工作的人。失业人数和就业人数之和为劳动力人数。失业率是劳动力中失业人数所占的比率。处于工作年龄的人口分为劳动力和非劳动力。劳动力参工率是工作年龄人口中劳动力所占的百分比。就业-人口比率是工作年龄人口中有工作者所占的百分比。不属于劳动力的人主要包括退休者、家庭生产者、全日制学生、在监狱中服刑者及精神病患者等。那些有工作能力但没有积极寻找工作的人，被称作丧失信心的工人，这些人也不属于劳动力。虽然失业者的定义很简单，但由于就业人口、失业人口和非劳动力人口三者之间存在不断流动的关系，观察和判断实际失业人口并不容易。还需要指出的是，劳动量不能用就业人数衡量，而应该用总劳动时数衡量，这是因为不同的就业者，工作时间有很大差别。

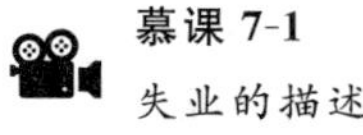

对失业者虽然存在基本一致的定义，但并不能保证不同国家能提供具有完全可比意义的失业率数据。在定义劳动力年龄界限、满足寻找工作条件的频率(一定时期寻找的次数)标准等方面，都存在国别差异。此外，各国失业数据来源也不同：一些国家采用住户调查方式获得信息，一些国家利用领取失业救济的人数等社会保险数据，还有的国家利用官方就业数据和劳动力数据来推算失业数据。

二、失业类型

宏观经济学通常将失业分为摩擦性失业、结构性失业和周期性失业三种类型。

摩擦性失业(frictional unemployment)是指人们在不同的地区、职业或生命周期的不同阶段不停地变动工作而引起的失业,与劳动力市场短期变动相联系。实际生活中,工作机会和人们的择业行为不断变动。这些人通常能找到新工作,但是由于劳动力市场信息不完全,找到新工作需要一段时间,所以总会有一部分人处于这种"转岗之间"的失业状态。它是由于正常的劳动力流动,人们进入或离开劳动力市场,以及工作岗位的创造与消失而产生的,是一个动态的增长经济中长期且正常的现象("跳槽"现象)。也就是说,在一个动态的经济中,总有一部分人或自愿或被迫离开原来的地区和职业,从离开旧工作到找到新工作之间总有一段时间间隔。这一时期中,这些人处于失业状态。

结构性失业(structural unemployment)是指不是由于局部的市场波动或个别企业经营不善,而是由于某个行业的衰落或某种技术的废弃而产生的失业,如夕阳产业与朝阳产业此消彼长、技术进步或国际竞争改变了工作所需技能和工作地点。一般来说,随着经济结构(包括产业结构、产品结构、地区结构等)的调整,对劳动力的需求会发生结构性变化,但劳动力的供给由于各种限制条件而无法相应地迅速作出调整。这表现为,劳动力的供求在总量上也许是平衡的,但在结构上不一致造成的失业:一方面有人找不到工作,另一方面又存在空缺的工作岗位找不到合适的工作人员。例如,20 世纪 70 年代后期我国经济社会逐步对外开放,对英语人才的需求上升而对俄语人才的需求下降;随着体制改革推进和市场经济发展,企业对 MBA 管理人才的需求上升而对政工宣传人员的需求下降。结构性失业持续的时间明显长于摩擦性失业。这是因为劳动力供给结构的调整需要时间,如工人通常必须接受再培训,或者需要到其他地方找工作。例如,某钢铁厂实行自动化生产后,一些工人会失业,而在另一些城市可能会出现人寿保险推销员、房地产推销员等新的工作岗位。结构性失业量在一国经济结构变动时期将非常大。

周期性失业(cyclical unemployment)又称总需求不足的失业,是由于总需求不足而引起的短期非自愿失业,它表现为实际的总需求低于充分就业的水平,通常出现在经济周期的萧条阶段。这种失业与经济中的周期性波动是一致的。在复苏和繁荣阶段,各企业争先扩充生产,就业人数普遍增加。在衰退和谷底阶段,由于社会需求不足,前景暗淡,各企业又纷纷压缩生产,大量裁减雇员,形成令人头疼的失业大军。

三、自然失业率和自然就业率

在上述三种失业中,摩擦性失业和结构性失业通常称为自愿的失业,它们虽然可以通过加强工作信息传递和技术培训等措施而减少,却不可能根本消除。由于局部的市场波动和个别企业经营不善,以及每年都会有一部分人转换工作,摩擦性失业不可能被消除。同时,由于技术会不断进步,产品会不断更新,总会造成一些旧技术被废弃,使旧行业衰落。因此,结构性失业也是不可能被消除的正常失业。只有需求不足的失业(非自愿的失业)可以通过政府的努力加以消除。西方经济学家认为,只要消除了需求不足的失业,没有非自愿失业的存在,国民经济就算达到了充分就业状态。

自然失业不包括周期性失业。自然失业率是经济社会在正常情况下的失业率,也是劳动力市场处于供求稳定状态时的失业率。这里的稳定状态被认为是既不会造成通货膨胀也不会导致通货紧缩的状态。充分就业状态下的失业率被称为自然失业率,等于摩擦性失业率加上结构性失业率。依据自然失业率的概念,即便资源得到充分利用,实现了充分就业,也不等于没有失业。“充分就业”和“自然失业率”是经济术语与日常用语不一致的例子。对于大多数人,特别是失业工人来说,没有什么失业是自然的,而经济学家把存在大量失业的情况仍称为充分就业,是由于经济结构始终在变动,这种变动过程引起不可避免的摩擦性和结构性失业。经济学家在有关自然失业率的大小及其波动的范围等问题上存在分歧。当实际 GDP 围绕潜在 GDP 波动时,失业率也围绕自然失业率波动。

在充分就业状态下,失业率并不等于零。它相当于摩擦性失业率与结构性失业率之和。这就是“充分就业的失业率”概念。

充分就业的失业率=摩擦性失业率+结构性失业率

与自然失业率相联系的一个概念是自然就业率,其含义是与自然失业率相对应的就业率,即充分就业量除以劳动力总量所得到的比率。按照这一界定,一个经济的自然失业率与自然就业率之和显然为100%。实际上,二者是一回事,在一些西方文献中,在不会产生混淆的情况下,将它们统称为自然率。

在宏观经济学中,自然失业率及充分就业的国民收入等概念通常被看作不同经济状态的分水岭。

第二节 失业的影响与奥肯定律

为什么失业是一个问题?经济学研究的基本问题是如何有效配置稀缺资源,实现经济快速增长,提高社会成员的经济福利。劳动力是最重要的资源,失业意味着劳动力处于没有工作的“闲置”状态,并且会带来多方面的经济和社会问题。因此,从古典经济学到现代经济学都一直把失业作为一个重大问题来研究。失业过多会对经济造成许多负面影响。一是造成经济损失。失业是一种人力资源的浪费,不仅给失业者本人带来经济损失,过高的失业率还会导致社会总产出和财富的浪费。二是导致社会问题。失业会给当事人及其家庭造成精神和心理伤害,这种伤害积累到一定的程度,有可能导致犯罪增加等社会问题。三是引发政治问题。失业率过高时,大量失业者会成为一种社会不安定因素,有可能危及政局稳定。失业问题是任何国家都会面临的一个问题,无论发达国家还是发展中国家,各届政府都将降低失业率作为政策目标之一。

慕课 7-2
失业的影响与奥肯定律

需求不足导致失业的理论假设,意味着经济增长率与失业率在定性意义上存在相反关系:总需求强劲,增长率高时,失业率低。经济增长率与失业率之间还存在某种数量关系。美国经济学家阿瑟·奥肯对美国经验数据进行了分析,发现经济增长率与失业率变动之间存在下述关系:

$$\frac{Y-Y_f}{Y_f}=-a(u-u^*) \tag{7-1}$$

其中，Y 为实际产出，Y_f 为潜在产出，u 为实际失业率，u^* 为自然失业率，a 为大于零的参数。

a 通常为等于 2 或者 3 的常数。如果 a 为 2，奥肯定律可以表述为：失业率每高于自然失业率 1 个百分点，实际 GDP 将低于潜在 GDP 2 个百分点。或者说，相对于潜在 GDP，实际 GDP 每下降 2 个百分点，实际失业率就会比自然失业率上升 1 个百分点。西方学者认为，奥肯定律揭示了产品市场与劳动力市场之间极为重要的联系。它描述了实际 GDP 的短期变动与失业率变动的联系。根据奥肯定律，可以通过失业率的变动推测或估计 GDP 的变动，也可以通过 GDP 的变动预测失业率的变动。例如，如果实际失业率为 8%，高于 6%的自然失业率 2 个百分点，则实际 GDP 将比潜在 GDP 低 4%左右。奥肯定律的一个重要结论是，实际 GDP 必须保持与潜在 GDP 同样快的增长，以防止失业率的上升。如果政府想让失业率下降，那么该经济社会的实际 GDP 增长必须快于潜在 GDP 的增长。

第三节　失业的经济学解释

失业现象从表面上看是过多的劳动者在追逐过少的工作岗位。为了更好地理解失业问题，西方学者从劳动的需求和供给分析框架进一步对失业现象作出了解释。图 7-1 中，横轴为劳动数量，纵轴为劳动价格，即工资率。DD 为劳动需求曲线，SS 为劳动供给曲线。

慕课 7-3
失业的经济学解释

图 7-1(a)描述的是竞争性的劳动需求和供给的一般情况。市场均衡点为 E 点，工资水平为 W^*。在竞争性的、市场出清的均衡状态下，企业愿意雇佣接受市场工资水平为 W^* 的合格工人，雇佣数量为 N_E。在 W^* 的工资水平上，另有数量为(N^*-N_E)的工人，他们虽然愿意工作，但却要求较高的工资。由于这部分工人不愿意在现行的市场工资率下工作，所以他们被认为是自愿失业的。在现行工资率下，自愿失业者可能更偏好闲暇或其他活动，而不是工作。他们可能属于摩擦性失业，

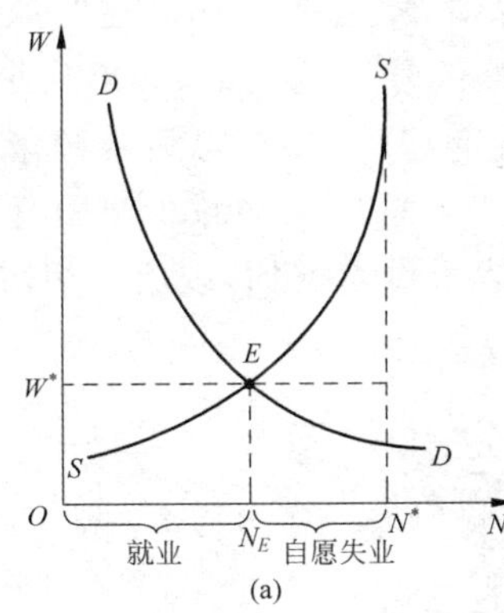

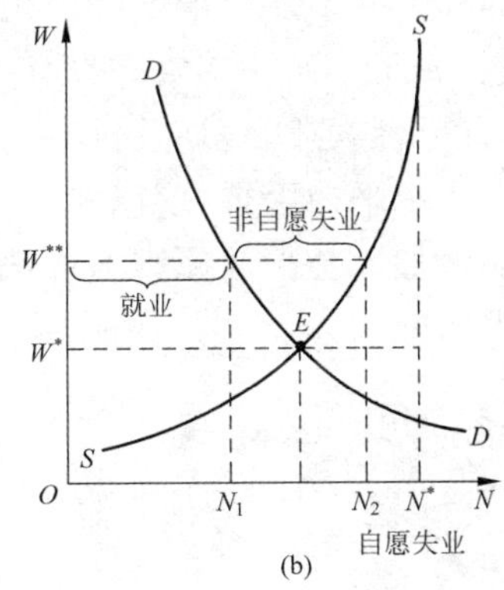

图 7-1　失业的解释

也可能正在寻找第一份工作;他们可能是生产率较低的劳动力,相对于较低收入的工作,他们更愿意享受福利和失业保险。

如图 7-1(a)所示的竞争性劳动力市场意味着工资是有伸缩性的,即名义工资可以灵活调整,从而时刻保证劳动力市场的需求和供给相等,因此失业率总是等于自然失业率,即依靠有伸缩性的工资的调节,可以实现充分就业。劳动力市场上的失业属于自然失业。这种失业是由于产业结构变动、劳动力市场信息的不完全性、人们寻找更好工作的愿望等难以克服的原因引起的。这种失业的存在与工资决定没有直接联系,而与劳动力市场的流动性直接相关。由这种失业理论得出的结论是:政府用经济政策来减少失业是无效的。因为劳动力市场上的劳动力流动及引起自然失业的各种原因并不是政府政策所能克服的。因此,有伸缩性工资理论的支持者是主张自由放任的经济学流派,货币主义正是持这种观点的代表。

图 7-1(b)显示的是非出清的劳动力市场情况,它用来说明没有没有伸缩性的工资(黏性工资)怎样导致非自愿失业。一次经济波动使劳动力市场工资过高,劳动的价格是 W^{**} 而不是均衡工资或市场出清的工资 W^{*}。在过高的工资率下,寻找工作的合格工人的数量大于提供的工作职位数。愿意在工资 W^{**} 下工作的工人数量是 N_2,而企业愿意雇佣的数量则为 N_1。由于工资高于市场出清水平,于是出现劳动供给过剩,用 N_2-N_1 表示这部分非自愿失业者的数量。在劳动供给过剩的情况下,企业雇佣劳动者时将会提出更严格的技能要求,雇佣最有资格、最有经验的劳动者。

不同于有伸缩的工资理论,黏性工资理论认为失业的波动主要来自工资决定机制,而不是自然失业率的变动。这样,总需求管理就可以减少失业波动的程度。通过使总需求稳定增长,并使物价水平接近预期的水平,经济就可以接近充分就业水平。黏性工资理论的支持者主张国家干预经济,凯恩斯主义正是持这种观点的。

上面介绍的两种理论代表了关于失业的两种观点,这两种观点对于宏观经济稳定政策的设计和实行有着截然不同的看法。如果实际工资的伸缩性足以保证所有的失业都是自然失业而且是自愿性失业,那么总需求政策就不起什么作用了。只有一条总供给曲线——垂直的长期总供给曲线,实际国民生产总值、就业与失业的波动都与这条垂直的总供给曲线的移动相关。货币政策与财政政策都只能影响总需求,并使总需求曲线移动。但总需求曲线的移动并不能影响实际国民生产总值、就业与失业。这些政策只能影响物价水平,引起通货膨胀。而在工资并没有充分的伸缩性的情况下,如果某些失业产生于黏性工资,属于非自愿性失业,短期总供给曲线向左上移动,那么总需求政策就能够发挥作用。通过对总需求水平的管理,可以实现充分就业。总需求的减少将引起实际国民生产总值减少和失业增加。至少从原则上说,适当的货币供给增加、政府购买增加和减少税收可以抵消总需求的减少。

案例 7-1
新冠疫情下美国失业率创大萧条以来最高值

慕课 7-4
通货膨胀的描述

第四节　通货膨胀的描述

一、通货膨胀的定义

当一个经济中的大多数商品和服务的价格连续在一段时间内普遍上涨时，这个经济就被认为出现了通货膨胀。严格地说，宏观经济学中的通货膨胀是指一定时期内，经济中一般物价水平的持续且较为明显的上升。根据这个定义，个别商品价格上涨不能算作通货膨胀，只有大多数商品和服务的价格上涨才算通货膨胀；价格水平的暂时性或一次性上涨，或是有升有降的上涨，也不能称作通货膨胀，只有普遍、持续的物价上涨才能称作通货膨胀；而且，价格水平的微小上涨，如以每年0.5%的速率上涨，同样不能称作通货膨胀。

如何理解与衡量大多数商品和服务价格的普遍上涨呢？考虑到现实经济中有成千上万种商品和服务，一些商品和服务的价格上涨的同时，另一些商品和服务的价格可能在下降，也许还有一些商品和服务的价格保持不变。此外，各种商品和服务的价格涨跌幅度也不尽相同，面对这些复杂情况，宏观经济学必须找到一种能代表一般物价水平的价格，以便对通货膨胀的情况进行说明和计算。

二、价格水平与通货膨胀率

宏观经济学一般用价格水平来描述整个经济中的各种商品和服务的价格的总体平均数。在理论分析中，价格水平是一个抽象概念，用来概括种类繁多的产品价格。一般价格水平的变动泛指产品市场上物价的普遍变动趋势。由于一般价格水平代表产品市场上的总物价水平，因此宏观经济学不能像微观经济学那样只把供求关系作为分析的对象，而要把货币供给量也加入供求关系的分析，以说明一般价格水平的决定因素。凯恩斯批评了古典学派的“二分法”，即将价格论、分配论亦即供求均衡分析与货币理论分割开。凯恩斯将供求均衡分析与货币理论结合起来，而这正是宏观经济学所要求的。

在实际国民经济统计中，物价总水平是由价格指数来反映的。价格指数是以基期或报告期产量为权数计算的报告期价格与基期价格之比。世界上较为流行的价格指数有三个：消费者价格指数(consumer price index，CPI)、生产者价格指数(producer price index，PPI)和GDP平减指数(GDP deflator)。GDP平减指数已在第二章做了介绍，这里不再赘述，主要介绍CPI和PPI。

(一) 消费者价格指数(CPI)

消费者价格指数(CPI)测量了一般家庭在代表性商品和服务上的成本支出，有时也被称为生活成本指数。它是通过有选择地选取一组(相对固定的)商品和服务，然后比较按当期价格购买它们所需花费与按基期价格购买它们所需花费，用公式表示为

$$\text{CPI}=\frac{\text{一组固定商品按照当期价格计算的价值}}{\text{一组固定商品按照基期价格计算的价值}}\times 100 \tag{7-2}$$

对于CPI这个经济数据，人们通常更关心它的变动幅度，即一个百分比，这就让并不

十分了解经济学的人误以为CPI就是一个变动率。但实际上,CPI在通常情况下是一个大于100的整数,即一系列参考商品的价格相对于基期时的价格的一个相对价格,而不是一个变动率数值。CPI告诉人们的是,对普通家庭来说,购买具有代表性的一组商品,在今天要比过去某一时间多花费多少。例如,若2015年某国普通家庭每个月购买一组商品的费用为800元,而2020年购买同一组商品的费用为1 000元,那么该国2020年的消费价格指数为(以2015年为基期)CPI= 1 000/800×100=125,也就是说上涨了25%。

从2001年起,中国采用国际通用做法,逐月编制并公布以2000年价格水平为基期的居民消费价格指数,作为反映中国通货膨胀(或紧缩)程度的主要指标。经国务院批准,国家统计局城调总队负责全国居民消费价格指数的编制及相关工作,并组织、指导和管理各省(区、市)的消费价格调查统计工作。根据全国城乡近13万户居民家庭(城镇近6万户、农村近7万户)消费支出构成资料及有关规定确定,中国编制价格指数的商品和服务项目目前共包括食品、烟酒及日用品、衣着、家庭设备用品及维修服务、医疗保健及个人用品、交通和通信、娱乐教育文化用品及服务、居住八大类262个基本分类,约有600种商品和服务项目的代表规格作为经常性调查项目。居民消费价格指数的资料来源于31个省(区、市)共500个调查市县的5万个价格调查点,包括商业业态、农贸市场,以及医院、电影院等提供服务消费的单位。

在选择代表规格品时通常遵从以下原则:

(1) 消费数量较大,供应相对稳定,价格易于采集。例如,某调查点常年销售某洗发液,销售资料显示该洗发液销量较大,因此选取该洗发液作为个人用品类中的洗发用品的代表规格品。

(2) 价格变动趋势和变动程度有较强的代表性,即选中规格品的价格变动特征与未选中规格品之间价格变动的相关性越高越好。例如,食用植物油制品中选中甲牌食用调和油,未选中乙牌食用调和油,而市场反映这两种商品的价格上涨一般是连动的,一种的价格上涨会带动另一种的价格上涨。

(3) 选中的工业消费品必须是合格产品,产品包装上有注册商标、产地、规格等级等标识。

对于升级换代比较快的工业产品,在实际操作中,为保证选取的规格品有代表性,代表规格品一般固定。如果该规格品年中失去代表性或完全从市场上消失,就必须进行更换。在充分听取相关生产企业及销售人员意见的基础上,及时选取另一种有代表性的规格品进行替代,不允许也不会出现长期选用失去代表性或已被淘汰产品的情况。

CPI中的权数是指每一类别商品或服务项目的消费支出在居民全部商品和服务项目总消费支出中所占的比重。中国CPI中的权数,主要是根据全国13万户城乡居民家庭各类商品和服务项目的消费支出详细比重确定的。这些资料可以在国家统计局公开编辑出版的有关年鉴中查到。一般来说,保持权数在一个时期内的相对稳定有利于消除因权数频繁调整的结构性因素对指数的影响,使指数能更好地反映一定时期内的"纯价格"变动。但科技进步促使居民的消费结构和消费品的更新换代日益加快,客观上又要求对权数进行及时更新以使指数更客观地反映居民消费价格的当期变动。鉴于此,中国在确定每五年对产品分组目录及其权数进行全面更新的基础上,每年均根据居民消费支出变动情况对权数进行及时调整和修正。

（二）生产者价格指数(PPI)

生产者价格指数是用来衡量生产者在生产过程中所需采购品的物价状况，因而这项指数包括原材料、中间品和产成品等（美国约采用 3 000 种东西）三个生产阶段的物价资讯。因此，生产者价格指数并不仅仅是一个指数，而是一族指数，是生产的三个渐进过程中每一个阶段的价格指数。从理论上说，生产过程中所面临的物价波动将反映在最终产品的价格上，观察 PPI 的变动有助于预测未来物价的变化情况，因此除了 GDP 平减指数和 CPI，政府同样会计算生产者价格指数。

目前，我国 PPI 的调查产品有 4 000 多种，覆盖全部 39 个工业行业大类，涉及调查种类 186 个，大部分为原材料和机械、电子、化工、纺织产品等生产资料，其中 1/3 为用于居民最终消费的生活资料。

CPI、PPI 及 GDP 平减指数的计算方法基本相同，都是各种商品的价格变化程度的加权平均，只不过每一种价格指数计算中选择的商品篮子不一样。计算消费者价格指数时，商品篮子中包含的是典型市民的消费篮子。所以，消费者价格指数又称生活成本指数。计算生产者价格指数时，选取的商品篮子中包含的是生产资源。GDP 平减指数则是一个更具综合性的指数，其计算中选取的商品篮子既包含消费品，也包含生产资源。可以说，CPI 是一个同步经济指标，PPI 是一个先行经济指标。一般来说，生产者价格指数领先于经济 3 个月到半年，消费者价格指数滞后于经济 3 个月到半年。CPI 可以显示目前经济状况，而 PPI 可以显示未来经济状况。PPI 计算的是企业出售的价格，而 CPI 计算的是消费者购买的价格。

有了价格水平（价格指数）这一概念就可以计算通货膨胀率，从而更准确地把握通货膨胀的程度。通货膨胀率被定义为：从一个时期到另一个时期价格水平变动的百分比。用公式表示为

$$\pi_t = \frac{P_t - P_{t-1}}{P_{t-1}} \tag{7-3}$$

其中，π_t 为 t 时期的通货膨胀率；P_t 和 P_{t-1} 分别为 t 时期和 $t-1$ 时期的价格水平。如果用消费者价格指数来衡量价格水平，则通货膨胀率就是不同时期的消费者价格指数变动的百分比。假定一个经济的消费者价格指数从去年的 100 增加到今年的 127，那么这一时期的通货膨胀率为

$$\frac{127-100}{100} = 27\%$$

专栏：价格水平下降要好于价格水平上升吗？

物价水平下降即通货紧缩似乎要好于通货膨胀，因为价格水平下降会鼓励消费者增加对商品和服务的购买，然而事实上，通货紧缩往往会对消费者产生相反的影响。面对价格下降，许多消费者将等待价格的进一步下降，从而导致消费者减少支出。1929 年在西

方国家发生的大萧条造成了严重的通货紧缩。通货紧缩不仅导致许多消费者推迟购买，而且加重了借款人的负担。因为在通货紧缩时价格水平的变化为负值，而实际利率等于名义利率加上价格水平的变化率，从而使实际利率高于名义利率几乎一倍以上。20世纪30年代早期高企的实际利率严重损害了房屋持有人与企业贷款人，也加重了大萧条的危害程度。

三、通货膨胀分类

（一）按价格水平上升速度划分

1. 爬行式

价格总水平上涨的年率不超过2%～3%，而且在经济生活中没有形成通货膨胀预期。这是可以被社会所接受的，属于正常的物价上升。

2. 温和式

价格总水平上涨比爬行式高，但又不是很快，具体百分比没有统一比率，但通常是在3%以上100%以内。这种通货膨胀一般不会对经济和社会生活造成重大影响。大多数国家都经历过这种通货膨胀。

3. 奔腾式

物价上涨率超过100%，且发展速度很快。这种程度的通货膨胀已经对经济和社会生活产生重大影响，甚至出现挤提银行存款、抢购商品等引发市场动荡的现象，如果不坚决控制，就会导致物价进一步大幅上升，酿成恶性通货膨胀的后果。

4. 恶性通货膨胀

恶性通货膨胀亦称超级通货膨胀，是指物价上涨率超过1 000%，且呈加速趋势，开始成倍增长。这一程度的通货膨胀已经严重破坏了正常的生产流通秩序和经济生活秩序，开始动摇社会安定的基础，最后容易导致整个货币制度的崩溃。这一程度的通货膨胀多发生在战争、社会变革、政治动荡时期的国家和地区。例如，一战后的德国、二战后的中国和20世纪80年代的巴西都出现过类似的情况。

还有分成五类的：一是爬行的通货膨胀，每年物价上升比例为1%～3%；二是温和的通货膨胀，每年物价上升比例为3%～6%；三是严重的通货膨胀，每年物价上升比例为6%～9%；四是飞奔的通货膨胀，每年物价上升比例为10%～50%；五是恶性的通货膨胀，每年物价上升比例超过50%。

（二）按不同商品价格上涨的差异划分

1. 平衡的通货膨胀

每种商品的价格均按同一比例上升，包括各种生产要素的价格，如劳动的价格（工资）、土地的价格（租金）和资本的价格（利率）等。实际上，各种商品的价格按相同的速度和相同的比例上升的情况在现实经济生活中是极少出现的，因此平衡的通货膨胀在现实生活中更像是一种巧合。

2. 非平衡的通货膨胀

多数情况下，通货膨胀都表现为非平衡的通货膨胀，即在经济中各种商品的价格按不同比例上涨的通货膨胀。这是一种常见且多发的通货膨胀。因为不同商品和服务的价格毕竟受不同因素的影响，在现实生活中，甲商品价格上升的幅度可能会高于乙商品价格上升的幅度，消费品价格上涨的幅度可能会高于投资品价格上涨的幅度。当然，也有可能出现某些商品价格上升而另外一些商品价格下降的情形。

（三）按人们对物价上涨的预期划分

1. 可预期的通货膨胀

预期是一种心理，是人们对于未来的经济状况所作的判断。可预期的通货膨胀是指在较平稳的经济运行过程中，价格水平年复一年地按照某一比例或幅度上升，因而该国国民根据这一上升比例可以预测到未来一年的价格水平，并根据所预测的价格水平调整自己的消费行为和储蓄行为。在存在可预期通货膨胀的情况下，由于每个人都将价格上涨的因素考虑在预算收入和预算支出中，势必造成该国商品和服务的价格与工资、利息、租金、利润等同比例提高。因此，可预期的通货膨胀具有自我维持的特点。由于这一特点，价格水平的上涨有点像运动着的物体都存在惯性，因此人们又将可预期的通货膨胀称为惯性通货膨胀。

2. 不可预期的通货膨胀

然而，并不是所有的通货膨胀都是可以预期的。在一个开放的世界中，由于影响价格水平变动的因素多种多样，而且变化莫测，大多数情况下，通货膨胀都是不可预期的。没有人能够料到，俄罗斯在 1992 年放开价格水平后 5 年内价格水平居然会上升 1 000 倍。不可预期的通货膨胀如果出现，通常会对收入和财富进行再分配，改变收入和财富在人们之间既定的分配比例。一些人可能因此而变得富裕，另一些人则可能因此而变得贫穷。

（四）按市场机制的作用划分

1. 公开型通货膨胀

公开型通货膨胀是指价格总水平明显地、直接地上涨的通货膨胀。这是市场经济条件下通货膨胀的一般表现形式。由于市场经济发达的国家价格很少受到限制，当货币供应超过需求，社会总需求大于社会总供给时，就会直接且明显地表现为物价的上升。

2. 隐蔽型通货膨胀

隐蔽型通货膨胀表现为货币工资没有下降，物价总水平也未提高，但居民实际消费水平却下降的趋势。此时，商品供不应求的现实通过准价格形式表现出来，如黑市、排队、凭证购买、有价无货、价格不变但质量下降。这主要是因为经济中已经积累了难以消除的总需求大于总供给的压力，但政府依然采取管理和冻结物价、对商品销售进行价格补贴、对购买行为进行限量控制等措施，使通货膨胀的压力不能通过物价上涨释放出来。在排斥市场经济、实行单一行政计划管理体制时期的苏联及东欧各国都不同程度地存在过隐蔽型通货膨胀。

第五节 通货膨胀的成因

一、通货膨胀的货币数量说

从字面上看,"通货"指流通中的货币,包括纸币和硬币,"通货膨胀"表示流通中的货币过量增长。货币过多必然导致物价水平上涨和货币贬值,从货币数量过多角度解释通货膨胀现象,就是货币数量论的主要内容。根据这一理论,经济中存在的货币供应量决定了货币价值和物价水平,因而货币量增长是通货膨胀的主要原因。现代货币数量论和货币学派创始人美国经济学家弗里德曼有一句名言:"通货膨胀永远而且到处是一种货币现象。"传统的货币数量说可以用如下恒等式表达:

慕课 7-5
通货膨胀的成因

$$MV = PY \tag{7-4}$$

其中,P 代表物价水平,M 代表货币供应量,Y 代表实际 GDP,V 是交易总额与货币数量之比,即货币流通速度,表示一年内一个国家货币存量用于购买经济中产出量的平均次数。

这一恒等式表明:货币量与货币流通速度的乘积等于价格与交易数量的乘积。它经常被看作货币数量论的标准表达式,说明经济中货币供应量上升,必然与其他三个变量的变动相联系:物价上升、产出上升、流通速度下降;或者表现为三者变动的某种组合。

通过变换公式,可得到表示价格的货币数量论:$P=MV/Y$。这一表达式最能体现古典经济学的主流理论立场,这些理论通常相信货币流通速度大体是稳定的,因而货币量上升除非等比例地被真实产出上升所吸收,一定会表现为物价变动。由于真实产出变动比较有规律,而且在较短时期内变动幅度也比较有限,因而货币量短期内的较大变动必然会与物价水平变动具有紧密联系。

对上式取自然对数:

$$\mathrm{Ln}M + \mathrm{Ln}V = \mathrm{Ln}P + \mathrm{Ln}Y$$

对时间 t 求微分,进一步变形:

$$\frac{\dot{P}}{P} = \frac{\dot{M}}{M} + \frac{\dot{V}}{V} - \frac{\dot{Y}}{Y}$$

若记

$$\pi = \frac{\dot{P}}{P}, \hat{m} = \frac{\dot{M}}{M}, \hat{v} = \frac{\dot{V}}{V}, \hat{y} = \frac{\dot{Y}}{Y}$$

则有

$$\pi = \hat{m} - \hat{y} + \hat{v}$$

即

通货膨胀率=货币增长率-产出增长率+流通速度变化率

根据上面的方程式,通货膨胀来源于三个方面:货币流通速度的变化、货币增长和产量增长。如果货币流通速度不变且收入处于其潜在水平上,则通货膨胀的产生显然主要是货币供给增加的结果。

货币数量说适用于解释长期通货膨胀及恶性(超级)通货膨胀(hyper-inflation)现象。恶性通货膨胀是指年率超过 1 000%的通货膨胀。德国在二战前、匈牙利和中国在 20 世纪 40 年代都经历过这一特殊状态。中国 20 世纪 40 年代的恶性通货膨胀被经济学家看作是人类历史上 15 次最有代表意义的恶性通货膨胀之一。以 1936 年上半年物价指数为 1,到 1949 年物价上涨幅度竟然超过了一万亿倍,100 元法币 1936 年能买 1 头犍牛,1941 年能买 1 头猪,1947 年能买 1 只煤球,1949 年竟然只能买 100 万分之一粒大米。恶性通货膨胀为经济学家理解通货膨胀长期发生机制提供了观察条件。由于货币数量论涉及的四个因素中,经济的年真实产出及货币流通速度的变动相对于物价上涨水平可以忽略不计,因而物价水平猛涨被货币供应量飙升所解释。

恶性通货膨胀的根源在于货币供给过量。过量货币供给的原因是政府滥发钞票以弥补其巨大的财政赤字。政府通过印发钞票增加收入,具有征收"通货膨胀税"的性质。通货膨胀税有两方面的含义。含义一:在纸币流通条件下,国家通过增发纸币而达到取得一部分财政收入的目的,但势必造成纸币贬值,物价水平提高,从而使人民用等额的货币收入所能购得的商品和服务比以前减少。由于它实际上是政府以通货膨胀方式向人民征收的一种隐蔽性税收,所以被称为通货膨胀税。含义二:在经济出现通货膨胀时,人民的名义货币收入增加,导致纳税人应纳税所得自动地划入较高的所得级距,形成档次爬升,从而按较高适用税率纳税。这种由通货膨胀引起的隐蔽性征税就被称为通货膨胀税。即使在通货膨胀水平较低的情况下,政府通过印发钞票增加收入,同样具有征收通货膨胀税的性质,只是税收程度较轻,对经济影响较小。通货膨胀税具有两个特点:第一,这一税种没有公开税单,因而具有某种隐蔽性。如果政府印钞增收的数量规模有限,或者刚刚开始通过增印钞票征收通货膨胀税,公众甚至可能不会明显察觉。第二,征收对象是货币实际持有者。要持有货币,就自然交了货币税,难以逃避。

二、通货膨胀的总供求解释

在总供求框架中,其他条件不变时,任何使总需求曲线和总供给曲线发生移动的因素,都可能导致物价水平变动。

(一) 需求拉上型通货膨胀

需求拉上型通货膨胀(demand pull inflation)是指商品和服务的总需求量超过总供给量所造成的过剩需求拉动了物价的普遍上涨。需求拉上型通货膨胀是最常见的一种通货膨胀。这种通货膨胀是由于货币供应过度增加造成需求过剩而产生的,是"太多的货币追逐太少的货物"的结果。

在图 7-2 中,横轴代表总产出或国民收入(Y),纵轴代表物价水平(P)。社会总供给曲线 AS 可按社会的就业状况分成三个阶段:水平、向右上方倾斜和垂直。当总产量较低时,社会上存在大量的闲置资源或失业,因此总供给的增长能力很大,总供给曲线呈近似水平状态。这意味着供给弹性很大,总需求的增加不会引起价格水平的上涨。当产量增加到 Y_1 以后,继续增加总需求,就会遇到生产过程中的瓶颈现象,即由于劳动力、原材料、生产设备等的不足而使成本提高,从而引起价格水平的上涨,凯恩斯称之为"半通货膨胀"。在达到充分就业产量以后,如果总需求继续增加,总供给将不再增加,此时总供给曲线AS呈垂直状,总需求的增加只会引起价格水平的上涨,这就是需求拉上型通货膨胀,凯恩斯称之为"真正的通货膨胀"。货币主义者认为,货币供给的变动是引起总需求曲线移动的唯一重要因素,从而是通货膨胀的唯一根源。而凯恩斯主义者认为,除了货币因素外,还有许多实际因素会引起AD曲线的位移,如消费需求、投资需求、政府需求、国外需求的增加都会导致需求拉上型通货膨胀。需求方面的原因或冲击主要包括财政政策、货币政策、消费习惯的突然改变、国际市场的需求变动等。但是上述引起AD曲线移动的因素中,除了货币具有持续的扩张能力,可能引起AD曲线的持续上移之外,其余需求因素的增加都有一定的限度,只能导致短期的需求拉上型通货膨胀。

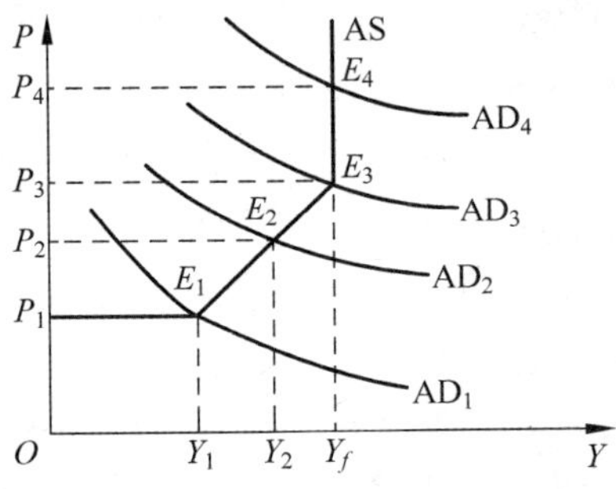

图7-2 需求拉上型通货膨胀

(二)供给推动型通货膨胀

供给推动型通货膨胀又称成本推动型通货膨胀,是指在没有超额需求的情况下,由于供给方面成本的提高而引起的一般价格水平持续显著的上涨。企业成本由不同部分构成,因而成本推动型通货膨胀同样可能有不同的种类。如果劳动力市场是不完全竞争性的,货币工资在劳动生产率和价格水平均未提高前率先自动上升,导致因生产成本提高而使价格上涨,就称为工资推动型通货膨胀。工资提高与价格上涨之间存在因果关系:工资提高会引起价格上涨,价格上涨又会引起工资提高。这样一来,工资提高与价格上涨之间就形成了螺旋式的上升运动,即工资-价格螺旋。许多经济学家将欧洲大多数国家在20世纪60年代末到70年代初所经历的通货膨胀认定为工资推动型通货膨胀,因为在这一时期这些国家出现了工时报酬的急剧增加。例如,在联邦德国,工时报酬的年增长率从1968年的7.5%增加到1970年的17.5%。

如果产品市场具有垄断性,少数大企业可以操纵商品价格,定价很高,价格上涨超过成本上涨的速度,这种通货膨胀被称为利润推动型通货膨胀。比较典型的例子是1973—1974年,石油输出国组织(OPEC)将石油价格提高了4倍,到1979年,石油价格又被再一次提高,这两次石油提价对西方发达国家的经济产生了强烈的影响,以致他们惊呼出现了"石油危机"。各种造成成本上升的因素还可能交织在一起,使通货膨胀进一步加剧。例如,在1973年石油提价的同时,由于连年粮食歉收,世界粮价也出现了暴涨;同时,许多国家的工资增长也进一步升温,如美国和日本1973—1975年的工时报酬年增长率都超过了

30%。在总需求曲线不变的情况下，包括工资推动型通货膨胀和利润推动型通货膨胀在内的成本推动型通货膨胀可以用图 7-3 表示。

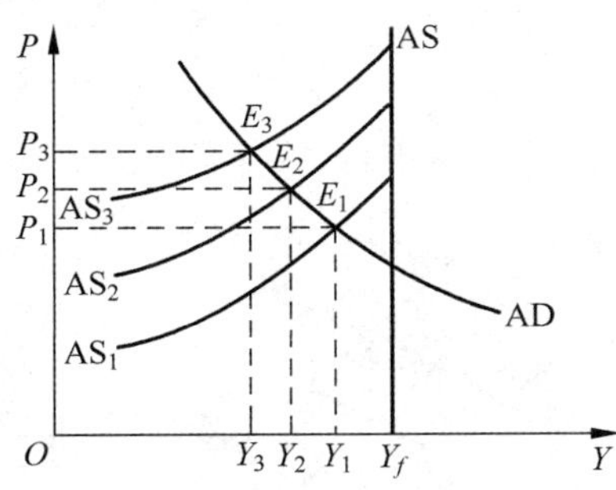

图 7-3　成本推动型通货膨胀

（三）供求混合型通货膨胀

现代经济复杂多变，很多经济学家认为通货膨胀不是单一的，而是混合的。该种理论认为虽然从理论上可以将通货膨胀区分为需求拉上型与供给推动型，而事实上在经济生活中，需求拉动的作用与供给推动的作用常常是混合在一起的，任何单方面的作用只会暂时引起物价上涨，而不能引起物价总水平的持续上涨。只有总需求与总供给互相推动，才会导致通货膨胀的发生，即“拉中有推，推中有拉”。例如，通货膨胀可能从过度需求开始，但由于需求过度所引起的物价上涨会促使工会要求提高工资，因而将转化为成本推动的因素，如图 7-4 所示。

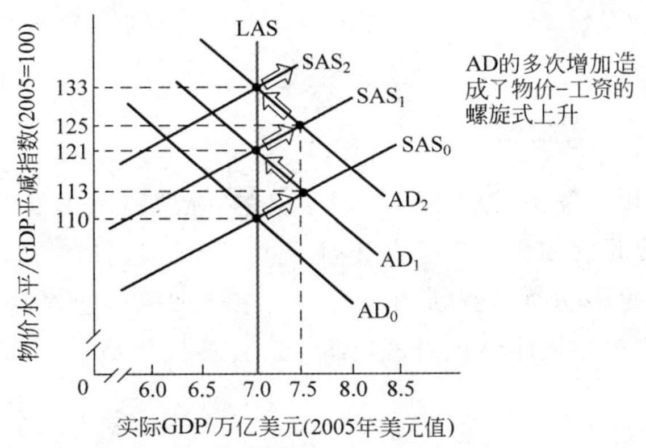

图 7-4　供求混合型通货膨胀——需求拉上型通货膨胀惯性

通货膨胀也可能从成本方面开始，如迫于工会的压力而提高工资等。但是，如果不存在需求和货币收入的增加，这种通货膨胀过程是不可能持续下去的。因为工资上升会导致失业增加或产量减少，最终将导致成本推进型通货膨胀过程终止。可见，“成本推动”只有加上“需求拉上”才有可能产生一个持续性的通货膨胀。现实经济中，这样的论点也得到了论证：当非充分就业均衡严重存在时，往往会引出政府的需求扩张政策，以期缓解矛盾。因此，成本推动与需求拉上并存的混合型通货膨胀就成了经济生活的现实。需求与成本的共同作用，必然演化成“螺旋式”混合型通货膨胀，被称为通货膨胀螺旋。在图 7-5

中,随着总供给曲线从 SAS_0 向 SAS_1、SAS_2 方向移动,为了不减少实际产量和出现过高的失业率,政府通常会通过增加货币供给和扩大投资支出来增加需求。这样一来,总需求曲线就会由 AD_0 向 AD_1、AD_2 方向移动。在总供给曲线和总需求曲线分别向上方移动的过程中,价格水平沿着 $E_0 \rightarrow E_1 \rightarrow E_2 \rightarrow E_3 \rightarrow E_4$ 这样的轨迹"螺旋式"上升。价格水平或通货膨胀率上升的过程表明,在经济生活中,出现了明显的持续性通货膨胀。

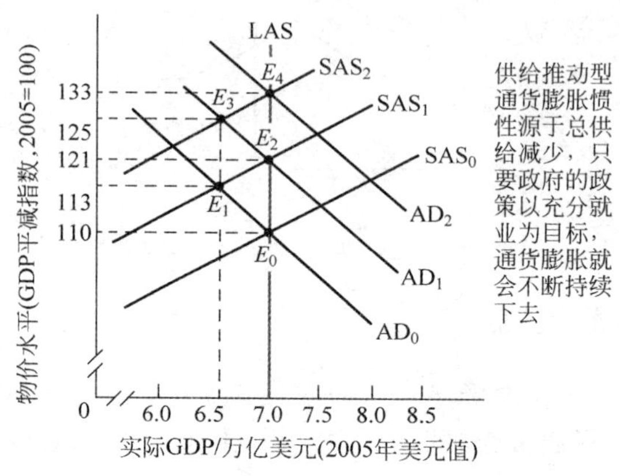

图 7-5 供求混合型通货膨胀——供给推动型通货膨胀惯性

三、结构性通货膨胀

有些经济学家认为,在总需求和总供给处于平衡状态时,经济结构、部门结构方面的因素发生变化,也可能引起物价水平的上涨。这种通货膨胀就被称为结构性通货膨胀(structural inflation)。

(一)需求转移型通货膨胀

由于社会对产品和服务的需求不是一成不变的,在总需求不变的情况下,一部分需求转移到其他部门,而劳动力和生产要素却不能及时转移。这样一来,原先处于均衡状态的经济结构可能因需求的移动而出现新的失衡。需求增加的行业,价格和工资将上升;需求减少的行业,由于价格和工资刚性的存在,却未必会发生价格和工资的下降,最终导致物价的总体上涨。

(二)部门差异型通货膨胀

部门差异型通货膨胀是指经济部门(如产业部门和服务部门)之间由于在劳动生产率、价格弹性、收入弹性等方面存在差异,而货币工资增长率却趋于一致,加上价格和工资的向下刚性,最终引起总体物价上涨。许多西方经济学家相信,工人对于相对实际工资的关心要超过对于绝对实际工资的关心。因此,货币工资的整体增长水平便与较先进部门一致,结果使落后部门的生产成本上升,进而推动总体价格水平上升。还有一种情况是由"瓶颈"制约而引起的部门间差异。例如,在某些国家,由于缺乏有效的资源配置机制,资源在各部门之间的配置严重失衡,有些行业的生产能力过剩,而另一些行业(如农业、能源、交通等部门)却严重滞后,形成经济发展的瓶颈。当这些瓶颈部门的价格因供不应求而上涨时,便会引起包括生产过剩部门在内的其他部门的价格上涨。

通货膨胀的出现往往是多方面因素综合作用的结果,只不过在不同时期、不同国家,起主导作用的因素是不同的。以我国20世纪80年代末到90年代上半期所经历的通货膨胀为例,有需求方面的原因、有成本(或供给)方面的原因,还有结构和体制方面的原因。因此,有人认为它是一种混合型的通货膨胀,只是在不同时期,主要矛盾有所变化。有时是因为国有企业投资冲动、大量的重复建设引起的货币投放过多,有时是因为外汇储备增加过猛引起的货币投放过多,有时是因为初级产品价格放开后引起的整体价格水平的上涨,等等。搞明白通货膨胀的基本原理之后,在具体分析通货膨胀现象时,我们应该紧密结合当时的国际、国内环境来分析。除此之外,在借鉴西方经济学理论的同时,还应该区分不同体制下的条件差异。

四、通货膨胀惯性

在大多数情况下,大多数人预期到同样的通货膨胀,这种预期会变成现实,使通货膨胀产生一种惯性,具有不断持续下去的趋势,这就是通货膨胀惯性。产生这种现象的原因在于,如果经济中大多数人都预期到同样的通货膨胀率,那么这种通货膨胀预期就会变成经济运行的现实。在通货膨胀时期,工人们与企业谈判,要求保证工资上升与物价水平的上涨相一致,使他们的实际工资不会下降。银行在贷款时也希望确保一定的收益率,因此在确定贷款利率时,要考虑年末收回的货币值低于年初贷出时的货币值这一情况。这意味着,在以货币计量的一些名义变量(如工资、租金等)的提高与价格上涨之间存在因果关系。以工资为例,工资提高引起价格上涨,价格上涨又引起工资提高。因此,工资提高和价格上涨形成了螺旋式的上升运动。考虑到上述情况,可以说,单纯用需求拉动或成本推动都不足以说明一般价格水平的持续上涨。事实上,无论通货膨胀的原因是什么,只要通货膨胀开始,需求拉动和成本推动过程几乎都发挥着作用,即使导致通货膨胀的初始原因消失了,通货膨胀也可以自行持续下去。当工人们预期物价上涨时,他们就会坚持要求增加工资,而工资的上升将使企业成本增加,从而又会导致更高的价格水平。

案例 7-2
中国结构性通胀会演变成全面性通胀吗?

第六节 通货膨胀的经济效应

一、通货膨胀的收入再分配效应(自发)

通货膨胀对财富的影响与人们所持有的财富的类型相关。一般来说,如果一个人拥有的财富是实物资产,在通货膨胀时期,实物资产的价格会随通货膨胀同步提高,实际价值不变;如果一个人拥有的财富是以货币资产表示的,那么在通货膨胀时期,该资产的名义价格不变,实际价值会随通货膨胀降低。

从通货膨胀的再分配效应来看,通货膨胀对于有固定货币收入的人十分不利。有固定收入的人的收入在通货膨胀时期会落后于上升的物价水平,其实际收入会由于通货膨胀而减少,其固定货币收入的实际购买力也必将随着价格的上升而下降,生活水平必然随着通货膨胀的持续而下降。这类人群中受害最深的是领取救济金、退休金的人,某些白领阶层、公共雇员以及靠福利和其他转移支付维持生活的人。他们在相当长时间内所获得的收入是不变的。特别是那些只有少量救济金的老人,遇到这种经济灾难会更加苦不堪言。

慕课 7-6
通货膨胀的经济效应

相反,靠变动收入维持生活的人则会从通货膨胀中获益。这些人的货币收入会走在价格水平和生活费用上涨之前。例如,在有强大的工会支持的扩张性行业工作的工人,其工资合同中或是签订有工资随生活费用上涨而提高的条款,或是有强大的工会代表他们与雇主谈判。从利润中得到收入的企业主也能从通货膨胀中获利,因为如果产品价格比资源价格上升得快,则企业的收益将比成本增长得更快。

其次,通货膨胀对储蓄者不利。随着价格上涨,存款的实际价值或购买力将会降低。有闲置货币和存款的人将受到沉重的打击。同样,保险金、养老金及其他有固定价值的证券财产等本来是用于未雨绸缪和存钱防老的,在通货膨胀过程中,其实际价值也会下降。一般而言,在通货膨胀被预期到时,银行存贷款利率会调整到与通货膨胀率保持一致,以使实际利率不变。但如果人们对通货膨胀严重程度的预测不准确,只要通货膨胀率大于名义利率,则实际利率就是负值,银行存款人就会蒙受损失。当然,银行作为贷款人,在贷款利率为负时,银行放贷同样会蒙受损失。

再次,通货膨胀还可以在债务人和债权人之间发挥收入再分配的作用。具体而言,通货膨胀靠牺牲债权人的利益使债务人获利。例如,甲向乙借款1万元,一年后归还,而这段时间内如果价格水平上升一倍,那么一年后甲归还给乙的1万元就只相当于借出时实际价值的一半了。这里假定借贷双方都没有预期到通货膨胀的影响。有关研究表明,二战以来,通货膨胀从居民手中把大量再分配的财富带到公共经济部门。这是由于大量政府债券掌握在居民手中,政府是债务人,而居民户是债权人,战后的通货膨胀将财富从居民手中转移给了政府。

最后,需要说明的是,通货膨胀的再分配效应是客观的和自发形成的。它本身并非存心,也未直接从谁手中拿走一些收入转给其他人。

二、通货膨胀对产出的影响

上面的分析暗含着实际产出固定的假定,但实际上,国民经济的产出水平是随着价格水平的变化而变化的。通货膨胀的成因与程度不同,对产出将有不同影响。

第一种情况:爬行或温和的需求拉上型通货膨胀将促进产出水平的提高。假设经济最初处于失业均衡状态,如果此时总需求增加,会造成一定程度的通货膨胀,产品价格会跑到工资及其他资源的价格前面,从而扩大企业的利润。利润的增加会刺激企业扩大生产,从而减少失业,增加国民产出。这种情况意味着通货膨胀的再分配后果会被更多的就业、增加的产出所获得的收益抵消。

第二种情况:成本推动型通货膨胀会引起产出和就业的下降。假定在原来的总需求水平下，经济实现了充分就业和物价稳定，如果发生成本推动型通货膨胀，则原来总需求所能购买的实际产品的数量就会减少。也就是说，当成本推动的压力抬高物价水平后，既定的总需求只能在市场上支持一个较小的实际产出，所以实际产出会下降，失业会上升。美国在20世纪70年代的经济情况就证实了这一点。1973年年末，石油输出国组织把石油价格翻了两番，成本推动型通货膨胀使美国1973—1975年的物价水平迅速上涨，失业率也从1973年的不到5%上升到了1975年的8.5%。

第三种情况：恶性或超级通货膨胀将导致经济崩溃。首先，随着价格持续上升，个人和企业都会产生通货膨胀预期，估计物价会再度升高，为了不让自己的储蓄及现有的收入贬值，人们宁愿在价格进一步上升之前把它花掉，从而会产生过度的消费购买，储蓄减少导致增加的投资缺乏后续资金；随着通货膨胀而来的生活费用的上升，使劳动者要求提高工资，不仅要抵消过去价格水平上升所造成的损失，而且要补偿下次工资谈判前可以预料到的通货膨胀带来的损失。于是，企业增加生产和扩大就业的积极性会逐渐丧失。其次，企业在通货膨胀率上升时会力求增加存货，以便在稍后按高价出售以增加利润。这种通货膨胀预期还可能鼓励企业增加新设备。不过，企业的这些行为在无法筹措到必需的资金（增加存货和购买设备都需要资金）时就会停止。因为银行的利率会上升，企业得到贷款的成本越来越高。当企业被迫减少存货时，生产就会收缩。最后，当出现恶性通货膨胀时，情况会变得更糟。当人们完全丧失对货币的信心时，货币就不能再执行它作为交换手段和储藏手段的职能。这时，任何一个有理智的人都不愿再花精力去从事财富的生产和正当的经营，而会把更多的精力用在如何尽快把钱花出去或进行各种投机活动上。等价交换的正常买卖、经济合同的签订和履行、经营单位的经济核算，以及银行的结算和信贷活动等都无法再实现，市场机制也无法再正常运行。此时别说经济增长，大规模的经济混乱也将不可避免。

第七节　失业与通货膨胀的关系——菲利普斯曲线

一、菲利普斯曲线

20世纪20年代，美国经济学家欧文·费雪最早研究了失业与通货膨胀之间的关系，得出了这两个变量之间的替代关系。1958年新西兰裔英国经济学家菲利普斯（A. Phillips）研究英国1861—1913年的资料后发现，货币工资上涨率与失业率之间存在稳定的反向变动关系，将其表示为曲线，即著名的菲利普斯曲线，如图7-6所示。

慕课7-7

失业与通货膨胀的关系——菲利普斯曲线

在图7-6中，横轴 u 代表失业率，纵轴 w 代表工资上涨率。向右下方倾斜的菲利普斯曲线表示如果工资上涨率较低，则失业率较高；反之，如果工资上涨率较高，则失业率较低。由于工资的上升意味着物价水平的上涨，所以在失业与通货膨胀之间存在一种反向变动关系。因此，用通货膨胀率代替工资上涨率便成为宏观经济学表示菲利普斯曲线的一种较为常见的方式，如图7-7所示。

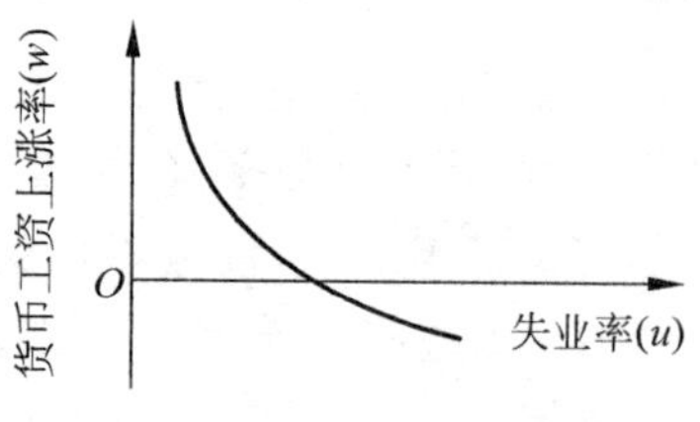

图 7-6 最初的菲利普斯曲线

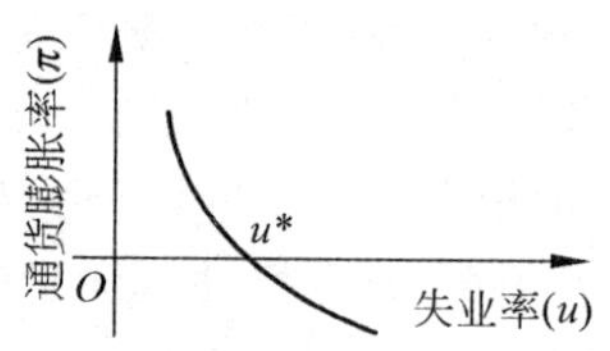

图 7-7 常见的菲利普斯曲线

图 7-7 中给出的是一条典型的向右下方倾斜的菲利普斯曲线，它表示较高的失业率伴随着较低的通货膨胀率。图中，通货膨胀率为零时的失业率 u^* 即为自然失业率。菲利普斯曲线经过该点，表明当经济达到自然失业率状态时，工资及物价都是稳定的，不存在通货膨胀。与横轴交于自然失业率的菲利普斯曲线代表预期通货膨胀率为零的情况。可用式(7-5)表示：

$$\pi = -\varepsilon(u - u^*) \tag{7-5}$$

如图 7-7 所示的菲利普斯曲线也是预期通货膨胀率为零的情况。式(7-5)中，参数 ε 衡量价格对于失业率的反应程度。举例来说，如果 ε 为 2，上述方程表示，实际失业率相对于自然失业率每增加一个百分点，通货膨胀率下降两个百分点。总之，上述方程描述的是，当失业率超过自然失业率，即 $u > u^*$ 时，价格水平将下降；当失业率低于自然失业率时，价格水平将上升。

图 7-8 给出的则是当预期通货膨胀率 π^e 不等于零时的菲利普斯曲线。1968 年，货币主义的代表人物美国经济学家弗里德曼指出了不考虑通货膨胀预期的菲利普斯曲线分析的一个严重缺陷，即它忽略了影响工资变动的一个重要因素——工人对通货膨胀的预期。弗里德曼指出，企业和工人关注的不是名义工资，而是实际工资。劳资双方在谈判新工资协议时，都会对新协议期的通货膨胀进行预期，并根据预期的通货膨胀相应调整名义工资水平。当人们预期通货膨胀率越高时，名义工资增加越快。由此，弗里德曼等人提出了短期菲利普斯曲线的概念。这里所说的"短期"，是指从预期到通货膨胀到需要据此作出调整的时间间隔。短期菲利普斯曲线就是预期通货膨胀率保持不变时，反映通货膨胀率与失业率之间关系的曲线。因此，通货膨胀预期不为零的菲利普斯曲线的方程可改写为

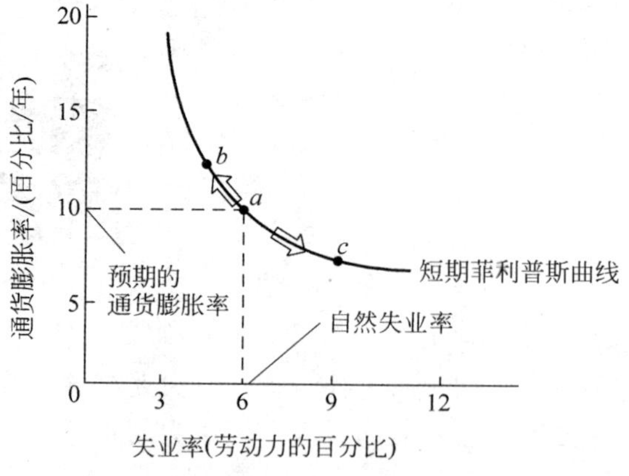

图 7-8 附加预期的菲利普斯曲线

$$\pi - \pi^e = -\varepsilon(u - u^*)$$

即

$$\pi = \pi^e - \varepsilon(u - u^*) \tag{7-6}$$

其中，π^e 表示预期通货膨胀率。式(7-6)被称为现代菲利普斯曲线，或附加预期的菲利普斯曲线。我们已经注意到，短期菲利普斯曲线会因为对通货膨胀的预期而发生移动，通货膨胀预期越高，菲利普斯曲线的位置就越高，如图 7-9 所示(图中菲利普斯曲线被简化为一条直线)。

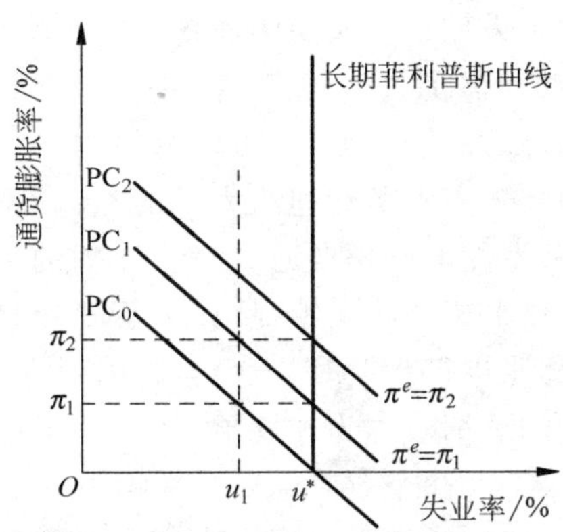

图 7-9　对应每个预期通货膨胀率的短期菲利普斯曲线

假定初始均衡时，通货膨胀率 $\pi=0$，预期通货膨胀率 $\pi^e=0$，菲利普斯曲线为 PC_0，该菲利普斯曲线与横轴相交，决定自然失业率为 u^*。如果政府当局认为，该自然失业率仍然太高而采取相关政策使其降到 u_1，则通货膨胀率将沿着既定的菲利普斯曲线 PC_0 上升到 π_1，表明政府的扩张性政策在降低失业率的同时，加剧了通货膨胀。如果经济长期处于低于自然失业率的状态，当工人和企业逐渐将预期调整至新的更高的实际通货膨胀率时，即 $\pi^e=\pi_1$，短期菲利普斯曲线将会上移到 PC_1。这时，失业率虽然恢复到自然失业率水平 u^*，但预期的通货膨胀率已经调整到等于上升了的实际通货膨胀率 π_1。如果政府当局再采取扩张性政策，想使失业率下降到 u_1 的水平，通货膨胀率就会沿着新的菲利普斯曲线 PC_1 上升到 π_2。慢慢地，人们的通货膨胀预期也将由 $\pi^e=\pi_1$ 提高到 $\pi^e=\pi_2$，造成菲利普斯曲线向上移动到 PC_2。失业率又恢复到原来的自然失业率水平 u^*。由此可见，如果将预期通货膨胀率对菲利普斯曲线的影响考虑进来，那么扩张性政策虽然能够在短期内暂时降低失业率，却无法在长期内降低失业率。因此，政府当局只有持续采用扩张性政策，才能使失业率低于自然失业率。不过，如果政府当局真的这样做，就必须付出通货膨胀率加速上升的代价。这种观点被称为加速的通货膨胀理论。

根据这种观点，附加预期的菲利普斯曲线虽然具有短期内通货膨胀与失业率之间的暂时性替代取舍关系，但是在长期内，人们会通过通货膨胀预期向实际通货膨胀率调整，因此长期的菲利普斯曲线就成为一条位于自然失业率的垂直线，通货膨胀率和失业率的替代取舍关系也将不复存在。长期菲利普斯曲线的政策含义是，从长期来看，政府运用扩张性政策不但不能降低失业率，还会使通货膨胀率不断上升。因此，如果决策者通过选择较高的通货膨胀率来减少失业,只能取得暂时的成功,失业率最终将回到自然失业率水平。

在上面的分析中隐含的一个问题是:经济能够保持在短期菲利普斯曲线而非长期菲利普斯曲线多长时间?这取决于工人和企业对通货膨胀的预期调整到与实际通货膨胀相符的速度有多快。美国二战后50年的经验表明,工人和企业调整其对通货膨胀的预期是建立在通货膨胀率的水平上,有三种可能性。20世纪50年代和60年代早期,美国的通货膨胀率较低(3%以下),当时工人和企业倾向于忽视通货膨胀。20世纪60年代,当通货膨胀率达到4%~5%时,已经很难被忽视,人们预期下一年度的通货膨胀率将和当年的通货膨胀率非常接近。如果人们认为未来的通货膨胀率将会沿袭过去的通货膨胀率模式,那么就称人们具有对通货膨胀的适应性预期。1973—1982年,美国经历了每年高于5%且不稳定的通货膨胀率,1973年为6%,1974年为11%,1976年为6%,1980年为13.5%。芝加哥大学的罗伯特·卢卡斯和纽约大学的托马斯·萨金特认为,准确预期通货膨胀的能力已经显著增强,不能准确预期通货膨胀浮动的工人和企业将会体验到实际工资和利润的实质性下降。卢卡斯和萨金特提出,为了不使自己的实际工资和利润发生实质性下降,在对未来通货膨胀进行预期时,人们会利用所有可获得的信息。这种基于所有可获得的信息对经济变量的预期被称为理性预期(rational expectations)。

根据理性预期理论,如果工人和企业对未来通货膨胀的变化能够作出理性预期,他们就会利用所有可获得的信息,使通货膨胀预期与真实通货膨胀相符,因此即使在短期,失业与通货膨胀之间也没有交替关系,如图7-10所示。

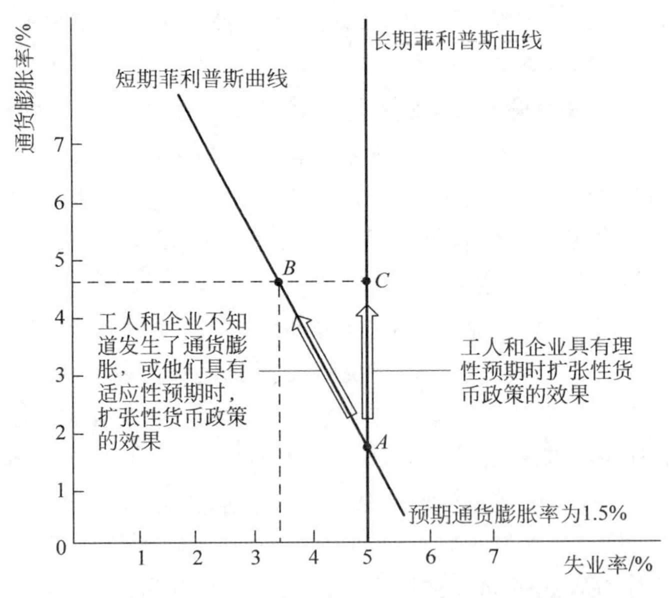

图7-10 理性预期和菲利普斯曲线

假定经济从A点开始,政府实施扩张性货币政策,使通货膨胀率从初始的1.5%上升到4.5%。如果工人和企业忽视通货膨胀或是采用适用性预期来预测通货膨胀,则扩张性货币政策将会使真实的通货膨胀水平高于预期水平,短期均衡将会沿着既定的菲利普斯曲线($\pi^e=1.5\%$)从A点上移到B点,实际通货膨胀率为4.5%,失业率将会下降到

3.5%。但是失业率的这种下降是暂时的，最终工人和企业将会适应真实的通货膨胀率是4.5% 而并非他们预期的 1.5% 这一事实。在关于通货膨胀的预期得到调整后，短期菲利普斯曲线将会向上移动，失业率将会回落到 5%的 C 点。卢卡斯和萨金特认为，如果工人和企业运用理性预期，他们会意识到政府扩张性政策的结果将是 4.5%的通货膨胀率。因此，一旦新政策出台，他们会将对通货膨胀的预期从 1.5% 调整至 4.5%。结果，短期均衡从长期菲利普斯曲线上的 A 点上移到 C 点。失业率永远不会降至 5% 以下，短期菲利普斯曲线将会是垂直的。

许多经济学家对短期菲利普斯曲线是垂直的这一论断持怀疑态度。因为：①理性预期实际上很难作出，即使央行在实施扩张性货币政策前已经提前公布了，但人们运用货币政策的信息对通货膨胀率作出可靠预测仍是困难的；②短期菲利普斯曲线要成为垂线，需要工资和价格能够同步迅速调整，而这是不可能的。实际上，企业对通货膨胀的预期往往比工人更准确。一些大企业经常聘请经济学家帮助收集和分析对预测通货膨胀有用的信息，很多企业设有人力资源或员工报酬部门，这些部门会收集竞争企业工资支付水平方面的数据，并分析所付报酬的趋势，从而为自己制定产品价格和工资水平提供相应依据。而工人在预测通货膨胀时，所能得到的信息很少是系统性的。因此，在通货膨胀期间，至少在短期内，企业能够将工资提高的幅度控制在通货膨胀率水平之内，而不用担心工人会辞职或士气减弱。于是，短期内较高的通货膨胀率将导致较低的实际工资和较低的失业率。退一步说，即使工人和企业具有理性预期，但如果工资和价格调整的步调不一致，在通货膨胀情况下，通常是产品价格先调，工资调整则相对滞后，从而扩张性的货币政策仍能够在短期内降低失业率。

二、总需求-总供给模型与菲利普斯曲线

菲利普斯发现失业和通货膨胀之间的反向关系与我们在上一章所分析的总需求和总供给是一致的。图 7-11 反映了导致这种反向关系的因素。

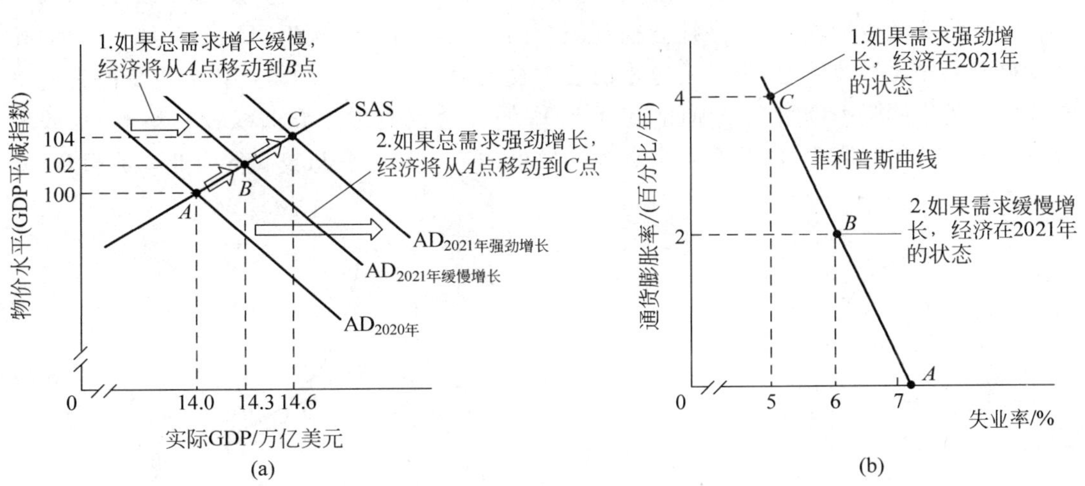

图 7-11　使用总需求-总供给模型来解释菲利普斯曲线

图7-11(a)给出了第六章中提出的总需求-总供给(AD-AS)模型,图7-11(b)给出了菲利普斯曲线。为简化起见,在如图7-11(a)所示的基本总需求-总供给模型中,我们假定长期总供给曲线(LAS)和短期总供给曲线(SAS)都不发生移动。假定2020年经济处于A点,实际GDP为14万亿美元,价格水平为100。假定总需求增长缓慢,经济移动到B点,实际GDP为14.3万亿美元,价格水平为102。在图7-11(b)中,通货膨胀为2%,失业率为6%。假设2021年需求强劲增长,经济移动到C点,实际GDP为14.6万亿美元,价格水平为104。强劲的需求增长导致通货膨胀率为4%,失业率降低到5%。这种高通货膨胀低失业的组合用图7-11(b)中的C点表示。

三、菲利普斯曲线与宏观经济政策

还要注意的是,观察如图7-12所示的菲利普斯曲线PC_0,可以发现,线上有无数组通货膨胀率与失业率的组合可供政府当局选择。最适当的组合取决于政府当局对通货膨胀率与失业率的主观态度。假定政府当局的目标是追求社会福利最大化,那么将社会福利函数无差异曲线与菲利普斯曲线结合在一起,社会福利最大的均衡点是两条曲线的切点。此时,均衡的通货膨胀率与失业率分别为π_0和u_0,如图7-12所示。

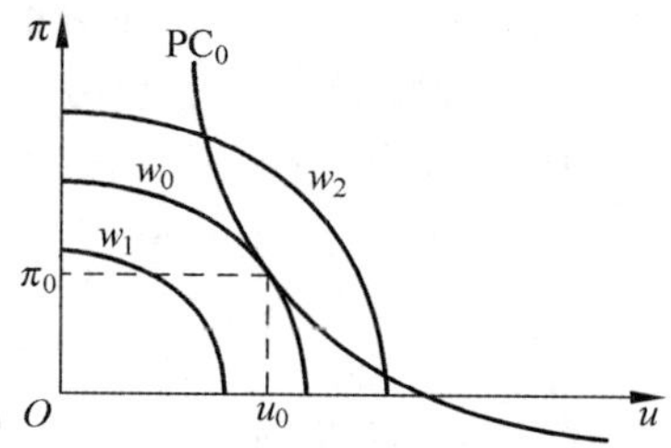

图7-12 最适当的通货膨胀率和失业率组合的决定

观察图7-12可以发现,即使菲利普斯曲线的位置不变,均衡通货膨胀率与失业率的组合也可能因政府当局对通货膨胀率与失业率的主观态度不同而异。图7-13的两张图中菲利普斯曲线位置相同,只是社会福利函数的无差异曲线形状不同。图7-13(a)中的社会福利无差异曲线较陡直,表示政府当局较重视失业率问题,其均衡点代表较低的失业率与较高的通货膨胀率的组合。而图7-13(b)中的社会福利无差异曲线较平坦,表示政府当局较重视通货膨胀率,因此其均衡点表示较低的通货膨胀率与较高的失业率的组合。

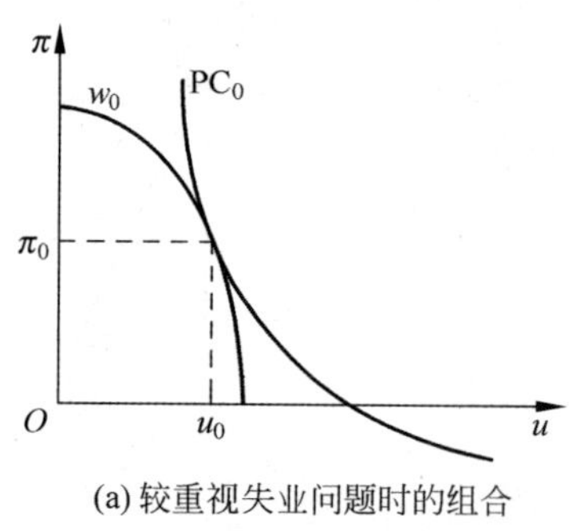

(a) 较重视失业问题时的组合

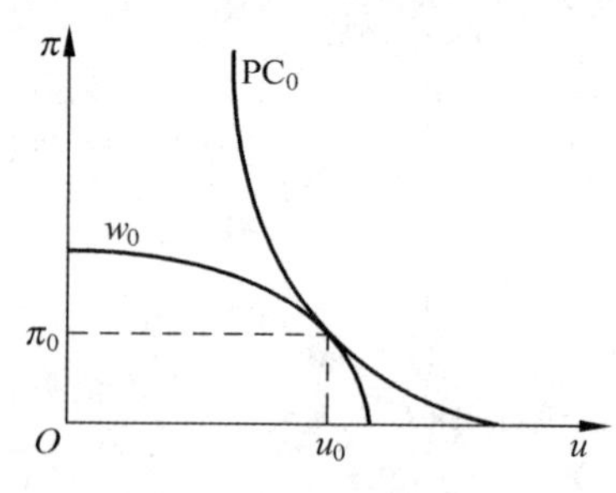

(b) 较重视通货膨胀问题时的组合

图7-13 政策选择的不同组合

第八节 通货膨胀的治理

通货膨胀是十分重要的宏观经济现象和问题。针对这一问题，经济学家们的分歧首先在于是否需要治理通货膨胀，然后才是如何治理通货膨胀。在达成需要解决通货膨胀问题的共识后，经济学家们认为，除去减少和控制货币供应量外，对付通货膨胀主要有两种思路：通过人为制造经济衰退来解决通货膨胀问题；使用收入政策来缓解通货膨胀的程度。

一、利用经济衰退来降低通货膨胀

政府可以通过实施紧缩性的货币政策和财政政策，使总需求降低，以一定的经济衰退为代价，降低通货膨胀。为衡量这一代价的高低，宏观经济学引入了牺牲率的概念。牺牲率是指(作为反通货膨胀政策结果的)GDP损失的累计百分比与实际获得的通货膨胀率的降低量之间的比率。假定一项政策在3年内把通货膨胀率从10%降到4%，其代价是第一年产量水平比潜在水平低10%，第二年低8%，第三年低6%。GDP的总损失是24%(10%+8%+6%)，通货膨胀的降低是6%(10%−4%)。因此，牺牲率为24%÷6%=4。

慕课 7-8
通货膨胀的治理

利用经济衰退降低通货膨胀，从实践上看存在两种政策选择：渐进主义的政策与激进主义的政策。前者的基本特征是以较低的失业率和较长的时间来降低通货膨胀率；后者则是以较高的失业率和较短的时间来降低通货膨胀率。

二、使用收入政策控制通货膨胀

政府也可以通过影响人们的收入来达到控制通货膨胀的目的，也就是采取收入政策。收入政策是指通过限制工资收入增长率来限制物价上涨率的政策，又称工资和物价管理政策，主要措施包括对工资和物价的控制，以及收入指数化政策。

工资和物价管理政策是指政府为了降低价格水平上升的速度而采取的限制货币工资和价格的强制性或非强制性的政策，其目的是影响或控制价格、货币工资及其他收入的增长率。

收入政策主要是针对成本推动型通货膨胀，即在通货膨胀发生时，工会和企业会利用垄断力量提高货币收入，从而保持实际收入，结果导致工资-价格螺旋而使通货膨胀持续加重。为打破工资-价格螺旋，有必要采取收入政策。

二战后，美国、英国、法国、意大利、荷兰、瑞典、加拿大等国都曾经实行过收入政策。这些国家推行收入政策的手段主要有两种：①对工资和价格进行管制，即企业和工会不经过政府有关部门同意，不得提高工资和价格。这是最强硬的措施。②对工资和价格进行指导，即由政府规定工资和价格的指导指标，要求工会和企业参照执行。这类措施相对第一类措施较为软弱。

20世纪60年代末70年代初，美国经济陷入“滞涨”泥潭。1969年，尼克松政府执政的第一年,消费者价格指数上升了6.1%。尼克松政府采用紧缩性货币政策和财政政策来控制通货膨胀,但收效甚微,反而加剧了失业。1971年8月15日,尼克松政府采取了极端形式的收入政策,宣布自即日起全面冻结价格、工资和租金90天,由政府设立的生活费用委员会强制实行。1971年11月13日,尼克松政府的收入政策进入第二阶段。在该阶段,将工资和价格冻结改为工资和价格指导指标,这种指导是指令性的。1973年1月11日起为第三阶段。在该阶段,将指令性的工资和价格指导改为尽可能自愿的。但在第三阶段的头几个月,消费者价格指数急剧上升。1973年6月,尼克松政府又实行了第二次价格冻结。到1973年8月12日,对成本压力没有增大的行业或能增加国内市场供给以减轻价格压力的行业,解除管制,对其他行业则加强工资和价格指导。为期32个月的管制政策至1974年4月30日结束。此后,工资和价格重新由市场力量决定。

对收入的控制还可以通过实施收入指数化政策来达到。收入指数化政策是指定期根据通货膨胀率调整各种收入的名义价值,以使其实际价值保持不变。收入指数化主要包括工资指数化和税收指数化,即根据物价指数自动调整个人收入调节税等。

经济学家反对限价的方法,主要是由于其不利影响及规避管制的可能性。市场经济的资源配置依赖价格信号,强行限价不利于资源的有效配置,通常会导致不同程度的低效率。例如,无论是否发生通货膨胀,各种商品的相对价格总是处于不断的变动之中,如果物价控制要持续较长时间,则必须允许不同商品相对价格的变动,否则低于均衡价格的那些商品就要发生短缺。此外,这种控制也难以实施。工资被控制时,雇主可以通过对职位重新分类而绕过控制。增加秘书的工资也许是违法的,但只要将秘书升为主任助理,就可以增加其薪水。

三、消除人们对通货膨胀的预期,从而打破价格-工资螺旋

政府控制通货膨胀的政策能否成功,部分取决于人们对政府治理通货膨胀的信心。如果人们相信政府采取的打破通货膨胀的行动能够成功,这种信心和预期本身就有助于消灭通货膨胀。相反,如果人们认为政策不可能奏效,那么通货膨胀的预期就不可能被打破,通货膨胀就可能会持续下去。如果人们感知和认识通货膨胀并建立通货膨胀预期的过程较慢,在失业与通货膨胀之间就会存在一种替换关系,这种关系会持续相当长的时间,使政府更容易在不致引发较高通货膨胀的情况下降低失业。然而,一旦通货膨胀预期发展起来,要想停止通货膨胀就很难了,必须使高失业率维持相当长的时间才有可能降低通货膨胀率。

由此可见,前面提到的激进主义策略的一个优点是,它比渐进主义更能清楚地体现决定性的政策变化,来引导企业以降低通货膨胀率为目标。激进主义政策似乎比渐进主义政策更令人信服。从消除通货膨胀预期的角度来看,制度性安排是非常必要和有效率的。例如,巨大而持续的财政赤字是引起通货膨胀预期的一个重要因素,因此确定平衡预算的财政政策规则是有利的,它使央行具有足够的独立性,可以消除央行被动投放货币的机制,如固定汇率制度对货币政策的束缚。极端的做法则是取消央行自主决定货币政策的权力,将货币投放改为按规则行事,如确定一个固定的货币增长率,或是让货币增长与名义GDP的增长同步。

案例 7-3
新冠疫情对中国失业与通货膨胀关系的影响

本章基本概念

摩擦性失业　结构性失业　周期性失业　奥肯定律　自然失业率　自然失业　非自愿失业　通货膨胀　需求拉上型通货膨胀　供给推动型通货膨胀　结构性通货膨胀　通货膨胀螺旋　菲利普斯曲线

自　测　题

复习与思考

1. 掌握劳动力市场指标:失业率;劳动力参工率;就业-人口比率。

2. 失业类型有哪些?

3. 失业率变动与总产量变动之间有什么关系?怎样衡量失业率上升的代价?

4. 解释通货膨胀的概念、类型、衡量(价格指数)。

5. 简述通货膨胀的成因。

6. 通货膨胀预期对通货膨胀会产生什么影响?

7. 简述通货膨胀的再分配和产出效应。

8. 什么是菲利普斯曲线?画出附加预期的短期菲利普斯曲线。

9. 说明短期和长期菲利浦斯曲线的联系。

10. 与 AD-AS 模型相比,采用菲利普斯曲线进行分析有什么优势?说明菲利普斯曲线和总供给曲线的关系。

11. 理解通货膨胀的治理。

12. 设一经济有以下菲利浦斯曲线:$\pi = \pi - 1 - 0.4(\mu - 0.06)$。

(1) 该经济的自然失业率为多少?

(2) 为使通货膨胀减少 5 个百分点,必须有多少周期性失业?

(3) 画出该经济的短期和长期菲利普斯曲线。

13. 假设经济由以下三个式子来描述:潜在产出为2 000;菲利普斯曲线为$\pi-\pi_{-1}=-0.8(\mu_t-4\%)$;奥肯定律为:$(Y-Y^*)/Y^*=-3(\mu-\mu^*)$。其中,$Y$为实际产出,$Y^*$为潜在产出,$\pi_t$为通货膨胀率,$\mu$为失业率,$\mu^*$为潜在失业率。

(1) 经济的自然失业率是多少?

(2) 假设失业率等于自然失业率,通货膨胀率为8%,实际产出是多少?

(3) 假设政府要把通货膨胀率从第一年的8%降到第二年的4%,求第二年的实际失业率并计算牺牲率。

第八章

宏观经济政策实践

上一章偏重从理论方面说明宏观经济政策及其效果，本章的论述则偏重实践方面，即论述宏观经济政策在实践中是如何执行的。经济政策可以分为计划和市场调控两种类型。前者是通过行政命令手段执行，如公用事业产品的定价、企业兼并政策的制定与实施、对金融机构的管理等；后者是通过市场机制的作用达到政策目标。本章所论述的财政政策和货币政策在较大程度上利用了市场机制的作用，从而一般被归于市场调控类型。需要强调的是，要想严格按照上述两种类型来划分经济政策是比较困难的，因为各项具体政策往往不能完全脱离行政命令手段或市场机制的作用，其差别仅在于使用程度的不同。

第一节 财政政策

财政政策是国家干预经济的主要政策之一。财政政策的一般定义是：为促进就业水平提高、减轻经济波动、防止通货膨胀、实现稳定增长而对政府支出、税收和借债水平所进行的选择，或对政府收入和支出水平所做的贡献。要了解财政政策的内容，必须先了解现代西方财政的基本构成。

一、财政的构成与财政政策工具

财政由政府支出和收入两个方面构成。政府支出包括政府购买和政府转移支付，而政府收入则包括税收和公债。

（一）政府支出

政府支出是指整个国家中各级政府支出的总和，由许多具体的支出项目构成，主要分为政府购买和政府转移支付两类。政府购买是指政府对军需品、机关办公用品、政府雇员报酬、公共项目支出等商品和服务的购买。政府购买是一种实质性支出，有着商品和服务的实际交易，因而直接形成社会需求和购买力，是国民收入的组成部分。当社会总支出水平过低时，可以提高政府购买的支出水平，如兴办公共工程，通过增加社会整体需求水平来抵抗经济衰退；反之，当社会总支出水平过高时，可以采取减少政府购买支出的政策，通过降低社会总需求水平来抑制通货膨胀。因此，调节政府购买支出水平是财政政策的有效手段。

政府转移支付是指政府在社会福利、保险、贫困救济和补助（如农产品价格补贴）等方面的支出。这是一种货币性支出，政府在付出这些货币时并无相应的商品和服务的交换发生,因而是一种不以取得商品和服务作为报酬的支出。由此,政府转移支付不能算作国民收入的组成部分。它所做的仅仅是通过政府将收入在不同社会成员之间进行转移和重新分配,全社会的总收入水平并没有变动。在前面的乘数分析中我们已经知道,政府转移支付同样能够通过转移支付乘数作用于国民收入,但乘数效应要小于政府购买支出的乘数效应。一般来讲,在社会总支出水平不足时,政府转移支付会增加;反之,政府转移支付会减少。

(二)政府收入

税收是政府收入中最主要的部分,它是国家按照法律预先规定的标准,强制地、无偿地取得财政收入的一种手段。依据不同的标准,税收可以有不同的分类。按课税对象,可分为所得税、财产税和流转税。所得税按居民和营利性企事业的纯收入累进计征;财产税是对土地及土地上的建筑征税(遗产税一般包含在财产税中);流转税是对流通中的商品和服务的总额征税(增值税是流转税的主要税种之一)。这三种税通过税率的高低及其变动来反映税赋轻重与税收总量的关系。因此,税率的大小及其变动方向对经济活动(如个人收入和消费)会直接产生很大影响。按税收能否转嫁,可分为直接税和间接税。直接税的交税者和承担者是一致的,如所得税、遗产税等;间接税的交税者则可在不同程度上向他人转嫁税收,如货物税、消费税、关税等。以税基为标准,可分为从量税和从价税。从量税以税收客体的数量为标准,如土地、产品的数量;从价税则以税收客体的价格为标准,按单价的一定比例征税。以税率为标准,可以分为比例税、累进税和累退税。比例税不管税收客体多少,一律课以同样的税率;累进税随税收客体的增多,逐渐提高税率;累退税则随税收客体的增多,逐渐降低税率。按税收的体制,可分为中央税和地方税。

税收作为政府收入手段,既是国家财政收入的主要来源,也是国家实施财政政策的一个重要手段。与政府购买支出、转移支付一样,税收同样具有乘数效应,即税收的变动对国民收入的变动具有倍增作用。税收乘数分为两种:一种是税率的变动对总收入的影响;另一种是税收绝对量的变动对总收入的影响。因此,税收作为政策工具,既可以通过税率的设计解决税收调节的深度;也可以在税率既定的前提下,通过变动税收总量,如实施税收优惠(减税、免税、宽限、加速折旧、建立保税区等)或税收惩罚(报复性关税、双重征税、税收加成、征收滞纳金等)来改变社会总需求,从而灵活地适应复杂多变的经济状况。当然,还可以通过税种、税目的设计,解决税收调节的广度问题。

由于所得税是税收的主要来源,因此改变税率主要是调节所得税的税率。一般来说,降低税率、减少税收会引致社会总需求增加和国民产出增长;反之则结果相反。由此,在社会总需求不足时,可采取减税措施来抑制经济衰退;在社会总需求过多时,可采取增税措施来抑制通货膨胀。

当政府税收不足以弥补政府支出时,政府会发行公债。公债也是政府财政收入的一个组成部分,是政府对公众的债务,或公众对政府的债权。公债不同于税收,是政府利用信用筹集财政资金的特殊形式,包括中央政府债务和地方政府债务。中央政府债务称为国债,有短期、中期和长期国债三种形式。短期国债一般通过出售国库券取得,主要进入短期资金市场(货币市场),利率较低,期限一般有3个月、6个月和1年三种。中期国债期限在1年以上5年以下。5年以上的是长期债券。美国长期债券期限最长的为40年。中长期债券是西方国家资本市场(长期资金市场)上最主要的交易品种之一,其利率也因时间长、风险大而较高。发行政府公债,一方面能增加财政收入,影响财政收支,属于财政政策;另一方面又能对包括货币市场和资本市场在内的金融市场的扩张与紧缩起到重要作用,影响货币的供求,从而调节社会的总需求水平。因此,公债也是实施宏观调控的经济政策工具。

二、经济的自动稳定器与斟酌使用(相机抉择)的财政政策

二战后,西方国家的经济虽然仍有周期性波动,但与20世纪30年代的经济大危机相比,波动幅度大为减少,衰退持续时间也大为缩短。其原因是多方面的,其中与西方财政制度和财政政策对经济的自动调节与主动调节有相当大的关系。自动调节是指财政制度本身有着自动抑制经济波动的作用,即经济的自动稳定器作用。主动调节是指政府有意识地进行反周期的相机抉择的积极的财政政策。

(一) 经济的自动稳定器

经济的自动稳定器又称内在稳定器,是指经济系统本身存在的一种会减少各种干扰对国民收入冲击的机制。它能够在经济繁荣时期自动抑制通货膨胀,在经济衰退时期自动减轻萧条,而无须政府采取任何行动。财政政策的自动稳定器功能主要通过下述三项制度实现。

首先是政府税收的自动变化。当经济衰退时,国民产出水平下降,个人收入减少。在税率不变的情况下,政府税收会自动减少,留给人们的可支配收入也会自动少减少一些,从而使消费和需求也自动地少下降一些。在实行累进税的情况下,经济衰退使纳税人的收入自动进入较低纳税档次,政府税收下降的幅度会超过收入下降的幅度,从而起到抑制经济衰退的作用。相反,经济繁荣时,政府税收会增加,从而起到抑制通货膨胀的作用。税收这种因经济变动而自动发生变化的内在机动性和伸缩性,就成为一种有助于减轻经济波动的自动稳定因素。

其次是政府支出的自动变化。这里主要指政府的转移支付,它包括政府的失业救济(社会保险金)及其他社会福利支出。当经济出现衰退与萧条时,失业增加,符合救济条件的人数增多,失业救济及其他社会福利支出会相应增加,这样就可以抑制人们的收入特别是可支配收入的下降,进而抑制消费需求的下降。当经济繁荣时,失业人数减少,失业救济及其他社会福利支出自然也会减少,从而抑制可支配收入和消费的增长。

最后是农产品价格维持制度。经济萧条时,国民收入水平和农产品价格下降,政府依照农产品价格维持制度,按支持价格收购农产品,可使农民的收入和消费维持在一定的水平上。经济繁荣时,国民收入水平和农产品价格上升,政府会减少对农产品的收购并抛售农产品,抑制农产品价格上升,也就抑制了农民收入的增长,从而减少了总需求的增加。

总之,政府税收和转移支付的自动变化、农产品价格维持制度对宏观经济活动都能起到稳定作用,是财政政策的内在稳定器和减缓经济波动的第一道防线。

(二) 斟酌使用(相机抉择)的财政政策

尽管各种经济自动稳定器一直在发挥作用,但作用毕竟有限,特别是对于剧烈的经济波动,经济自动稳定器更是难以扭转局面。因此,为确保经济稳定,政府需审时度势,主动采取一些财政措施,改变支出水平或税收以稳定总需求水平,使之接近物价稳定的充分就业水平。这就是斟酌使用(相机抉择)的或权衡性的财政政策。当经济中总需求非常低,出现经济衰退时,政府应该削减税收、降低税率、增加支出或双管齐下以刺激总需求;反之,当经济中总需求过高,出现通货膨胀时,政府应该增加税收或削减开支,以抑制总需求。前者称为扩张性(膨胀性)财政政策,后者称为紧缩性财政政策。这种交替使用的扩张性和紧缩性财政政策,也被称为补偿性财政政策,其特点是以“需求管理”为重点,相机抉择并斟酌使用的财政政策要“逆经济风向行事”。

三、补偿性财政和预算盈余

根据补偿性财政政策,政府在财政方面的积极政策主要是为了实现无通货膨胀的充分就业。当实现这一目标时,预算可以是盈余,也可以是赤字。预算赤字是政府财政支出大于收入的差额。实行扩张性财政政策,即减税和扩大政府支出有可能造成预算赤字。预算盈余是政府收入超过支出的余额。实行紧缩性财政政策,即增税和减少政府支出,可能会产生预算盈余。

补偿性财政是凯恩斯主义者的财政思想。凯恩斯主义者认为,不能机械地用财政预算收支平衡的观点对待预算赤字和预算盈余,而应从反经济周期的需要来利用预算赤字和预算盈余。为实现充分就业和消除通货膨胀,以“逆经济风向行事”为原则,需要赤字就赤字,需要盈余就盈余,不应为了实现财政收支平衡而妨碍政府财政政策的制定和执行。可见,补偿性财政思想是斟酌使用(相机抉择)的指导思想,而斟酌使用(相机抉择)的财政政策是补偿性财政思想的实现和贯彻。补偿性财政思想的提出,是对原有财政平衡预算思想的否定。

在西方国家,原有财政预算平衡思想主要有年度平衡预算和周期平衡预算两种。

年度平衡预算要求每个财政年度的收支平衡。这是西方国家在20世纪30年代大危机以前普遍采取的政策原则。该原则遭到了凯恩斯主义者的攻击。他们认为,衰退时,税收必然会随收入的减少而减少。如果坚持年度平衡预算的观点,那么为了减少赤字,只能减少政府支出或提高税率,最终会加深衰退;当经济过热,出现通货膨胀时,税收必然会随收入的增加而增加,为了减少盈余,只能增加政府支出或降低税率,最终反而会加剧通货膨胀。因此,坚持年度平衡预算只会使经济波动更加激烈。

周期平衡预算是指政府的收支在一个经济周期中保持平衡。在经济衰退时实行扩张政策,有意安排预算赤字,在繁荣时实行紧缩政策,有意安排预算盈余,以繁荣时的盈余弥补衰退时的赤字,使整个经济周期的盈余和赤字相抵而实现预算平衡。这种思想在理论上很不错,但实行起来非常困难。因为在一个预算周期内很难准确估计繁荣与衰退的时间和程度,二者更不会完全相等,甚至连预算也难以事先确定,从而无法实现周期预算平衡。

补偿性财政思想否定了传统预算观点，主张预算目标不应是追求政府收支平衡而应是追求无通货膨胀的充分就业。虽然这一思想与机械地追求政府收支平衡目标相比是一大进步，但其实施也存在一定的困难。不仅经济波动难以预测、经济形势难以估计，而且决策需要时间，效果也滞后，因此这种预算难以充分奏效。例如，为了消除通货膨胀而采取紧缩政策，增加税收或减少政府支出，但由于政策滞后，也许经济已转入衰退，但政策的作用仍在实行紧缩，最终使衰退更加严重。

四、充分就业预算盈余与财政政策方向

按照补偿性财政思想，实行扩张性财政政策会减少政府的预算盈余或增加预算赤字；实行紧缩性财政政策则会增加政府的预算盈余或减少预算赤字。这样很容易把预算盈余的减少或预算赤字的增加当作扩张性财政政策的结果，把预算盈余的增加或预算赤字的减少看成是紧缩性财政政策的结果。但是，预算盈余或赤字变动有时并不是由财政政策主动变动引起的，而是由经济情况变动引起的。在经济衰退时期，由于收入水平下降，税收自动减少，政府转移支付自动增加，就会引起预算盈余减少或预算赤字增加。而在经济高涨时期，由于收入水平上升，税收自动增加，政府转移支付自动减少，就会引起预算盈余增加或预算赤字减少。这种情况下的预算盈余或预算赤字的变动与财政政策无关。可见，预算盈余或赤字的变动可能有两方面原因：一是经济情况的变动；二是财政政策的变动。单凭盈余或赤字的变动难以看出财政政策的扩张或紧缩性质。要使预算盈余或赤字成为衡量财政政策是扩张还是紧缩的标准，必须消除经济周期波动本身的影响。对此，美国经济学家布朗在 1956 年提出了充分就业预算盈余的概念。

充分就业预算盈余是指既定的政府预算在充分就业的国民收入水平即潜在的国民收入水平上所产生的政府预算盈余。如果这种盈余为负值，就是充分就业的预算赤字。它不同于实际的预算盈余。实际的预算盈余是以实际的国民收入水平来衡量预算状况的，因此二者的差别就在于充分就业的国民收入与实际国民收入的差额。一般来讲，若充分就业的国民收入低于实际国民收入，则充分就业预算盈余小于实际预算盈余；若充分就业的国民收入高于实际国民收入，则充分就业预算盈余大于实际预算盈余。当然，也会出现充分就业的国民收入与实际国民收入相等，因而充分就业预算盈余与实际预算盈余相等的情况。

如果用 t、G、T_r 分别表示边际税率、既定的政府购买支出和政府转移支付支出，用 Y、Y^f 分别表示实际收入和潜在收入，则充分就业预算盈余（用 BS^f 表示）和实际预算盈余（用 BS 表示）分别为 $BS^f = tY^f - G - T_r$ 和 $BS = tY - G - T_r$。周期性预算盈余或赤字是实际盈余或赤字减结构性盈余或赤字。也就是说，周期性盈余或赤字是纯粹由于实际 GDP 不等于潜在 GDP 而产生的那部分预算差额，即 $BS^f - BS = t(Y^f - Y)$。

充分就业预算盈余概念的运用具有两个重要作用。第一，可以在预算时把收入水平固定在充分就业的水平上，消除经济中收入水平的周期性波动对预算状况的影响，从而更准确地反映财政政策对预算状况的影响，并为判断财政政策是扩张性的还是紧缩性的提供一个较为准确的依据。如果充分就业预算盈余增加了或赤字减少了，财政政策就是紧缩的；反之，财政政策是扩张的。第二，可以使政策制定者关注充分就业问题，以充分就业

为目标确定预算规模,从而确定财政政策。不过,必须注意,这一概念也存在一定的缺陷,因为充分就业的国民收入或潜在国民收入本身也是难以准确估算的。

五、赤字与公债

二战后,西方国家普遍按照补偿性财政思想,实行干预经济的积极的财政政策。从方式上说,这种政策是逆经济风向行事的"相机抉择",但事实上多数是扩张性财政政策,结果造成财政赤字的上升和国家债务的积累。财政赤字是财政支出大于财政收入而形成的差额。公债是指政府为筹措财政资金,凭其信誉按照一定程序向投资者出具的,承诺在一定时期支付利息和到期偿还本金的一种格式化的债权债务凭证。

弥补赤字的途径无非是借债和出售政府资产。政府借债可以分为两类:一类是向央行借债。这实际上是让央行增发货币或者说增加高能货币,其实就是货币筹资,结果会引起通货膨胀。因此,它在本质上是用征收通货膨胀税的方式来解决赤字问题。许多发展中国家常常用这种方式弥补赤字,而发达国家则较少采用。另一类是向国内公众(商业银行及其他金融机构、企业和居民)和外国举债,这是债务筹资。一般来说,向国内公众举债不过是社会购买力向政府部门转移,并不立即直接引起通货膨胀,因为基础货币并没有增加。然而,政府发行公债往往会引起利率上升,央行要想稳定利率,必须通过公开市场业务买进债券,而这会增加货币供给。这样一来,预算赤字的增加也会引起通货膨胀。作为政府取得收入的一种形式,公债可以为预算赤字融资,使赤字得到弥补。然而,政府发行公债要还本付息,年复一年,未清偿的债务会逐渐累积成巨大的净债务存量。这些净债务存量所需支付的利息又构成了政府预算支出中一个十分可观的部分。

一国政府预算的总赤字等于非利息赤字(由不包括利息支付的全部政府开支减全部政府收入构成)和利息支出的总和。即使非利息赤字为零或不变,只要利息支出增长,总赤字也会增加。赤字的增加如果仍通过债务融资解决,则利息支出又会增加,使赤字进一步增加。可见,在其他条件不变时,赤字增加引起债务增长,债务增长又引起利息负担增长,从而使赤字进一步增加。如此循环往复,使公债利息支出本身成为赤字和公债逐步增长的重要因素之一。一国债务与GDP的比率称为债务-收入比率。这一比率的变动主要取决于公债的实际利率、实际GDP的增长率和非利息预算盈余的状况。在非利息预算盈余不变时,公债利息越高,产出增长率就越低,债务-收入比率就越有可能上升。如果非利息预算能不断出现盈余,实际利率有所下降,实际GDP不断有所增长,则债务收入比就会逐步下降。

举借国债对刺激经济增长有一定作用,但过快过量的负债,不管债务人是政府还是私人,都是不可持续的,最终会危及经济秩序和增长,破坏国家信用基础,加重民众的负担,造成经济社会的恶性循环。

专栏

世界头号强国美国同时也是头号债务国。1992年年底,美国政府的债务总量已经超过3万亿美元,平均每个美国人分摊到1.6万美元;20世纪90年代末,平均每个美国人的政府债务分摊额增加到约2万美元；2007年，则超过3万美元[①]。美国220多年的经济史表明了一个基本事实，那就是当情况变糟的时候，美国会借债。美国是一个通过建立复杂的金融体系、熟练运用金融战略以达到自身目的的金融帝国。独立战争使新成立的联邦政府负债占经济总量的30%，开国者们立即采取行动还清债务；南北战争使美国几乎破产，但债务也较快得到了偿还。一战及之后的大萧条使美国陷入经济困境，于是美国人创建了庞大社会保障计划来帮助人们为未来储蓄。二战使美国政府债务达到空前水平，美国人购买储蓄债券来支持打赢战争。20世纪六七十年代的越南战争和大社会福利计划加速了经济严重衰退。1960年以后，美国国债规模逐年攀升，1961—1975年，平均以每年170亿美元的速度增长。里根执政的8年间，美国国债额度达到战后新的高峰，从1981年的1万亿美元上涨到1988年的2.6万亿美元，债务总额占GDP比重从20世纪70年代末期的26%升为1988年的51.9%。里根总统在两届总统任期内所增加的债务额超过了此前200年美国所有总统所积累的债务总和，创下了美国国债历史上的又一个纪录。1992—2001年克林顿执政的8年间，他将削减联邦赤字摆在优先地位，但面对庞大的债务也无良策，2001年美国国债控制在5.7万亿美元，占GDP的56.4%。2001年小布什上台后，由于发动了两场战争，加上遇到了严重的金融危机，走上了滥发货币、滥用全球铸币权之路，进一步加剧了债务危机，国债占GDP的比重上升至84.2%。奥巴马2009年1月上台后不足3年，债务占GDP的比率就已超过90%，逼近100%。截至2011年9月，美国国债利息支出占GDP的2.8%，并不算高，但是未来10年美国的利息支出占GDP的比重将达4.7%。假设美国的GDP能够增长4.7%，并且4.7%的GDP增量全部作为政府财政收入，且全部用来支付国债利息，那么利息支出将吞噬GDP增量。但是，现在美国经济只有不到2%的增长率，而未来平均增速也难以达到4.7%。因此，美国的债务问题将长期存在。

资料来源：

(1) 全球经济：全球债务：美长期存在，欧2013缓解，日问题不大[EB/OL]. [2011-09-02] 湘财证券. http://finance.qq.com/a/20110902/002270.htm.

(2) 追溯美国国债之谜[EB/OL]. [2011-09-02]. 国际融资. http://finance.sina.com.cn/leadership/mroll/20111009/135510586191.shtml.

案例8-1
功能财政与平衡财政

案例8-2
补贴还是减税？

案例8-3
财政赤字与债务危机

第二节　货币政策

中央银行通过控制货币供应量来调节利率和价格，进而影响投资和整个经济，以实现

① http://news.hexun.com/2007-12-04/101983349.html，2007年12月4日，和讯网.

一定经济目标的行为就是货币政策。货币政策和财政政策一样,都是调节国民收入以实现稳定物价、充分就业或经济稳定增长的目标。二者的不同之处在于:财政政策会直接影响总需求的规模,这种直接作用是没有任何中间变量的;而货币政策则还要通过利率的变动对总需求产生影响,因而是间接地发挥作用。

要了解货币政策,必须先具备一些西方银行制度方面的知识,因为货币政策要通过银行制度来实现。

一、商业银行和中央银行

在银行制度方面,西方主要国家的金融机构并不完全相同,大体来说,其金融机构包括金融中介机构和中央银行两类。金融中介机构中最主要的是商业银行,其他金融中介机构还有储蓄和贷款协会、信用协会、保险公司和私人养老基金等。

商业银行就是除中央银行以外的所有银行。因为早先向银行借款的人都经营商业,所以人们把银行称为商业银行。后来,工业、农业、建筑业甚至消费者都日益依赖商业银行融通资金,其客户已经遍及经济各部门,业务也多种多样,但是人们仍然习惯地称之为商业银行。商业银行的主要业务是负债业务、资产业务和中间业务。负债业务主要是吸收存款,包括活期存款、定期存款和储蓄存款。资产业务主要包括放款和投资两类。放款业务是为企业提供短期贷款,包括票据贴现、抵押贷款等。投资业务就是购买有价证券以取得利息收入。中间业务是为顾客代办支付事项及其他委托事项,从中收取手续费的业务。

中央银行是一国最高的金融当局,统筹管理全国金融活动,实施货币政策以影响经济。当今世界除了少数地区和国家,几乎所有已独立的国家和地区都设立了中央银行。美国的中央银行是联邦储备局,英国的中央银行是英格兰银行,法国的中央银行是法兰西银行,德国的中央银行是联邦银行,日本的中央银行是日本银行,中国的中央银行是中国人民银行。一般认为,中央银行具有如下三个职能。

(一)作为货币发行的银行,发行国家的货币

货币通常被定义为:在商品和服务的交换及债务清偿中作为交换媒介或支付工具而被定为普遍接受的物品。最符合这个定义的是硬币、纸币和活期存款。中央银行发行的货币是硬币和纸币,它们是流通中的现金,被称为通货,通常用 M_0 表示;活期存款与通货一样随时可用来支付债务,因而也可看作是严格意义上的货币,而且是最重要的货币。货币供给量的大部分是活期存款,同时通过活期存款的派生机制还会创造货币。活期存款与流通中的现金(M_0)合起来被称作狭义货币,用 M_1 表示。M_1 与定期存款之和被称作广义货币,用 M_2 表示。

(二)作为商业银行的银行

中央银行既为商业银行提供贷款(通过票据再贴现、抵押贷款等办法),又为商业银行集中保管存款准备金,还为商业银行集中办理全国的结算业务。

（三）作为国家的银行

第一，中央银行代理国库，一方面受国库委托代收各种税款和公债出售款项等收入，作为国库的活期存款；另一方面代理国库拨付各项经费，代办各种付款与转账。第二，提供政府所需资金，既通过贴现短期国库券的形式为政府提供短期资金，也通过帮助政府发行公债或直接购买公债的方式为政府提供长期资金。第三，代表政府与外国发生金融业务关系。第四，执行货币政策。第五，监督、管理全国金融市场活动。

二、货币政策及其工具

货币政策一般也分为扩张性货币政策和紧缩性货币政策。扩张性货币政策是通过增加货币供给来带动总需求的增长。货币供给增加时，利率会降低，取得信贷更加容易。因此，经济萧条时多采用扩张性货币政策。紧缩性货币政策是通过削减货币供给来降低总需求水平，在这种情况下，取得信贷比较困难，利率也随之提高。因此，在通货膨胀严重时，采用紧缩性货币政策。西方主要国家运用货币工具的具体方式并不完全相同，但是在基本原则上却大体一致。一般性货币政策工具主要有三种：法定存款准备金率、贴现贷款和贴现率以及公开市场业务。

（一）法定存款准备金率

法定存款准备金制度最早起源于英国，但以法律的形式将其形成一种制度则始于1913 年美国的《联邦储备法》。20 世纪 30 年代经济大危机后，法定存款准备金制度演化为中央银行限制银行体系信用创造和调控货币供应量的政策工具。目前，实行中央银行制度的国家一般都实行法定存款准备金制度。

法定存款准备金制度使中央银行有权决定商业银行及其他存款机构的法定存款准备金率。如果中央银行认为需要增加货币供给量，就可以降低法定存款准备金率，使所有的存款机构对每一笔客户的存款只留出更少的准备金，反过来说，就是让每一美元的准备金支撑更多的存款。假定原来法定存款准备金率为 20％，100 美元存款必须留出 20 美元准备金，可贷金额为 80 美元。这样，增加 1 万美元的准备金就可以派生出 5 万美元的存款。若中央银行把法定存款准备金率降低到 10％，则 100 美元存款只需 10 美元准备金就行了，可贷金额为 90 美元。这样，增加 1 万美元的准备金就可以派生出 10 万美元的存款，货币供给量因此增加了一倍。可见，降低法定存款准备金率，银行可以少持有准备金，从而可以增加贷款，这就增加了货币供给量；而提高法定存款准备金率，就等于增加了银行法定准备金，银行必须减少贷款，这会减少货币供给量。从理论上说，变动法定存款准备金率是中央银行调节货币供给量最简单的办法。不过，中央银行通常不愿轻易使用变动法定存款准备金率的手段，因为商业银行向中央银行报告其准备金和存款状况时有一个时滞。今天变动的法定存款准备金率要过一段时间（如两周）以后才会起作用。而且，变动法定存款准备金率的作用十分猛烈，一旦发生变动，所有银行的信用都必须扩张或收缩。因此，这一政策手段很少使用，通常几年才改变一次法定存款准备金率。如果法定存款准备金率变动频繁，会使商业银行及其他存款机构的正常信贷业务因受到干扰而无所适从。目前法定存款准备金率主要是作为公开市场业务的辅助操作手段存在，其最重要的作用就在于形成一个稳定的、可预测的准备金需求量。

（二）贴现贷款和贴现率

中央银行通过贴现窗口向商业银行提供的贷款就是贴现贷款，其利率即为贴现率。相对于市场利率而言，贴现率是一种官定利率，常常用来表达中央银行的政策意向，具有短期性。贴现率也是一种标准利率或最低利率，其高低对整个市场利率水平具有引导作用。此外，中央银行还可以通过规定何种票据具有贴现资格来影响商业银行的资金投向。

20 世纪 30 年代大危机以前，贴现贷款和贴现率是最主要的货币政策工具，此后贴现窗口的这种职能逐渐被公开市场业务所取代。贴现窗口的职能主要体现在信贷职能方面，贴现贷款作为存款机构临时性资金需求的重要资金来源，是中央银行作为最后贷款人解决银行临时性资金短缺和流动性紧张问题的重要操作手段，是维护金融体系稳定、防止金融恐慌的一个基本保证。

中央银行作为最后贷款者，主要是为了协助商业银行及其他存款机构对存款备有足够的准备金。一家存款机构（主要指商业银行）的准备金出现临时短缺（如某一银行客户出乎意料地要把一大笔存款转到其他银行）时，就可以用其持有的政府债券或合格的客户票据向当地的中央银行的贴现窗口（办理这类贴现业务的地点）进行再贴现或申请借款。贴现率政策是中央银行通过变动商业银行及其他存款机构的贷款利率来调节货币供应量的政策。贴现率提高，商业银行向中央银行的借款就会减少，在法定存款准备金率既定时，银行必须减少贷款，从而社会的货币供给量就会减少；贴现率降低，商业银行向中央银行的借款就会增加，商业银行有更多的准备金用于贷款，从而社会的货币供给量就会增加。

贴现窗口贷款主要有三种形式：调节性贷款、季节性贷款和延伸性贷款。调节性贷款用于解决存款机构的临时性资金短缺，如法定存款准备金不足或其他形式的透支，利率即基础贴现率，低于同业拆借市场利率。季节性贷款主要用于满足筹资能力有限的小银行的季节性资金需求（如农产品收购等），利率与市场利率挂钩，高于基础贴现率。延伸性贷款则用于援助面临倒闭或经营不善的银行，属于应急性贷款，利率在 30 天以后与市场利率挂钩，且高于基础贴现率。中央银行总的原则是不鼓励银行频繁地利用贴现窗口借款。商业银行也认为，到贴现窗口借款是经营状况不佳、筹资能力低下的标志，因此一般情况下不使用贴现窗口。这种行为准则为中央银行在公开市场操作中调控贴现窗口的贷款形成了一个十分重要的良性机制。

此外，再贴现政策不是一个主动性政策，因为中央银行只能等待商业银行向它借款，而不能要求商业银行这样做。如果商业银行不向中央银行借款，那么贴现率政策便无法执行；而当银行极度缺乏准备金时，即使贴现率很高，银行依然会从贴现窗口借款。可见，通过变动贴现率来控制银行准备金的效果是相当有限的。

案例 8-4
中央银行的诞生：承担最后贷款人角色的必然选择

案例 8-5
中央银行的发展逻辑——从政府部门演变为独立于政府的机构

案例 8-6
货币政策工具的多样性与货币政策目标的单一性

（三）公开市场业务

公开市场业务是目前中央银行控制货币供给量最重要、最常用的工具。公开市场业务是指中央银行在金融市场上公开买卖政府债券来控制货币供应和利率的行为。根据经济形势的发展，中央银行认为需要收缩银根时，便卖出证券，相应地收回一部分基础货币，减少金融机构可用资金的数量；相反，中央银行认为需要放松银根时，便买进证券，扩大基础货币供应，直接增加金融机构可用资金的数量。公开市场业务是 20 世纪 20 年代早期美国联邦储备系统为解决自身收入问题买卖收益债券时意外发现的，此后，它几乎成为联邦储备系统最重要的政策工具。美国货币政策（包括公开市场业务）是由联邦储备系统中的公开市场委员会（FOMC）决定、由公开市场办公室具体实施的。

需要指出的是，公开市场业务是通过改变银行系统的准备金总量起作用的。政府债券是政府为筹措弥补财政赤字资金而发行的支付利息的国库券或债券。这些被初次卖出的证券在普通居民及企业、银行、养老基金等单位中反复不断被买卖。中央银行在公开市场上购买政府证券时，商业银行及其他存款机构的准备金将会以两种方式增加：如果中央银行向非银行机构购买证券，就会开支票，证券出售者将该支票存入自己的银行账户，该银行再将支票交中央银行作为自己在中央银行账户上增加的准备金存款；如果中央银行直接从各银行买进证券，则可以直接按证券金额增加各银行在中央银行中的准备金存款。中央银行售出政府证券时，情况则相反，准备金的变动就会引起货币供给量按货币乘数发生变动。准备金变动了，银行客户取得信贷就变得容易或困难了。这本身就会影响经济。同时，中央银行买卖政府债券的行为也会引起证券市场上需求和供给的变动，从而影响债券价格和市场利率。有价证券的市场是一个竞争性市场，证券价格由供求关系决定。当中央银行要购买证券时，对有价证券的市场需求将增加，证券价格会上升，从而利率下降；反之亦然。显然，中央银行买进证券就是去创造货币。中央银行把 10 万美元的证券卖给某银行时，只需要通知该银行其准备金存款账户上已增加 10 万美元。这样一来，中央银行就可以根据自己的意愿增加或减少货币供应量了。

公开市场业务之所以能成为中央银行控制货币供给量最主要的手段，是因为它具有比其他手段更多的优点。例如，在公开市场业务中，中央银行可及时按照一定规模买卖政府债券，从而可以比较准确地控制银行体系的准备金。中央银行如果希望大量变动货币供给量，只需大量买进或卖出政府债券；如果希望少量变动货币供给，只需买进或卖出小量政府债券。公开市场操作很灵活，中央银行可及时用它来改变货币供给量变动的方向，变买进为卖出证券，立即就有可能使增加货币量变为减少货币供给量。中央银行可以连续地、灵活地进行公开市场操作，自由决定买卖有价证券的数量、时间和方向。而且即使有时中央银行会出现某些政策失误，也可以及时予以纠正。这是另外两种政策所不具有的优势。公开市场业务的优点还表现在这一业务对货币供给的影响可以比较准确地预测出来。例如，买进一定金额的证券，就可以大体上按货币创造乘数估计出货币供给量增加了多少。

上述三大货币政策工具常常需要配合使用。例如，中央银行在公开市场操作中出售政府债券使市场利率上升(债券价格下降)后，贴现率必须相应提高，以防止商业银行增加贴现。于是，商业银行给客户的贷款利率也将提高，以免产生亏损。相反，如果中央银行认为需要扩大信用，在公开市场操作中买进债券的同时，也可降低贴现率。贴现率政策和公开市场业务虽然都能使商业银行的准备金变动，但变动方式和作用还是有区别的。中央银行出售证券通常能减少银行准备金，但究竟哪家银行会减少准备金以及减少多少准备金却无法事先知道。而且这种公开市场业务究竟会对哪些银行造成严重影响也无法事先知道。那些超额准备金较多的银行可能不受什么影响，即使其客户提取不少存款去买证券，也只会使超额准备金减少一些。但是那些本来就没有什么超额准备金的银行马上就会感到准备金不足，因此其客户提取存款后，这些银行的准备金就会降到法定存款准备金率以下。在这种情况下，中央银行之所以可以大胆地进行公开市场业务，是因为有再贴现政策作补充。当中央银行售卖证券使一些银行缺乏准备金时，这些银行可以向中央银行办理贴现。

货币政策除了以上三种主要工具之外，还有其他一些工具，道义劝告就是其中之一。道义劝告是指中央银行运用自己在金融体系中的特殊地位和威望，通过对商业银行及其他存款机构的劝告，影响其贷款和投资方向，以达到控制信用的目的。例如，在经济衰退时期鼓励商业银行扩大贷款，在通货膨胀时期劝阻商业银行不要任意扩大信用，也往往会收到一定的效果。但道义劝告没有可靠的法律地位，并不是强有力的控制措施。

三、美国中央银行——美国联邦储备委员会

美国国会于1913年创立了联邦储备系统(Federal Reserve System)，简称美联储，并将其作为美国的中央银行和货币当局。从全球的角度来看，美联储在很多方面是一个颇为独特的中央银行。它不是一个由联邦政府直接控制的大银行，而是一个分散化的私营性质的中央银行，属于私有制银行，全部股份由私人持有。美联储由设在华盛顿特区的联邦储备理事会和位于美国一些主要城市的12个地区的联邦储备银行组成。其中，12个地区的联邦储备银行归商业银行所有，也属于私有制银行。

联邦储备理事会有7名由总统任命并得到参议院确认的理事，理事任期14年。理事会成员大都是银行家和经济学家。美联储关键的政策制定机构是联邦公开市场委员会，由其负责制定货币政策。联邦公开市场委员会由美联储的7名理事和12个地区银行总裁中的5位组成。所有12个地区的银行总裁都参加联邦公开市场委员会的每次会议，但只有5个投票权。这5个投票权中的4个由12个地区的银行总裁轮流享有，剩下的1个由纽约联邦储备银行的总裁拥有。美联储最重要的职位是理事会主席。理事会主席通常被人们称为美国权力仅次于总统的人。理事会主席充当美联储公开发言人的角色，并且在货币政策方面享有巨大的权力。除了发行货币、充当最后贷款人以外，美联储还有其他四大功能：监督、指导金融机构；为联邦政府提供银行服务；为全国的地区性银行提供金融

服务；执行货币政策。美联储执行货币政策的目标主要包括：促进经济增长；尽量实现充分就业；稳定物价；保持温和的长期利率。

美联储通过公开市场委员会执行货币政策。公开市场委员会每六周在华盛顿特区开一次会，讨论货币政策。货币政策的执行主要通过三大政策工具来实现。第一大政策工具，也是最不常用的，是设定法定存款准备金率和法定准备金量。美联储可以降低法定准备金量，增加货币乘数，从而增加货币供给；也可以通过增加法定准备金量来降低货币乘数，从而达到减少货币供给的目的。作为一种实践，美联储几乎不会通过改变法定存款准备金率来执行货币政策。美联储的主要职能是确保银行有不低于安全水平的储备以保持经济系统的稳定性。贴现率是美联储给银行借钱的利率，也是第二大政策工具。降低贴现率使银行能更便宜地从美联储借款，扩大货币供应量。上调贴现率使银行从美联储借款更加昂贵，这是一种货币紧缩政策。公开市场操作是最重要的货币政策工具，美联储购买政府债券以扩大货币供应量，出售债券以紧缩货币供应量。

专栏：2020年我国宏观经济形势与政策取向分析[①]

一、要高度重视经济下行压力加大的问题

2019年四个季度，我国GDP增长率依次为6.4%、6.2%、6%和6%，这表明经济下行压力在加大。

结束高增长之后，经济增速适度下降是合理和积极的表现，但绝不能持续不断地下降。当经济增速过低时，微观看，表现为企业的开工率过低、销售回款大量减少、财务支付能力大幅度下降。这会导致工资发放、银行贷款归还等多方面的困难。这些困难会通过就业压力加大和居民收入增速放缓等方式向基本民生传导，也会使银行因企业还贷能力不足而产生惜贷倾向，导致金融紧缩趋向。特别值得重视的是：当经济增速较大地偏离均衡增长水平后，会形成越来越强烈的内生性下行压力，经济增长会进入加速下降的螺旋。

2019年我国GDP增长率为6.1%。前11个月，规模以上工业企业营业收入同比增长4.4%，增速较上年同期降低4.8个百分点；前三季度全国居民人均可支配收入同比实际增长6.1%，增速较上年同期降低0.5个百分点；前11个月，全国公共财政收入同比增长3.8%，增速较上年同期降低2.7个百分点。与各方面收入增速下降相联系，前11个月，制造业投资同比增长2.5%，增速较上年同期降低7个百分点（与工业企业收入增速放缓相联系）；社会消费品零售总额同比增长8%，增速较上年同期降低1.1个百分点（与居民收入增速放缓相联系）；基础设施投资同比增长4%，增速较上年同期提高0.3个百分点。由此可以发现，随着经济增长率下降，企业、居民、政府财政的收入增速都出现了大体同步的下降；随着各方面收入增速下降，相关的投资、消费需求增速也出现下降。政府主导的基础设施投资增速提高是一个例外，这也体现了政府所独具的宏观政策逆周期调节的能力。

这些数据内在联系的系统性变化特点表明，经济内生性的下行压力确实在积累和增

---

① 张立群. 2020年宏观经济形势与政策取向分析[EB/OL]. [2020-02-05]. https://mp.weixin.qq.com/s?src=11×tamp=1612681014&ver=2875&signature=oySmnsG6-yMfP-KpsJPg8ixPPmxP1BONYbywxc5m*xX4zatEivljG-RVFftOG-6vx8oY8Tk3pu2NlXo2JrfPClhbIV4Edw3w-kXDQAi4-BpIn452M45ywIxlo6BXIMRN&new=1.

大,必须引起高度重视。

二、引起经济增速下降的原因是需求紧缩不断加强

我国经济增长率自2010年以来总体呈持续下降态势。2010—2018年,GDP增速从10.6%下降到6.6%(2017年GDP增速为6.8%,较2016年提高0.1个百分点,其他年份增速均为下降)。

从宏观经济角度分析,导致经济增速下降的基本原因是需求的持续收缩。2010年,我国出口(美元口径,下同)较上年增长31.3%,2016年下降到−7.7%;受世界经济复苏态势明朗的影响,2017—2018年出口增速明显回升;但在中美贸易摩擦等因素影响下,2019年前11个月,出口同比增速又降低到−0.3%。2011年,我国全社会固定资产投资较上年增长23.6%,2018年降低到5.9%,2019年前11个月又降低到5.2%。2010年,社会消费品零售总额较上年增长18.3%,2018年降低到9%,2019年前11个月又降低到8%。可见,无论内需还是外需,其增速均有大幅下降。这必然会约束生产,导致供给水平和经济增速持续下降。

有分析认为,2010年以后经济增速的下降,是潜在经济增长率下降的表现,是我国经济增长能力出现了长期趋势性下降。潜在经济增长率是指一国(或地区)经济所生产的最大产品和劳务总量的增长率,或者说一国(或地区)在各种资源得到最优和充分配置条件下,所能达到的最大经济增长率。从理论分析角度看,潜在经济增长率估计的是最大的供给潜力,不应包含需求因素的影响。因此,测算潜在经济增长率,应该从支持经济增长的人力资源、资金和技术等要素供给能力方面来研判。从这个角度分析,我国潜在经济增长率并没有明显下降。人力资源方面,2018年我国劳动年龄人口(16～59岁)总量为8.97亿人,当年我国城镇就业总量为4.3亿人左右。数据表明,我国劳动年龄人口存量巨大,相对于经济增长需要,人力资源供给充裕。这也表明,尽管人口老龄化导致我国劳动年龄人口总量出现下降,但由于存量巨大,因此尚未影响我国的人力资源供给保障能力。资金方面,1982—2008年,我国国民总储蓄率平均为39.81%,2009—2017年平均为48.4%。数据表明,我国当前储蓄率比高增长时期还有提高,资金供给充裕。技术要素供给方面,近年来随着市场竞争趋于激烈,企业与科研院所之间合作的应用技术研发活动明显加强。2018年,我国研究与试验发展经费达19 677.9亿元,与国内生产总值之比达2.19%。市场引导的应用技术研发正在形成越来越大的应用技术供给能力。同时,国家主导的基础科研和重大核心技术研发正在加快推进,基础性、重大关键技术供给能力也在加快形成。综上,与高增长时期比较,我国的要素供给条件并未明显降低。

另外一种观点通过国际比较,归纳经济发展一般规律,进而推断我国经济增长率将出现长期趋势性下降。这一观点的问题在于没有充分考虑我国的特殊国情和我国现代化进程的特点。例如,我国的人口规模及与其相联系的发展不平衡、不充分问题,规模和程度要远高于目前发达国家相应的历史时期;我国处在生物信息技术时代的特点,也是目前发达国家相应历史时期所没有的;中国特色社会主义发展道路,与目前发达国家曾经的发展道路也是不同的。

三、着力扩大内需,化解经济下行压力,决胜全面小康

2019年12月召开的中央经济工作会议强调,要完善和强化“六稳”(稳就业、稳金融、

稳外贸、稳外资、稳投资、稳预期)举措,健全财政、货币、就业等政策协同和传导落实机制,确保经济运行在合理区间。"六稳"是彼此促进、相互作用的有机整体,核心是稳增长。

对经济增长速度的刚性要求,首先来自充分就业的目标。就业是民生之本。近年来,我国1个百分点的GDP增长率,约对应增加200万个就业机会。实现稳就业的目标,核心是保持必要的经济增长速度。实现其他"六稳"目标,也都与稳增长紧密关联。基于前面的分析,实现稳增长的目标,关键要着力扩大内需。

针对2020年我国经济发展面对的严峻形势和决胜全面小康的重大任务,中央经济工作会议强调,要坚持稳字当头,要提高宏观调控的前瞻性、针对性、有效性。要积极进取,坚持问题导向、目标导向、结果导向,在深化供给侧结构性改革上持续用力,确保经济实现量的合理增长和质的稳步提升。

要继续实施积极的财政政策和稳健的货币政策。积极的财政政策要大力提质增效,稳健的货币政策要灵活适度,财政政策、货币政策要同消费、投资、就业、产业、区域等政策形成合力,引导资金投向供需共同受益、具有乘数效应的先进制造、民生建设、基础设施短板等领域,促进产业和消费"双升级"。要充分挖掘超大规模市场优势,发挥消费的基础作用和投资的关键作用。扩大内需,关键是增加有效投资。因为消费是居民自主行为,主要决定于就业和收入增长。只有通过增加投资,增加企业订单,提高开工率,才能使企业促进就业、促进居民收入增长的作用发挥出来。要着眼国家长远发展,加强战略性、网络型基础设施建设,推进川藏铁路等重大项目建设,稳步推进通信网络建设,加快自然灾害防治重大工程实施,加强市政管网、城市停车场、冷链物流等建设,加快农村公路、信息、水利等设施建设。要加快补齐民生短板,有效解决进城务工人员子女上学难问题。要加大城市困难群众住房保障工作,加强城市更新和存量住房改造提升,做好城镇老旧小区改造。要用好发行专项债、PPP(政府和社会资本合作)融资等政策手段,注意使财政政策与货币政策形成合力,积极提振基础设施投资。要全面落实因城施策,稳地价、稳房价、稳预期的长效管理调控机制,促进房地产市场平稳健康发展。

要坚持不懈地推进供给侧结构性改革,着力推动经济转向高质量发展。要坚持巩固、增强、提升、畅通的方针,以创新驱动和改革开放为两个轮子,全面提高经济整体竞争力,加快现代化经济体系建设。转向高质量发展,根本要依靠体制机制的完善。要坚定不移地深化经济体制改革,加快建设高标准市场体系。要加快国资国企改革,推动国有资本布局优化调整。要完善产权制度和要素市场化配置,健全支持民营经济发展的法治环境。要进一步推进高水平对外开放,对外开放要继续往更大范围、更宽领域、更深层次的方向走。要使改革开放相互促进,使统一开放、竞争有序的市场体系加快完善,全面与国际接轨。

案例 8-7
2020年我国财政与货币政策解读及商业银行对策

本章基本概念

财政政策　经济的自动稳定器　斟酌使用(相机抉择)的财政政策　功能性财政　周期平衡预算　年度平衡预算　充分就业预算盈余　充分就业预算赤字　法定存款准备金　贴现贷款　贴现率　公开市场业务

自 测 题

即测即练　扫码答题

复习与思考

1. 财政政策工具有哪些?
2. 简述补偿性财政预算理论的主要内容和特点。
3. 平衡预算的思想与补偿性财政思想有何区别?
4. 什么是自动稳定器?其作用机制是什么?
5. 补偿性财政政策的特点有哪些?
6. 简述充分就业预算余额的概念及意义。
7. 简述凯恩斯关于公债的主要观点。
8. 货币政策工具有哪些?
9. 中央银行怎样通过公开市场业务来调节货币供给?

第九章

开放经济条件下的宏观经济政策

到目前为止，本书对宏观经济理论的论述都以封闭经济为假设前提，即假定一国经济不与国外进行任何联系。但在现实世界中，完全封闭的经济是不存在的，任何一国经济都在不同程度上属于所谓的开放经济。因此，有必要引入国际部门来分析开放经济条件下宏观经济的运行与调节。

第一节　国际收支账户

在当今世界，随着各国经济的发展和科学技术的进步，各国之间的交往与联系越来越密切，在广泛的国际交往中，必然涉及国际间的货币收支问题。国际收支就是表示一个经济体在一定时期内的全部对外往来的综合情况。同时，一国的国际收支状况不仅影响本国国内的经济运行，也会影响一国的对外经济交往。可以说，国际收支是国际间金融活动的起点和归宿，国际收支账户是国际金融研究的一个基础性分析工具，它是除了国民收入外描述开放经济条件下的宏观经济学的最为重要的基础性工具。国民收入账户描述一国产出水平，国际收支账户描述一国对外经济状况。

一、国际收支概念

国际收支概念有狭义和广义之分。狭义的国际收支是指一国或地区在一定时期（通常为一年）的外汇收支，凡是涉及外汇收支的国际经济交易，都列入国际收支账户。这一概念是建立在现金或支付基础上的。随着国际经济关系的发展，这种狭义的概念已不能真实反映一国对外经济关系的全貌，现已较少使用。

广义的国际收支是在狭义的基础上加上无须外汇支付的债权债务往来，如远期付款、记账结算以及易货贸易、补偿贸易、无偿援助等。国际货币基金组织对广义国际收支的定义是：在一定时期内，一国居民与非居民之间经济交易的系统记录。这一定义强调的是交易基础，不仅包括涉及外汇收支的经济交易，还包括未发生现金收付的其他各种经济交易。

广义的概念适应了世界经济形势的发展变化，能更充分、更全面地反映一国对外经济交往，从而能比狭义概念更深刻地揭示国际收支的本质，因而得到广泛的应用。国际收支概念的内涵十分丰富，应注意从以下几个方面把握。

（一）国际收支记载的是一国居民与非居民之间发生的经济交易

一项交易是否记入国际收支账户，判断依据就是该项交易是否发生在本国居民和非居民之间。在国际收支统计中,“居民”是指在一个国家的经济领土内具有一定的经济利益中心的经济单位。一个国家的经济领土包括该国政府所管辖的地理领土,该国的天空、水域和国际水域下的大陆架,该国在世界其他地方的飞地(如大使馆、领事馆等);不包括坐落在一国地理边界内的外国政府或国际机构使用的领土飞地。依照这一标准,一国的大使馆等驻外机构是所在国的非居民,而国际组织是任何国家的非居民。所谓在一国经济领土内具有一定的经济利益中心,是指该单位在某国的经济领土内一年或一年以上的时间里,已大规模从事生产、消费等经济活动或交易,或计划如此行事。

可见划分居民和非居民的标准不是法律或国籍,而是以交易者经济利益中心所在地为标准。经济利益中心所在地不是以“居住地”为标准,而是以是否在居住地从事或计划从事经济活动为标准,如驻外官方外交人员、驻外军事人员的居住地不是其经济利益中心。

(二) 国际收支反映的是经济交易

与字面含义不同,国际收支与“收支”没有关系,而是与“交易”联系在一起。如前所述,国际收支涉及一些国际贸易可能并不涉及的货币支付,而一些交易可能并不需要支付。国际收支平衡表与对外收付记录的根本区别在于:除了包括支付行为的交易外,还应将不付款的交易包括在内。

(三) 国际收支是一个流量概念

国际收支是对一定时期内交易的总计。“一定时期”一般是一年,但也可能是一个季度、一个月,可以根据分析问题的需要和资料来源加以确定。由于国际收支是一个流量概念,它反映的是一定时期内一国对外经济交易的变动值,因此国际收支平衡表中各项目记录的是增减额(净额、余额)而不是总额。

从国际收支的概念可以看到,国际收支的内容相当广泛,几乎涵盖了一国对外经济交易的全部内容。它既是一国国民经济的重要组成部分,反映该国经济结构的性质、经济活动的范围和经济发展的趋势,同时,它又反映一国对外经济活动的规模和特点,以及该国在世界经济中所处地位和所起作用。

二、国际收支账户

国际收支账户是指将国际收支根据一定原则用会计方法编制出来的报表,又称国际收支平衡表。国际收支平衡表系统记录一个国家或地区在一定时期内发生的国际经济交易项目及金额。国际收支账户可分为三大类:经常账户、资本与金融账户、平衡账户。

(一) 经常账户

经常账户(current account)记录实际资源在国际间的转移,包括货物、服务、收益和经常转移四个子项目。每个项目都列出借方总额和贷方总额。

1. 货物

货物(goods)是经常账户乃至整个国际收支平衡表中较为重要的项目,记录一国的商品进口和出口，又可称为"有形贸易"。其中，出口记入贷方，进口记入借方。进出口的差额为"有形贸易差额"，在不计服务贸易时，就是贸易差额。按 IMF 的规定，进出口均按 FOB 价（离岸价）计算。

2. 服务

服务贸易亦即"无形贸易"。近年来，服务贸易迅速发展，在国际贸易中的地位越来越重要。该项目是记录服务的输出和输入，贷方记录服务的输出，借方记录服务的输入。

3. 收益（收入）

收益（收入）(income)是指生产要素（劳动力和资本）在国际间流动所引起的报酬的收支。国际间生产要素流动包括劳工的输入输出和资本的流入流出，因此，该项目下设有两个细项。

(1) 职工报酬：支付给非居民工人的职工报酬。贷方记录本国居民在国外工作所得报酬，借方记录受雇在本国的个人非居民所得。

(2) 投资报酬：记录居民和非居民之间投资和借贷所产生的收入与支出，主要包括直接投资收入和证券投资收入。直接投资收入包括股本收入（红利、分支机构的利润、再投资收益）和债务收入（利息）；证券投资收入包括购买股票所得收益和购买债券所得收益。此外为其他投资收入，记录其他资本（贷款等）产生的利息、储备资产的利息。贷方记录本国居民购买、持有国外资产所获利润、股利、利息等收入；借方记录非居民购买、持有本国资产的利润、股利、利息等支出。

4. 经常转移

经常转移(current transfer)又称无偿转移或单方面转移，是指单方面的无对等性的收支，即那些无须等价交换或不要求偿还的经济交易。转移交易的记录，是将其视作一项市场交易，按市场价格形成的交易金额将其记入相关项目。贷方记录外国对本国的无偿转移；借方记录本国对外国的无偿转移。例如，可将本国向外国无偿转移的物资视为"货物出口"贷记在货物项下，按复式簿记原理，再相应借记"无偿转移"。

（二）资本与金融账户

资本与金融账户(capital and financial account)反映资产所有权在居民与非居民之间的转移，引起居民对非居民的债权增加（债务减少）或债权减少（债务增加）的变化。贷方记录资产的净减少或负债的净增加；借方记录资产的净增加或负债的净减少。该账户包括资本账户和金融账户两大部分。

资本账户包括资本转移和非生产、非金融资产的收买与放弃。资本转移包括：①固定资产所有权的转移，通常是实物转移；②同固定资产买进、卖出联系或以其为条件的资金转移；③债务注销，即债权人不索取任何回报而取消债务。不同于经常转移，资本转移导致交易一方或双方资产存量发生相应变化，交易规模大，转移频率低。非生产、非金融资产的收买与放弃是指不是由生产创造的有形资产（土地和地下资产）和无形资产（专利、版权、商标、经销权等）的收买与出售。

金融账户记录居民和非居民之间投资与借贷的变化。按投资功能和类型可分为直接投资、证券投资和其他投资三类。

(1) 直接投资(direct investment)的主要特征是投资者对非居民企业的经营管理活动拥有有效的发言权。它可以采取如下三种形式：一是开办新企业；二是收购东道国企业的股份达到一定比例，即股票投资；三是利润再投资。《国际收支手册》第五版规定，收购股份至少应在10%以上才是直接投资。

(2) 证券投资(portfolio investment)是指本国居民对外国证券(债券、股票或类似文件如美国的存股证ADRs)和非居民对本国证券的购买和售卖。与直接投资不同，证券投资者主要关心的不是所投资企业的长期远景，而是资本的安全与增值，如资本价值上升的可能及资本的目前收益。因此，证券投资的流动较为频繁。在实际国际经济交往中，直接投资与证券投资往往会相互转换。例如，拥有国外一家企业发行的公司股票的几个彼此独立的投资者，旨在取得股利，则记入证券投资；如果他们联合起来组成一个集团，以便在管理上控制该企业，这时他们持有的投资证券就变成了直接投资。

(3) 其他投资(other investment)是指直接投资、证券投资未包括的金融交易，主要包括贷款、预付款、金融租赁项下货物、货币和存款、短期票据等。一般而言，该项目的流动性更强。

证券投资和其他投资常被视为短期资本，直接投资则被视为长期资本。需要注意的是：居民和非居民之间投资与借贷产生的利息收入记入经常账户的收入项下，而本金的借贷和偿还记录在金融账户下。

(三) 平衡账户

平衡账户(balancing/settlement account)包括储备资产以及误差与遗漏。

(1) 储备资产(reserve assets)是指货币当局掌握的可以随时动用，以平衡国际收支、干预汇率的金融资产，包括货币性黄金、外汇储备、在IMF的储备头寸、IMF分配的特别提款权。在记录时，储备资产要反向记录：储备增加记入借方，用“－”表示；储备减少记入贷方，用“＋”表示。

(2) 误差与遗漏(errors and omissions account)。按照复式簿记原理，国际收支经过经常账户、资本与金融账户的借贷额(包括储备资产项目)借方、贷方的分别记录，所有项目的借方总额和贷方总额应是相等的，总净额为零。但由于不同账户的统计资料来源不一，统计不完整、不准确，记录时间不同以及一些人为因素(如虚报出口)等原因，会出现结账时出现净的借方余额或净的贷方余额，这时需人为设立一个抵消账户，数目与上述余额相等而方向相反。

专栏：世界经常账户余额

由于统计上的困难，出现了这样一个有趣的现象：从会计核算角度，一国经常账户盈余就等于世界其他国家的经常账户赤字。因此，从理论上讲，世界经常账户余额之和应为零。但IMF的统计数据表明，全世界作为一个整体，存在巨大的经常账户赤字，如表9-1所示。

表 9-1　世界经常账户余额　　单位：亿美元

1988 年	1989 年	1990 年	1991 年	1992 年	1993 年	1994 年
−66.8	−89.9	−112.4	−116.0	−107.6	−83.8	−78.5

应该说统计上的错误和遗漏是难免的，但为何会出现如此一致的赤字呢？原因在于各国在统计时往往倾向于低报出口额、高报进口额，以便在贸易谈判中取得优势，结果导致从全世界看，经常账户余额为赤字。

第二节　汇率和汇率制度

一、汇率及其标价法

汇率(foreign exchange rate)又称外汇牌价或外汇行市，是两种货币之间的兑换比率，也可以说是以一种货币单位表示另一种货币的价格。外汇是实现两国之间商品交换和债务清偿的工具，汇率是买卖外汇的价格。可以说，外汇是对兑换行为的质的表述，汇率则是对兑换行为的量的度量。

汇率是两种货币折算的比率。折算两国货币时，首先要确定以哪一国货币作为标准，确定的标准不同，汇率的标价方法也就不同。

(一) 直接标价法

直接标价法，又称应付标价法、欧式标价法，是以一定单位的外币为标准，折合成一定数额的本币来表示其汇率即单位外币的本币价格。例如，中国银行人民币牌价 US$100=￥627.90，其标价方法是将外国货币视为一种普通商品，按本国普通商品的标价法进行标价。这种标价法的特点是：外国货币的数额固定不变(为一定单位)，其折合成本国货币的数额则随着本币与外币的相对价值变化而变动。

如果一定单位外国货币所折算的本币增多，则说明外国货币币值上升，外国货币汇率上涨，或者说本国货币币值下降，本国货币汇率下跌；反之，本币额越低，表明外币贬值、本币升值。可见，在直接标价法下，汇率的升降与本币对外价值的高低成反比。

目前，除英镑、欧元、美元外，世界上绝大多数国家的货币都采用直接标价法。我国国家外汇管理局公布的外汇牌价也采用直接标价法。

(二) 间接标价法

间接标价法，又称应收标价法、美式标价法，是以一定单位的本国货币为标准，折合成一定数额的外国货币。例如，美国纽约外汇市场(本币为美元)US＄1=JP￥107.350 0。间接标价法的特点正好与直接标价法相反，即本币的数额固定不变，其折合成外币的数额随本币与外币相对价值的变化而变动。在间接标价法下，外币数额越高，表示单位本币能兑换的外币越多，说明本币币值越高、外币币值越低；外币数额越低，表明本币贬值、外币升值。

显然,两种标价法下汇率互为倒数。二者只表明汇率表示方法上的不同,并没有实质性的区别。两国货币之间的汇率对一个国家是直接标价法,对另一个国家则是间接标价法。例如,US$100=¥827.72,在美国看来是间接标价法,对中国则是直接标价法。

(三) 美元标价法

美元标价法是指以一定单位的美元为标准来计算能兑换多少其他货币。美元标价法下,美元的单位始终不变,美元与其他货币的比值是通过其他货币的量的变化来表现的。

上述三种标价方法的相同之处在于,各种标价方法下,数量固定不变的货币是标准货币或基础货币;数量不断变化的货币是标价货币或报价货币。直接标价法下,基础货币是外币,标价货币是本币;间接标价法下,基础货币是本币,标价货币是外币;美元标价法下,美元是基础货币,其他各国货币是标价货币。三种标价法的共同点,都是以标价货币的数量表示标准货币或基础货币的价格。

二、汇率制度

货币制度不同,汇率制度也有所不同,即使在同一货币制度下也有不同的汇率制度。从货币体系的演变趋势来看,随着世界经济一体化和全球化趋势的加强,越来越强调各国在选择自身汇率制度方面的自主性。在现行货币体系下,选择何种汇率制度成为各国宏观金融政策的重要组成部分。下面重点介绍不同汇率制度的类型和特点、选择汇率制度的依据,以及人民币汇率制度的演变和特点。

汇率制度(exchange rate regime or exchange rate system),又称汇率安排(exchange rate arrangement),是指一国货币当局对本国汇率水平的确定、汇率变动的方式等所作的一系列安排或规定。汇率制度制约着汇率水平的变动。不同的汇率制度本身意味着政府在实现内外均衡目标的过程中需要遵循不同的规则,所以选择合理的汇率制度是一国乃至国际货币制度面临的重要问题。传统上,按照汇率变动的幅度,汇率制度被分为固定汇率制度和浮动汇率制度两大类。

(一) 固定汇率制度的特点与类型

固定汇率制度是指政府用行政或法律手段确定、公布、维持本国货币与某种参考物(黄金、某国货币、某一篮子货币)之间固定比价的汇率制度。

从国际货币体系的演进来看,在世界范围内实行固定汇率制度的国际货币体系有国际金本位体系和布雷顿森林体系。在这两种货币制度下,汇率决定于金平价(铸币平价和法定平价),各国货币之间的汇率依靠自身的调节机制或货币主管当局运用各种手段进行干预与控制,汇率在基本固定的或很小的幅度内波动。在国际金本位制度下,各国货币之间的固定汇率是由各国货币的铸币平价决定的;布雷顿森林体系下的固定汇率制度也可以说是以美元为中心的固定汇率制度,它是美元与黄金固定比价,其他货币与美元固定比价的“双挂钩”制度。这两类货币制度的异同点如下。

相同点:①各国对本国货币都规定有金平价,中心汇率是按两国货币各自的金平价之比确定的；②外汇市场上的汇率水平相对稳定，汇率围绕中心汇率在很小的限度内波动。

不同点：①国际金本位制度下的固定汇率制度是自发形成的；在布雷顿森林体系下，固定汇率制度则是通过国际间的协议人为建立起来的。②在国际金本位制度下，各国货币的铸币平价一般不会变动；而在布雷顿森林体系下，各国货币的法定金平价则是可以调整的，其汇率制度又被称为"可调节的钉住汇率制度"。

同样是纸币流通条件下的固定汇率制度，在黄金非货币化后的牙买加体系下，一些国家所采用的固定汇率制度与布雷顿森林体系下的固定汇率制度存在根本不同。一是不再规定本国货币的含金量，而是规定本国货币与某一外国货币或某一篮子货币的固定比价。此外，从世界范围来看，在布雷顿森林体系下，所有国家货币之间的汇率都是两两固定的，而现行的货币体系下，一国实行固定汇率制度则主要是将本国货币与某一关键货币（如美元等）实行固定比价，而该国货币与其他货币之间，以及关键货币与其他货币之间的汇率可能都是浮动的。

（二）浮动汇率制度的特点与类型

布雷顿森林体系下，作为储备货币的美元由于超量发行，导致美元与黄金的固定比价难以维持，美元信用基础发生动摇，国际社会对美元的信心逐渐减弱。1960—1973 年，美元危机频频爆发，在危机中，各国纷纷抛售美元，抢购黄金和德国马克，黄金价格暴涨，美元则大幅贬值，布雷顿森林体系的"双挂钩"制度难以维系。1973 年 3 月 16 日，欧洲共同市场 9 国在巴黎举行会议并最终达成如下协议：联邦德国、法国等国家对美元实行"联合浮动"，但这些国家内部仍实行固定汇率；英国、意大利、爱尔兰三国实行单独浮动。此外，其他主要西方国家的货币也都实行了对美元的浮动汇率制度。至此，布雷顿森林体系下的固定汇率制度崩溃，代之以浮动汇率制度。

在浮动汇率制度下，政府对汇率不予固定，也不规定上下波动的界限，听任外汇市场根据外汇的供求情况，自行决定本国货币对外国货币的汇率。当外汇市场上外汇供过于求时，外汇汇率将下跌；外汇汇率供不应求时，外汇汇率将上涨。浮动汇率制度又可分为不同类型。

1. 按政府是否对外汇市场进行干预分

(1) 自由浮动（free floating），亦称清洁浮动（clean floating），是指政府完全听任外汇市场供求变化自发决定汇率，而不采取任何干预措施。这类浮动汇率制度在"一战"结束后曾被某些西方国家采用过，但实施的结果是汇率波动剧烈，外汇市场秩序混乱，从而严重影响了国际贸易和投资活动的开展，阻碍了世界经济的发展。因此，实际上很少有国家采用这种纯粹的自由浮动汇率制度。

(2) 管理浮动（managed floating），亦称肮脏浮动（dirty floating），是指政府直接或间接对外汇市场进行干预，以操纵本国货币的汇率，使它不至于剧烈波动，而保持在对本国有利的水平上。目前，实行浮动汇率制度的国家，一般都属于管理浮动。需要说明的是，管理浮动汇率制度与布雷顿森林体系下的可调整钉住汇率制度有本质区别：管理浮动汇率制度下，尽管一国政府可通过对外汇市场的干预来控制汇率的波动幅度，但汇率变动仍是富有弹性的;而布雷顿森林体系下的固定汇率制度,只在一国国际收支发生“根本性不平衡”时,才允许调整,调整幅度在10%以内,超过则需经过IMF批准,汇率变动是比较僵硬的。

2. 按浮动方式分

(1) 单独浮动(independent floating)是指一国货币不与其他任何国家货币发生固定联系,其汇率根据外汇市场的供求变化而自行调整。例如,美国、英国、日本、加拿大、澳大利亚、新西兰、西班牙等发达国家及少数发展中国家都实行单独浮动。单独浮动可以较好地反映一国的外汇供求状况及货币关系的变化。

(2) 联合浮动(joint floating)是指参与联合浮动的国家组成集团,集团内的货币间实行固定汇率,各成员国有义务共同维持汇率稳定,而对集团外国家的货币则实行联合浮动,当某成员国的货币受到冲击时,其他成员国有义务采取一致行动,共同干预外汇市场。联合浮动是介于固定汇率制度与浮动汇率制度之间的一种混合汇率制度。

1973年欧共体六国(联邦德国、法国、比利时、荷兰、卢森堡、丹麦)率先开始实行联合浮动。当时,六国通过协议规定:六国之间实行固定汇率,其汇率波动幅度定为平价上下各1.125%,六国货币对其他国家货币实行联合浮动,汇率随外汇市场供求变化而自由涨落。联合浮动在集团内部创造了一个稳定的汇率环境,减少了汇率风险,促进了集团内部经济贸易的发展,同时可形成与个别发达国家相抗衡的货币干预力量。

3. 按汇率调整幅度分

(1) 钉住浮动(pegged float)。大多数发展中国家采用这种汇率制度。

根据钉住目标可分为钉住单一货币浮动和钉住一篮子货币浮动。钉住单一货币浮动下,当今被钉住的关键货币主要是美元,全世界有20多个国家实行的是钉住美元的汇率制度。钉住一篮子货币浮动下,钉住的一篮子货币主要是特别提款权[①],或者按照本国与主要贸易伙伴国的贸易比重选择和设计的一篮子货币。

钉住浮动汇率制度根据浮动特点又可分为水平带内钉住汇率制度和爬行钉住汇率制度。水平带内钉住汇率制度下,政府首先确定一个中心汇率,并允许实际汇率在一个水平状的范围内波动。如图9-1所示,汇率在一定上下限之间围绕中心汇率波动。

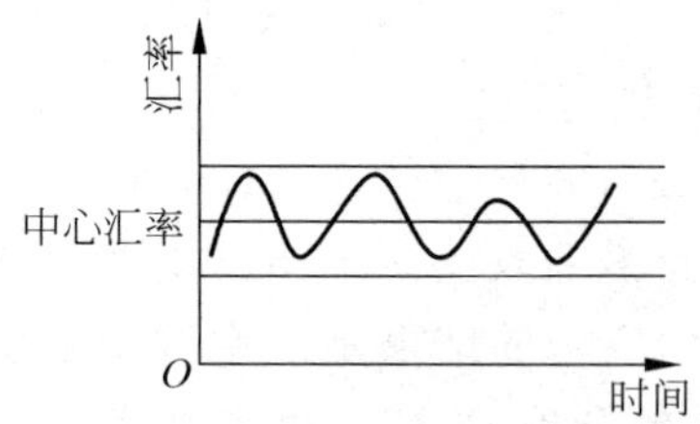

图9-1 水平带内钉住汇率制度

爬行钉住汇率制度的含义是每隔一段时间,就对本国货币进行一次较小幅度的贬值或升值,但每次贬值和升值的时间与幅度都是随意确定的。爬行钉住汇率制度中较典型

① 特别提款权的定值是以一篮子货币分别与美元之间的汇率的加权平均值确定,权数以各国对外贸易占世界总贸易的比重确定,因此钉住特别提款权,就相当于钉住了一篮子货币。

的是爬行带状浮动汇率制度，即中心汇率变化较为频繁，同时货币当局确定一定的爬行幅度和汇率波动范围，政府每隔一段时间，就对本国货币进行一次较小幅度的贬值或升值，如图 9-2 所示。

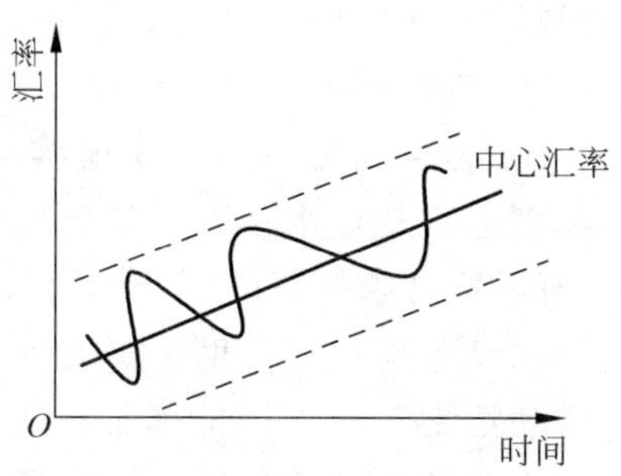

图 9-2 爬行带状浮动汇率制度

（2）弹性浮动（elastic float）。根据浮动的弹性限度分为以下两类。

① 有限弹性浮动，又称有限灵活汇率，是指一国货币的汇率以一种货币或一组货币为中心上下浮动。它不同于前面所介绍的钉住单一货币浮动汇率，该汇率制度一般不存在汇价波动的幅度问题，即使有波动，其幅度也非常小，不超过 1%。钉住一组货币浮动是指由某些国家组成集团，在集团内部各成员国之间实行固定汇率并规定波动幅度，对其他国家则实行联合浮动的一种汇率制度。

② 较大弹性浮动，又称更灵活的汇率，是指一国货币的汇率不受波动幅度的限制，在独立自主原则下对汇率进行调整，包括单独浮动汇率制度以及按一组指标调整的汇率制度。后者是指根据国际收支、通货膨胀、贸易条件、外汇储备水平等因素设立一套指标，并根据这套指标的动态变化，不断及时调整货币的汇率水平。

（三）汇率制度的选择

合理的汇率水平及汇率变动方式对于一国的经济稳定和经济发展至关重要。汇率制度的选择是一个不断变化的动态体系，为了避免汇率波动和"二战"前泛滥的竞争性货币贬值，固定汇率制度无疑是最好的选择，由此诞生了布雷顿森林体系。20 世纪 60 年代美国国际收支逆差不断扩大，越来越多的国家转而青睐浮动汇率制度。

两种汇率制度的优劣之争，一直是学术界长期争论不休的焦点问题。究其原因，一方面是学术讨论的抽象性；另一方面是其他中间汇率制度的优劣可以从固定汇率制度与浮动汇率制度的优劣争论中延伸出来。一大批著名学者卷入了这场争论。比如，赞成浮动汇率制度的经济学家有弗里德曼、约翰逊（H. Johnson）、哈伯勒（G. Habeder）等，赞成固定汇率制度的经济学家有纳克斯（Nurkse）、蒙代尔（R. Mundell）和金德尔伯格（C. Kindleberger）等。争论的问题主要集中在以下几个方面。

（1）哪种汇率制度给决策者更大的"纪律性"。固定汇率制度的支持者认为，固定汇率制度能给予经济政策所必要的"纪律性"，以避免经济出现持续的通货膨胀。相反，浮动汇率制度实际上会加剧一国的通货膨胀趋势。因此，固定汇率制度的支持者认为，在浮动汇率制度下一国的通货膨胀会使其自身永久存在下去。有时我们把这种观点称为恶性循环假说(Vicious Circle Hypothesis)。对此,浮动汇率制度的支持者的主要答辩有两个。一是关于恶性循环假说,他们认为由通货膨胀所带来的以及被断言会进一步触发通货膨胀的贬值,实际上对货币当局来说,是一个表明需要进行货币紧缩的清楚信号,因此能快速触动政府实施反通货膨胀的政策。从这个意义上说,在浮动汇率制度下通货膨胀的危险性并不会大于固定汇率制度。二是对固定汇率制度所具有的"纪律性",他们认为,人们并不总是欢迎这种"纪律性"的约束力。因为各国除了要维持固定汇率和稳定价格外,还有其他一些国内的经济目标,如创造高就业水平和实现合理快速的经济增长。

(2) 哪种汇率制度有助于国际贸易和投资的更快增长。固定汇率制度的支持者长期坚持的论点是,浮动汇率不如固定汇率那样更有助于扩大世界贸易和促进外国直接投资。浮动汇率制度的支持者认为,浮动汇率实际上可能增加外国直接投资的数量。在固定汇率制度下,政府经常不愿意采取必要的内部宏观经济调整来解决国际收支赤字,反而通过采取扩张政策来冲销国际收支赤字对本国货币供给的影响。然而,随着储备的下降,这样的国家只能采取限制进口和控制资本流动的方式来削减国际收支赤字。而在浮动汇率制度下就没有必要为了国际收支的目的而限制贸易和资本流动。

(3) 哪种汇率制度能更有效率地配置资源。支持固定汇率制度的人认为,固定汇率制度能够避免浮动汇率制度下资源的浪费性流动。这是因为,在浮动汇率之下,贸易品部门会不断地受到激励去调整生产。由于要素转移是暂时的,劳动力还可能需要再培训等,这种资源的分配不当和缺乏效率的状态就会带来经济上的浪费。然而,浮动汇率制度的支持者却认为,在固定汇率下,本国的货币价格不能对外币自由浮动就会导致大范围的价格扭曲,并产生误导信号,从而抑制资源的有效配置。与此同时,各国有必要把资源以国际储备的方式冻结起来,这就意味着经济要承受一定数量的产出减少。

(4) 哪种汇率制度下宏观经济政策能更有效地影响国民收入。支持固定汇率制度的人认为,财政政策在固定汇率制度下比在浮动汇率制度下能更有效地影响国民收入。浮动汇率制度的支持者则认为,在固定汇率制度下,政府当局可能不得不牺牲一些内部经济目标(如充分就业的目标)才能实现国际收支均衡的外部目标;而在浮动汇率制度下,汇率本身就可以解决任何情况下的国际收支问题:赤字(盈余)立即就会使本币贬值(升值),而本币贬值(升值)就会消除赤字(盈余),这样,货币政策或财政政策将被直接用于解决内部经济问题,而不需要解决国际收支的不平衡问题。

(5) 哪种汇率制度导致不稳定的投机会更多一些。固定汇率制度的支持者对浮动汇率制度的一个主要担心是,浮动汇率制度导致不稳定的投机(destabilizing speculatjon)的特征。而浮动汇率制度的支持者认为,导致不稳定的投机不可能无限期地存在下去,因为这种投机意味着投机者要在本币价格很低的时候出售本币,而在其价格很高时购买本币,这显然不是一个赚钱的办法。导致稳定的投机(stabilizing speculation)才是赚钱的买卖,它在低价时买进本币,在高价时出售本币。这样,由于在现实世界中投机无时无刻不在,它就必须是能赚到钱的,因此也是使经济稳定的。

(6) 哪种汇率制度下各国能更好地抵御来自外部经济的冲击。固定汇率制度的反对者的一个重要观点是,在固定汇率制度下,经济周期会从一个国家传递到另一个国家,也就是没有一个国家能孤立于外部经济的波动之外。因此,浮动汇率制度的支持者认为,固定汇率制度对这一经济周期的传递过程起到了推波助澜的作用，而浮动汇率制度却能把一国经济从外国经济波动中隔离出来。

专栏：中国汇改10年的成就及对未来的展望[①]

距离2005年7月21日人民币汇率形成机制改革，不觉已10年有余。2005年6月底至今，人民币兑美元、欧元与日元分别升值了26%、32%与34%，人民币的名义与实际有效汇率更是分别下降了46%与56%(后者考虑了中外通货膨胀率差距，人民币升值对应人民币实际和名义有效汇率下降)。

汇改10年，中国央行取得的最大成就，是纠正了人民币汇率的持续低估，使中国的内外资源配置更加均衡。21世纪初期，中国存在经常账户与资本账户的持续双顺差，且经常账户顺差占GDP比重在2007年一度高达GDP的10%。作为双顺差的结果，中国的外汇储备一路飙升，最高接近4万亿美元。上述格局背后，至少意味着两种失衡。失衡之一是通过刻意压低国内要素价格，中国人在持续补贴外国人。失衡之二是资源过度集中在制造业，造成制造业发展过度而服务业发展不足。外汇储备的飙升还使中国央行面临越来越大的资产负债表"估值风险"，即美元贬值造成央行资产缩水的风险。此外，为避免外汇储备上升造成国内流动性激增，央行还通过发行央票与提高法定存款准备金进行了大规模冲销，这些冲销举措既提高了央行的冲销成本，也是对商业银行体系与居民部门征收的隐形税。

随着人民币汇率(特别是人民币有效汇率)的显著下降，中国国际收支失衡已显著缓解。其一，国际收支双顺差的格局在2012年由于欧债危机恶化导致短期资本流出而首次被打破，从2014年到2016年第1季度中国已经连续九个季度面临经常账户顺差与资本账户逆差的新组合；其二，中国经常账户顺差占GDP的比率，2011—2014年已经连续四年低于3%，这意味着人民币有效汇率已经相当接近均衡汇率水平；其三，在人民币升值的压力下，中国出口部门的附加值水平显著提高；其四，近年来第三产业占GDP比重已经持续超过第二产业占GDP比重；其五，中国外汇储备规模已经停止上升，最近几个季度甚至在持续下降；其六，金融机构外汇占款增量已经由过去每月2 000亿元人民币左右的水平，下降至目前的在正负之间波动的水平，这意味着央行的冲销压力已经基本消失。中国央行甚至开始寻求主动发放基础货币的新机制。换言之，汇改10年以来，人民币汇率向均衡水平的运动使中国显著改善了国际收支失衡，优化了资源在国内外之间以及国内各部门之间的配置。

汇改10年的成就之二，是显著改善了中国的贸易条件，从而有力地促进了中国的货物与服务进口以及中国的对外直接投资。人民币对其他主要货币的显著升值，极大地降低了中国企业的进口成本，提高了中国企业的进口数量及利润空间。最近10年，中国居民到海外旅行与购物、中国学生到海外留学的规模显著扩大，而人民币升值在其中发挥了

---

① 资料来源："中国汇改10年的成就与缺憾"，作者张明，摘自何帆研究札记微信号(hefancass)，2015-08-03。对资料内容有所更新和修改(编者按)。

重要作用。随着人民币升值,中国企业日益发现:一方面,到海外进行兼并收购的成本明显下降;另一方面,海外廉价劳动力与资源对中国企业的吸引力明显增强。目前中国对外直接投资的流量已基本接近外国来华直接投资的流量,中国即将转变为一个直接投资净输出国。

汇改10年的成就之三,是极大地促进了人民币国际化。从2009年开始,中国政府大力推进跨境贸易与投资的人民币结算以及离岸人民币金融市场的发展。截至2014年年底,中国跨境贸易的1/4左右已转为人民币结算,离岸人民币存量已经超过2万亿元。在人民币国际化快速发展的背后,支持非居民愿意持有人民币资产的一大动机,是人民币兑美元汇率的持续下降预期。这种本币升值预期,以及中国国内利率水平显著高于国际利率水平的利差,事实上是推进人民币国际化的主要动力。当然,基于汇率下降预期与境内外利差的跨境套利,在迄今为止的人民币国际化中扮演了重要角色。

然而,尽管汇改已有10年,但人民币汇率形成机制改革尚未完成。未来人民币汇率形成机制的改革重点,应该是降低央行对每日汇率中间价的干预,让汇率水平在更大程度上由市场供求决定。汇改10年至今,中国央行已经三次放宽人民币兑美元日度汇率波幅,该波幅由最初的±0.3%扩大为目前的±2%,可以说已经相当之大。自2014年年底以来,人民币兑美元汇率的市场价持续低于中间价,这说明市场存在人民币兑美元贬值预期,而央行在通过中间价干预人为维持人民币汇率的稳定。为了避免人民币汇率可能发生的超调,中国央行最好能够引入波幅较宽的汇率目标区制度,如正负10%的年度汇率目标区。当人民币兑美元汇率位于目标区内部时,央行不进行任何干预;只有当汇率即将触及上下阈值时,央行才进行强力干预。这种宽幅年度目标区制度能够实现汇率灵活性与稳定性的结合,而且能够最大限度地稳定人民币有效汇率,缓解过去两年人民币有效汇率过度降低冲击出口部门的状况。最后,这种宽幅年度汇率目标区还能显著消除人民币高估,从而缓解未来人民币汇率大幅调整可能形成的不利冲击。在人民币汇率形成机制改革尚未结束之前,资本账户开放仍然应该谨慎。在既有失衡得以纠正、新的风险防范机制建立完善之前,资本账户开放是中国防范金融危机的最后一道防火墙,我们千万不要自毁长城。

第三节 开放经济下的宏观经济政策效果

关于开放经济最重要的宏观经济模型是弗莱明-蒙代尔模型。蒙代尔(1963年)在他的论文《固定和浮动汇率制度下资本流动和稳定政策》(*Capital Mobility and Stabilization Policy under Fixed and Flexible Exchange Rates*)中,弗莱明(1962)在他的论文《固定和浮动汇率制度下国内金融政策》(*Domestic Financial Policy under Fixed and Flexible Exchange Rate*)中,利用了凯恩斯理论的扩展宏观分析框架,即由美国经济学家汉森和英国经济学家希克斯在凯恩斯的《就业、利息和货币通论》基础上创立的IS-LM模型,融入国际收支的均衡,研究了开放经济条件下内外均衡的实现问题,被合称为蒙代尔-弗莱明模型。该模型是宏观经济的一般均衡分析方法,假定价格水平不变,这是凯恩斯刚性价格思想的继承。模型中包括三个市场，即商品市场、货币市场和外汇市场，在这里外汇市场的均衡不仅仅是经常账户的均衡，而是随着战后国际资本流动的增强，加入了资本与金融账户的分析。模型假定资本流动是国内和国外利差的函数，在均衡状态的条件下，经常账户的盈余或赤字由资本账户的赤字或盈余来抵消，即模型不仅重视商品流动的作用，而且特别重视资本流动对政策搭配的影响，从而把开放经济的分析从实物领域扩展到金融领域。该模型的重要性在于它的政策含义，即一国怎样通过宏观经济政策(财政政策和货币政策)的搭配实现宏观经济的内外均衡，它是在布雷顿森林体系下的固定汇率制度的条件下建立的理论模型，同样适用于浮动汇率制度下分析宏观经济政策的搭配，这也是该模型生命力长久不衰的一个重要原因。蒙代尔-弗莱明模型最主要的贡献是它系统地分析了在不同的汇率制度和国际资本流动的前提下，宏观经济政策的有效性。迄今为止，该模型一直是宏观经济内外均衡和政策搭配的重要分析工具。

一、基本模型

蒙代尔-弗莱明模型是IS-LM模型在开放经济中的形式，它同样是一种短期分析，假定价格水平固定；它又是一种需求分析，假定经济的总供给可以随总需求的变化而迅速作出调整，因此经济中的总产出完全由需求方面决定。此外，蒙代尔-弗莱明模型研究的经济是一个小型开放经济。

假设条件：

(1) 分析对象是一个开放的小型国家，即一国经济规模非常小，国内经济形势、政策的变化不会影响世界经济状况，它可以在世界市场上借贷任意数额的货币而不影响世界市场利率，国内市场利率由世界市场利率决定。

(2) 个人预期为静态预期，即汇率的预期变化为零。

在该经济中，对产品的总需求由四部分组成：私人消费、私人投资、政府支出和净出口。其中，私人消费(C)随可支配收入的增加而增加；私人投资(I)随本国实际利率(i)的上升而下降；净出口($\mathrm{CA}=X-M$)随实际汇率(e)的上升而上升，随本国收入(Y)的增加而减少，随世界收入水平(Y^f)的增加而增加。为简化起见，我们忽略税收和政府转移支付，因此可支配收入近似等于国民收入。此外，还需说明的是，在小国假设下，世界收入水平是外生变量。因此，产品市场均衡的条件即IS曲线可表述为

$$Y = C(Y) + I(i) + G + \mathrm{CA}(e, Y, Y^f) \tag{9-1}$$

开放经济中，货币市场均衡条件即LM曲线可写成

$$M = m(D + R) = L(i, Y) \tag{9-2}$$

其中，M,L 分别表示实际货币供给和实际货币需求；m 表示货币乘数；D、R 分别表示国内信贷、国际储备。在开放经济条件下，货币供给由国内和国外两部分组成。

开放经济中，在资本可以自由流动的条件下，国际收支包含两项：净出口($X-M$)和资本与金融账户(K)。国际收支实现平衡($\mathrm{BP}=0$)的条件即外汇市场均衡可由下式给出：

$$\mathrm{BP} = X - M + K = \mathrm{CA}(e, Y, Y^f) + K(i, i^f) \tag{9-3}$$

其中，i^f表示国外利率水平。式(9-3)表明，在资本自由流动的条件下，资本流动量是国内

外利差($i-i^f$)的函数。国内外利差为正,资本流入;反之,资本流出。这一曲线的形状由资金流动性的不同而决定。

在由国民收入与利率构成的坐标空间中可以作出以上三条曲线。在上述三个方程中,有三个内生变量Y、i、e。IS、LM和BP三条曲线必定有一个交点$E(Y_0、i_0、e_0)$代表开放经济的唯一一组收入、利率和实际汇率的均衡值。在二维平面上的交点E除Y_0、i_0外还定义了另一个均衡值e_0。在开放经济中,IS曲线斜率仍为负,政府支出增加及汇率贬值都会使之右移。LM曲线的斜率仍为正,货币供给量的增加会使之右移。BP曲线的形状则由资金流动性的不同而决定。在一般情况下,即资金不完全流动时,BP曲线的斜率是正的,因为Y的增加导致进口增加(净出口减少),为了维持国际收支平衡,利率需提高,以吸引外资的流入。当资金完全自由流动时,国内外利率的任何微小偏差都将导致资金的迅速和大量流动,资金的流动将弥补任何形式的经常账户收支不平衡。此时,BP曲线是一条水平线。当资金完全不流动时,这一曲线意味着经常账户的平衡,对于某一实际汇率水平,存在使经常账户平衡的收入水平Y_0,BP曲线在坐标空间内就是与这一收入水平垂直的直线。BP曲线上方(左方)的点都是国际收支顺差点;BP曲线下方(右方)的点都是国际收支逆差点。当BP曲线不是一条水平线时,汇率的贬值会使之右移。

二、政策效果分析

(一) 货币政策效果

1. 资金不完全流动的情况

我们首先分析最为一般的情况,即资金不完全流动的情况。从均衡出发,政府增加货币供应,LM右移至E'。由于利率下降,资金外流;由于收入增加,进口随之增加。上述两种变化导致国际收支出现逆差。国际收支逆差造成对本国货币的贬值压力。在固定汇率制度下,货币当局必须出售外汇储备购买本币,从而减少货币供应量,直至LM曲线回复到原位,如图9-3和图9-4所示。在浮动汇率制度下,政府增加货币供应导致国际收支出现逆差时,由于政府不必承担维持本币汇率稳定的任务,因此将造成本币汇率贬值。本币贬值将增加出口产品的竞争力,因而导致IS右移,BP也因本币贬值而下移。扩张性货币政策的扩张效果得到双重加强。经济的均衡点由E'点移到E''点,如图9-5所示。在E''

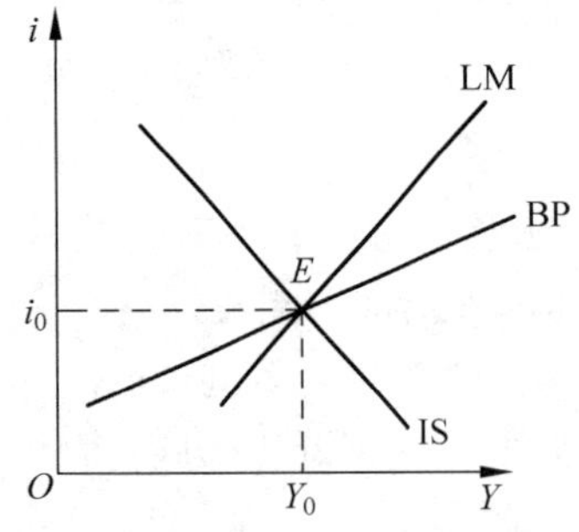

图9-3 固定汇率制度下,资金不完全流动时的宏观经济一般均衡

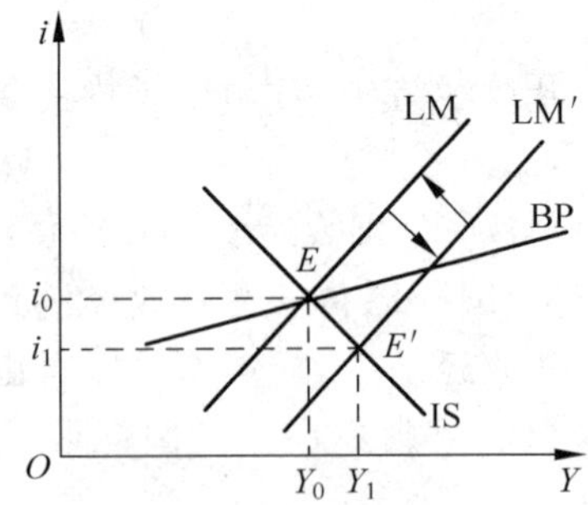

图9-4 固定汇率制度下,资金不完全流动时的货币政策分析

点我们得到更高的收入水平，但利率的变化方向则不确定，这取决于各条曲线的相对弹性。如果利率较期初上升了，则意味着经常账户恶化了，因为需要更多的资金流入以弥补经常账户赤字。从经常账户本身来说，则意味着贬值对其产生的正效应小于收入增加对其产生的负效应。如果利率较期初下降，则相反。

2．资金完全不流动的情况

资金完全不流动的情况下，政府增加货币供应而导致国际收支出现的逆差，是由于经常账户的变动导致，资本与金融账户不会改变。但出现逆差后的调整过程与上述类似。也就是说，在固定汇率制度下，资金完全不流动与资金有限流动的情况相同，货币政策效果在长期内被削弱，如图 9-6 所示。

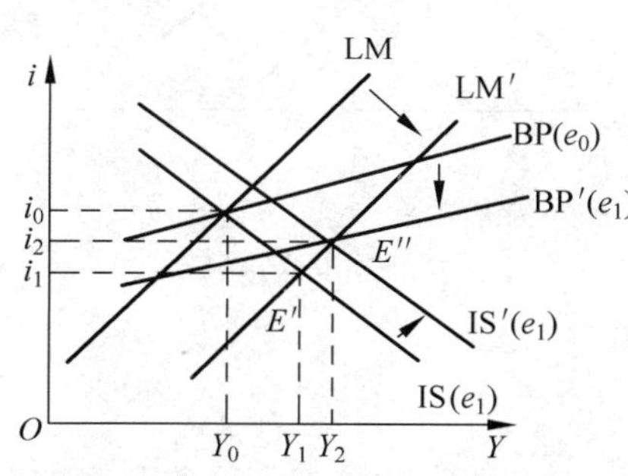

图 9-5　浮动汇率制度下，资金不完全流动时的货币政策分析

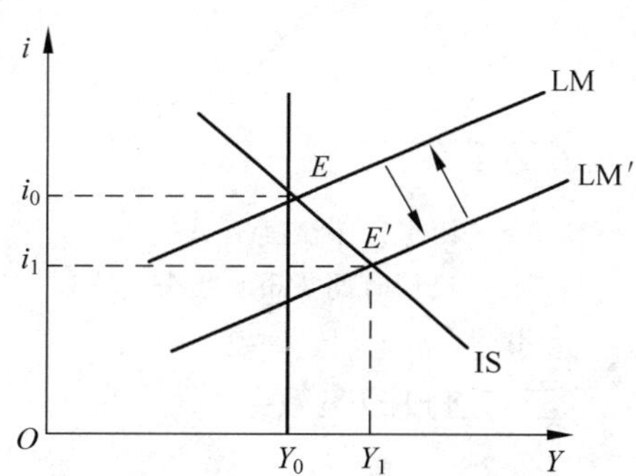

图 9-6　固定汇率制度下，资金完全不流动时的货币政策分析

在浮动汇率制度下，本币贬值使 IS、BP 曲线右移，直至三条曲线重新交于一点为止。如图 9-7 所示，在新的经济平衡点上，收入(Y_2)不仅高于期初水平(Y_0)，而且高于封闭条件下的收入提高幅度(Y_1)。在该点，由于经常账户平衡，私人消费和政府支出不变，所以收入提高必然意味着私人投资的提高，这要求利率水平较期初有一定的下降。

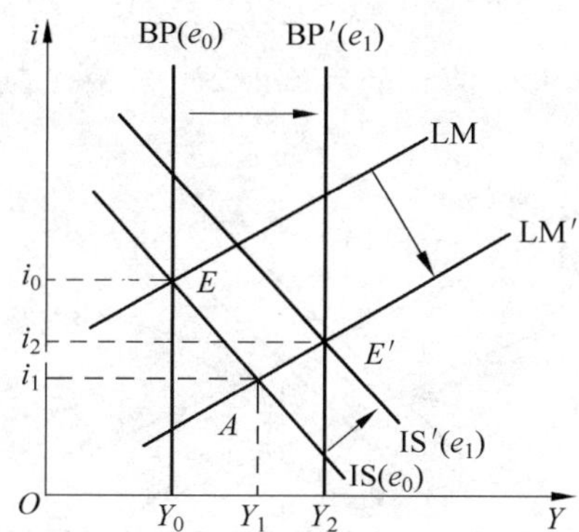

图 9-7　浮动汇率制度下，资金完全不流动时的货币政策分析

3．资金完全流动的情况

资金完全流动的情况下，本国利率的微小下降都将导致资金的迅速流出，这会立即降低外汇储备，抵消扩张性货币政策的影响。也就是说，在固定汇率制度下，资金完全流动

的情况下,货币政策甚至在短期也难以发挥作用,如图 9-8 所示。

在浮动汇率制度下,货币扩张造成的本国利率下降,会立刻通过资金流出造成本币贬值,这将推动 IS 曲线右移,直至与 LM 曲线相交所确定的利率水平与世界利率水平相等为止,货币政策非常有效,如图 9-9 所示。

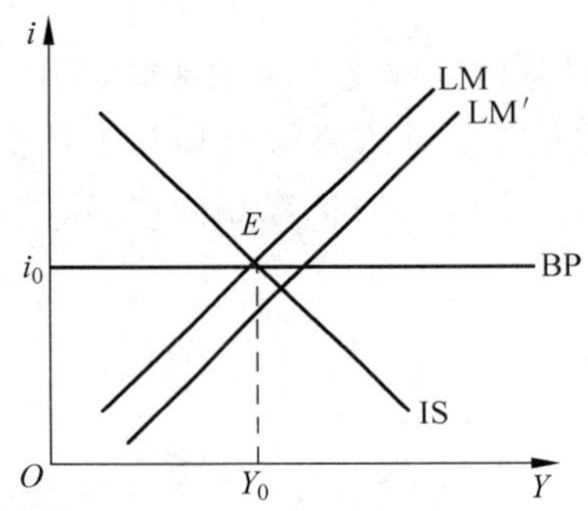

图 9-8 固定汇率制度下,资金完全流动时的货币政策分析

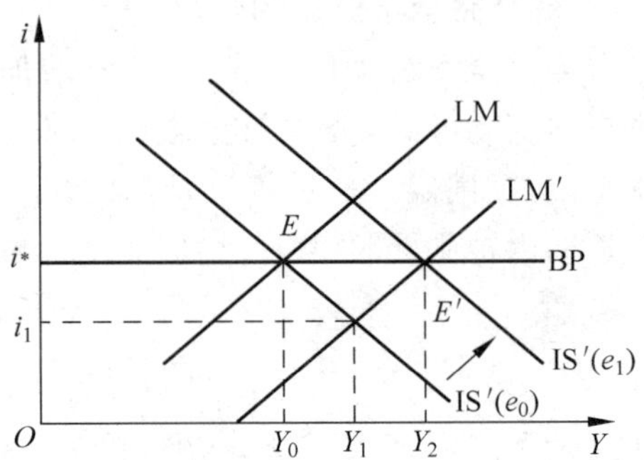

图 9-9 浮动汇率制度下,资金完全流动时的货币政策分析

(二) 财政政策效果

对于财政政策效果的分析,比货币政策复杂一些。这是由于财政扩张导致利率上升、国民收入增加。一方面,利率上升导致资金流入使资本与金融账户得到改善;另一方面,收入增加使进口增加,经常账户恶化。此时,国际收支状况取决于这两种效应的相对大小。在边际进口倾向不变的情况下,资金的流动性越高,利率上升就能吸引越多的资金流入,从而能更多地抵消经常账户的赤字。资金流动性高低体现在 BP 曲线的斜率上,流动性越高则 BP 曲线越平缓。

1. 资金不完全流动时

又分为下面三种情形。

(1) BP 曲线的斜率小于 LM 曲线的斜率时,如图 9-10 所示。

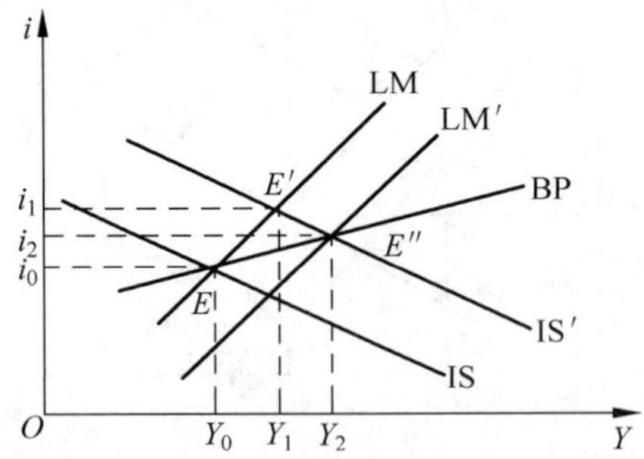

图 9-10 固定汇率制度下,资金不完全流动时的财政政策分析之一

财政扩张使 IS 曲线右移至 IS′,此时,E′点位于 BP 曲线的上方,这意味着较高的资金流动性使利率上升带来的资本与金融账户改善效应超过收入上升带来的经常账户恶化效应,国际收支处于顺差。在固定汇率制度下,政府将购买外汇储备、抛售本币而使 LM

曲线右移，直至三条曲线重新交于一点，国民收入进一步增加，利率较短期平衡水平下降但高于期初水平，国际收支平衡，如图 9-10 所示。在浮动汇率制度下，国际收支顺差将使本币升值，这使 IS′、BP 曲线左移，直至三条曲线重新相交于一点。在新的经济平衡点上，收入、利率水平都高于期初水平，但低于封闭条件下财政扩张后的情况，财政政策效果削弱，如图 9-11 所示。

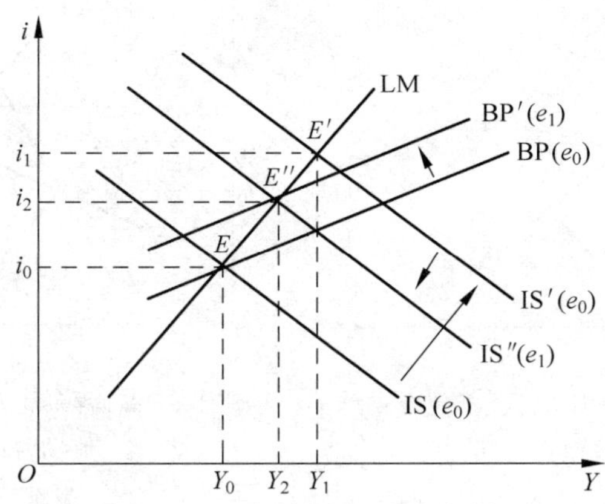

图 9-11　浮动汇率制度下，资金不完全流动时的财政政策分析之一

(2) BP 曲线的斜率等于 LM 曲线的斜率时，如图 9-12 所示。

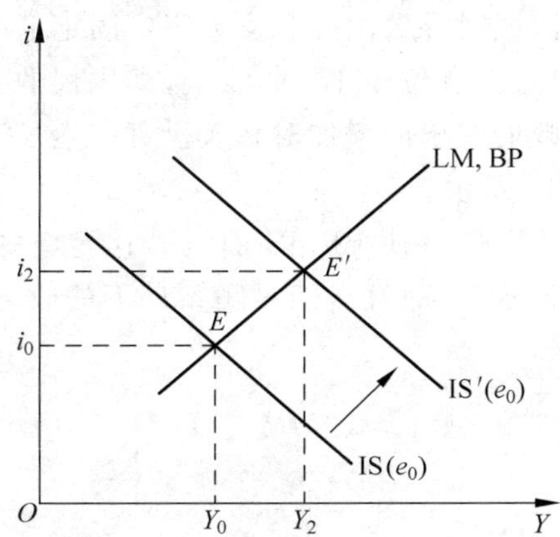

图 9-12　固定汇率制度或浮动汇率制度下，资金不完全流动时的财政政策分析之二

此时，BP 曲线与 LM 曲线重合，意味着财政扩张使利率上升与收入增加对国际收支的影响正好相互抵消，国际收支处于平衡状态。这一短期平衡点也是经济的长期平衡点，无论是在固定汇率制度还是在浮动汇率制度(见图 9-12)下，经济都不会进一步调整。

(3) BP 曲线的斜率大于 LM 曲线的斜率时。

此时，E'点位于 BP 曲线的下方，意味着利率上升带来的资金流入不足以弥补收入增加带来的经常账户赤字，国际收支处于赤字状态。在固定汇率制度下，LM 曲线将在长期中左移到三条曲线重新相交于一点。达到长期均衡时，国民收入较短期平衡时下降，但高于期初水平，利率进一步上升，国际收支平衡，如图 9-13 所示。在浮动汇率制度下，国际收支赤字造成本币贬值,使IS′、BP曲线右移,直至三条曲线相交于一点。在新的平衡点上,利率与收入不仅高于期初水平,而且高于封闭条件下的情况,财政政策效果加强,如图9-14所示。

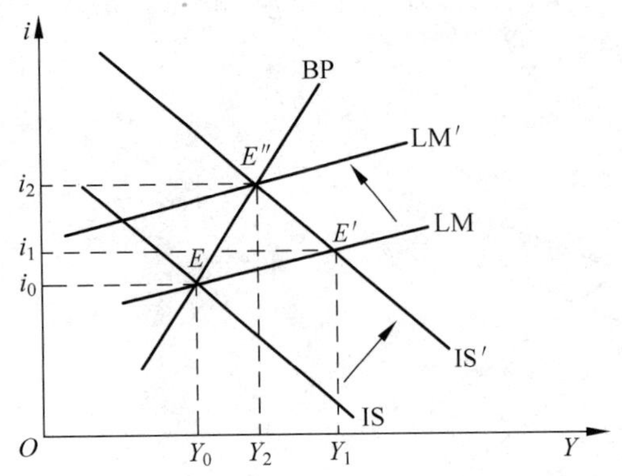

图9-13 固定汇率制度下,资金不完全流动时的财政政策分析之三

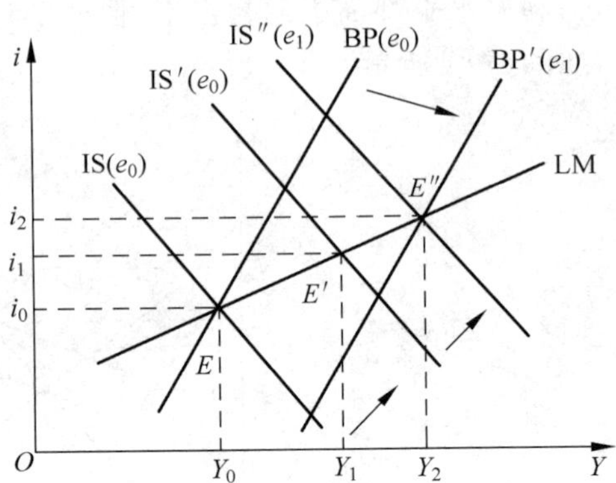

图9-14 浮动汇率制度下,资金不完全流动时的财政政策分析之三

2. 资金完全不流动时

当BP曲线的斜率无穷大时,BP曲线垂直,表示资金完全不流动的状态。短期内财政扩张使收入和利率都上升,同时导致国际收支赤字。固定汇率制度下,长期内将使LM曲线左移,直至它与IS曲线的交点位于BP曲线上,即国民收入恢复原有水平,此时,利率进一步提高。这意味着,政府支出的增加对私人投资产生了完全的挤出效应,财政政策在长期内完全无效,如图9-15所示。

在浮动汇率制度下,本币贬值将使BP、IS′曲线右移至新的均衡点,此时,汇率贬值,利率上升,收入不仅高于期初水平,而且高于封闭条件下的收入提高幅度,意味着财政政策效果加强,如图9-16所示。

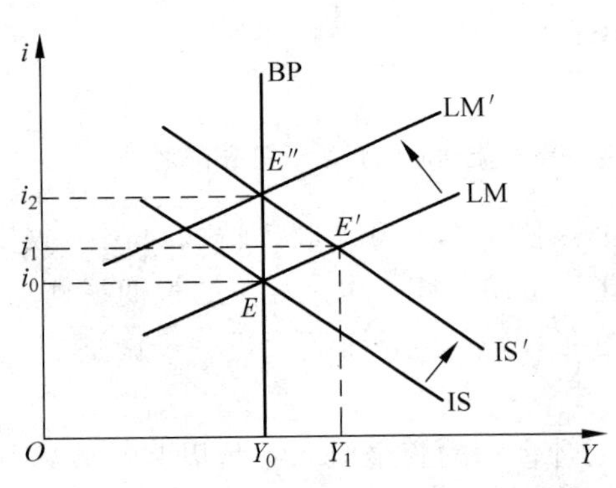

图9-15 固定汇率制度下,资金完全不流动时的财政政策分析

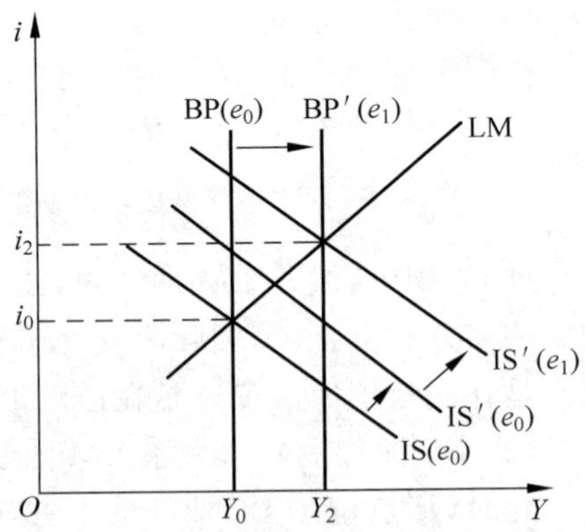

图9-16 浮动汇率制度下,资金完全不流动时的财政政策分析

3. 资金完全流动时

当资金流动性无限大，BP 曲线水平时，在固定汇率制度下，如图 9-17 所示，财政扩张导致利率刚刚有所上升就会伴随货币供给量的增加，使 LM 曲线右移直至利率恢复期初水平，即在 IS 曲线右移的过程中，始终伴随着 LM 曲线的右移，以维持利率水平不变。因此，在资金可完全自由流动时，财政扩张不能影响利率，但将使收入大幅增加。

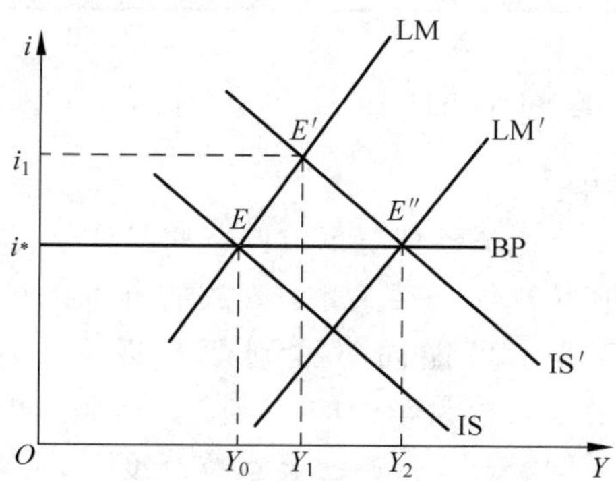

图 9-17 固定汇率制度下，资金完全流动时的财政政策分析

在浮动汇率制度下，如图 9-18 所示，财政扩张造成的本国利率上升，会立刻通过资金的流入而造成本币升值，这将会推动 IS′曲线左移，但 BP 曲线没有变动。IS′曲线将移动到使利率水平重新与世界利率水平相等时为止，即回复初始位置。此时，利率不变，本币升值，收入不变，但收入的内部结构发生了变化，财政政策通过本币升值对出口产生了完全挤出效应，即财政支出增加造成了等量的出口下降。

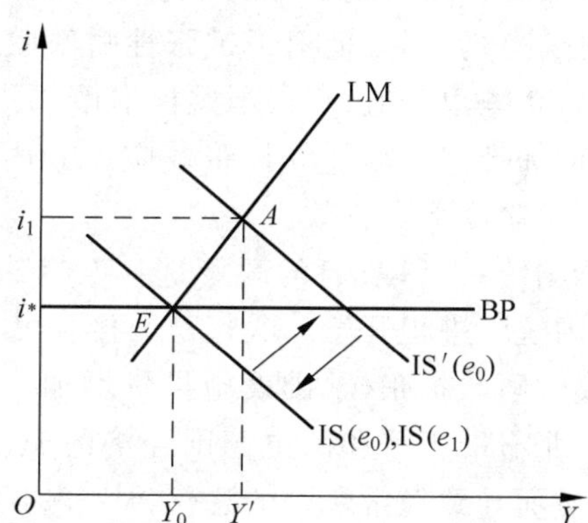

图 9-18 浮动汇率制度下，资金完全流动时的财政政策分析

对上述分析的总结如下：货币政策在固定汇率制度下长期内无效；而在浮动汇率制度下，随着资本流动性的加强，其效果将逐步削弱。财政政策在固定汇率制度下，随着资金流动性的加强，其效果在长期内逐步增强，从完全无效到低于短期效果，再到高于短期效果；而在浮动汇率制度下，随着资金流动性的增强，其效果将逐渐减弱直至完全无效，如表 9-2 所示。

表 9-2 蒙代尔-弗莱明模型中财政、货币政策的效果比较

	固定汇率制度			浮动汇率制度		
资金流动性	0	+	∞	0	+	∞
扩张性货币政策	0	0	0	$>Y_1$	$>Y_1$	$>Y_1$
扩张性财政政策	0	$>Y_0$	$>Y_2$	$>Y_1$	$>Y_0$	0

三、蒙代尔-弗莱明模型的应用

1. 蒙代尔不可调和三角

蒙代尔在分析资本完全自由流动情况下政府短期经济政策的效果时,发现资本流动、汇率制度和货币政策之间存在这样一种关系:开放的资本市场、固定汇率制度和货币政策自主性三个目标,决策者不可能同时达到两个以上。这就是"不可调和三角"(*impossible trinity*),被称作国际经济学中的"铁律"。迄今为止的所有国际货币制度,无非是在进行"三中择二"的不同组合。古典的金本位制度下,资本自由流动与固定汇率的组合,以牺牲货币政策自主性为代价;布雷顿森林体系同国际金本位制度相似,都属于固定汇率制度,由于允许实行资本管制,使实行管制的国家拥有货币政策自主性,而允许资本自由流动的国家则丧失了货币政策自主性;牙买加体系下,主要国家既要开放资本市场,又要保持货币政策的自主性,只能选择浮动汇率制度。历史证明,如果违反这一规律,任何一种货币制度(或某种具体的制度安排)都不可能持续下去。

2. 当资金完全自由流动时,财政政策在固定汇率制度下比在浮动汇率制度下更有效

因为在浮动汇率制度下财政扩张引起本币利率上升,资金流入,引起本币升值,本国商品和劳务对外国人来说更加昂贵,部分抵消了扩张性财政政策对扩张总需求的直接影响。在固定汇率制度下,为阻止本币升值,不得不抛售本币,买进外币,增加了本国货币供给,这种非主动的货币供给增加带来了额外的扩张效应。上述两方面解释了财政政策在固定汇率制度下比在浮动汇率制度下更有效。

这个模型可用于解释德国统一后,政府的政策选择及其影响。1989年秋季,柏林墙被推倒,联邦德国和民主德国统一进程开始。联邦德国接管民主德国后,联邦德国政府在民主德国地区实施了大规模的财政扩张(基础设施投资增加、工业投资增加、对失业者的收入支持等),庞大的财政扩张有助于缓和民主德国经济的崩溃,但统一后的德国却付出了巨大的预算赤字的代价,进而导致经常账户的恶化,从1991年开始,联邦德国从过去的净贷出国成为贸易赤字国。

通过对蒙代尔-弗莱明模型的介绍,我们看到,在开放经济中,虽然宏观经济政策所依据的基本原理没有改变,但是由于对外经济部门的存在,政策对经济变量的影响及其后果要比以前更为复杂。

本章基本概念

国际收支　国际收支账户　经常账户　资本与金融账户　平衡账户　汇率　直接标价法

间接标价法　美元标价法　固定汇率制度　浮动汇率制度　自由浮动　管理浮动　单独浮动　联合浮动　钉住浮动　弹性浮动　内部均衡　外部均衡　BP 曲线　IS-LM-BP 模型

复习和思考

1. 经常账户、金融与资本账户和平衡账户之间是什么关系？
2. 比较固定汇率制度与浮动汇率制度。
3. 简述 BP 曲线的意义和特征。
4. 比较固定汇率制度下的宏观经济政策效果。
5. 比较浮动汇率制度下的宏观经济政策效果。
6. 为什么货币政策在开放经济条件下要比在封闭经济条件下影响更为显著？
7. 比较财政政策在开放经济条件下与在封闭经济条件下的效果。

第十章

宏观经济学流派简介

为了帮助学生更好地理解本书所介绍的宏观经济学基本理论，本章简要介绍 20 世纪 30 年代以来的宏观经济学主要流派的理论观点和政策主张，以及这些流派间的相互联系、发展与变化的过程，并加以适当的评论；特别地，对于宏观经济学的主要理论来源——凯恩斯的经济学和后凯恩斯主流经济学（新古典综合派）将进行较为详尽的介绍。

第一节　现代西方经济学各理论流派的形成和发展

如第一章所言，20 世纪 30 年代中期以后，西方经济学出现了很大变化，即发生了“凯恩斯主义的革命”。凯恩斯的经济理论否定了新古典经济学（实际上是微观经济学）的主要思想倾向，开创了一个新的经济学时代。在这个时代中，既恢复了历史上曾经出现过的国家干预主义的经济思潮，使之在经济生活中重新占据了主流地位，也存在原先曾经占据过主流地位但在凯恩斯主义出现后暂时退居次要地位的经济自由主义思潮。沿着国家干预主义经济思潮和经济自由主义思潮的道路，西方经济学从 20 世纪 30 年代中期以后不断发展变化，又衍生出许多具体的流派。

一般来说，现代西方经济学的各种理论体系和观点，只要是在理论观点上基本一致、分析方法上基本一致、政策主张上基本一致，就可以大致被划分为同一流派。能够作为一个相同的经济学理论流派，应该基本符合上述三个方面的条件，或者至少在相当大的程度上符合上述三个方面的条件。对于这三个标准的运用，应该全面地、综合地加以衡量，决不能孤立地仅仅抓住某一个标准便妄加评判。

现代西方经济学理论流派的划分标准与现代西方经济学思潮的划分标准有所不同。现代西方经济学思潮的划分是以西方经济学家们对经济活动的基本指导原则为标准的，特别是以其基本政策倾向（如国家干预还是自由放任）为标准。而现代西方经济学理论流派的划分标准则更为具体。本章介绍现代西方经济学主要理论流派时，是让读者在主要经济思潮之下了解现代西方经济各主要理论流派，从而既顾及当代西方经济学的主要思潮，也顾及各主要理论流派。对于不能严格归属于某一主要经济思潮下的西方经济学重要理论流派，则将其归入另外一个大的类别。

此外，还需要指出的是，现代西方经济学各理论流派的形成与发展，既同凯恩斯主义经济学有着直接或间接的关系，也和新古典经济学有着直接或间接的关系。一般来说，这些经济学理论流派的形成与发展与下面三种情况密切相关。

（1）由凯恩斯的追随者对凯恩斯经济学说进行不同的解释和补充而形成的不同经济

学理论流派。这些流派包括"新古典综合派"(后凯恩斯主流经济学)、新剑桥学派、凯恩斯主义非均衡学派(新凯恩斯学派)和新凯恩斯主义经济学。这些流派属于国家干预主义思潮。

(2) 凯恩斯主义经济学说在20世纪60年代末期以后遇到了通货膨胀和经济"滞胀"问题的挑战。此时,与凯恩斯主义经济学说相对立的各种学说,在批评凯恩斯主义经济学说的情况下,出现了恢复古典经济自由主义思潮的倾向,其中产生了各种不同的理论流派。这些理论流派主要包括"现代货币主义"学派、供给学派、理性预期学派、新奥地利学派、伦敦学派、弗莱堡学派、芝加哥学派、公共选择学派、新制度主义经济学派、新古典宏观经济学等。

(3) 不同于凯恩斯主义经济学各理论流派,也不同于反对凯恩斯主义经济学各理论流派的非主流经济学派。这些流派包括瑞典学派、希克斯的经济学体系、熊彼特的经济理论体系、罗斯托的经济成长阶段理论、新制度学派、激进政治经济学派。

微观经济学和宏观经济学所介绍的,主要是大多数西方经济学家基本赞成的东西,是构成现代西方经济学的基本理论体系和结构,对于西方经济学家之间关于相同问题的不同看法则涉及不多。现代西方经济学各个理论流派的形成和发展趋势反映了西方国家中现实经济问题的要求和矛盾,反映了西方国家经济发展中不同经济集团的利益和要求,也反映了西方经济理论和认识的不断进步。了解各理论流派的形成和发展趋势对我们学习和借鉴西方经济学具有重要意义,可以帮助我们更好地理解宏观经济学的基本理论。应注意历史地、客观地、辩证地看待具体的理论和政策问题,注意我国与西方国家在相关环境和条件方面的差异,以实事求是的科学态度学习、研究和借鉴西方经济学,在学习中坚持历史唯物主义和辩证唯物主义的基本态度和方法。

第二节　经济自由主义思潮下的几个流派

本节简要介绍在宏观经济学课程中经常与凯恩斯学派的经济理论进行比较的主张经济自由主义的现代货币主义学派、供给学派,以及理性预期学派(新古典宏观经济学派),下一节我们将详细介绍宏观经济学的主要理论来源——主张国家干预主义的凯恩斯的经济学和后凯恩斯主流经济学派(新古典综合派)。

一、现代货币主义学派

现代货币主义学派又称现代货币主义。它是20世纪50年代中期在美国出现的一个重要的经济学流派。现代货币主义学派的领袖和奠基人是美国芝加哥大学经济学教授米尔顿·弗里德曼(Milton Friedman)。现代货币主义学派的兴起与二战后资本主义各国的经济形势变化有着极为密切的关系。战后,凯恩斯主义的扩张性财政政策和货币政策虽然对刺激资本主义的经济发展、缓和经济危机起了很大的作用,但是也引起了长期持续的通货膨胀。20世纪60年代中期,美国的通货膨胀急剧发展,到70年代初,出现了经济停滞和通货膨胀并发的"停滞膨胀"局面。在这种情况下,现代货币主义学派在美英等国异军突起。他们极力鼓吹现代货币数量论,强调货币问题的重要作用,主张以控制货币数量的金融政策来消除通货膨胀,保证经济的正常发展。他们以此与凯恩斯主义学派相对抗,并自称是对凯恩斯革命的反革命。

(一)现代货币主义的理论基础

现代货币主义的基本理论是新货币数量论和自然率假说。

1. 新货币数量论

货币主义认为,货币数量是解释价格水平涨落的基本因素。这种用货币数量来解释价格水平的观点并不新鲜,历史上早已有之。为了了解新货币数量论,有必要对货币主义出现之前的货币数量论加以论述。

1911年,美国经济学家欧文·费雪在其《货币的购买力》一书中提出了"交易方程"[①]:

$$PY = MV$$

式中,P为价格总水平或价格指数;M为流通中的货币数量;Y为一国的实际国民收入;V为货币的流通速度,其定义为名义国民生产总值除以货币总量。按照西方学者的解释,V是由一些"如公众的支付习惯、使用信用范围的大小、交通和通信的方便与否等制度中的因素"决定的,而这些因素在短期内不会有大的变化,因而在短期内V不会迅速变化,Y取决于资源、技术条件,而在充分就业的状态下,不可能发生大的变化,因此V和Y被视为常量。这样,价格P就随着货币数量M正比例地发生变化。正是因为费雪在这里所强调的是货币作为交易媒介的作用,即作为流通手段的作用,所以费雪方程又称交易方程。

剑桥学派的代表人物之一,马歇尔的嫡传弟子庇古根据前者的学说,在1917年发表的《货币的价值》一文中提出了"剑桥方程"。他关心的是人们所愿意持有的货币数量,即对货币的需求量。剑桥方程表示如下:

$$M = kY = kPy$$

式中,P的含义同前;Y代表以货币计量的国民生产总值,也就是名义国民生产总值;y为实际国民生产总值;k为经常持有的货币量,即货币需求总量和名义国民生产总值的比例,它显然为货币流通速度的倒数。这里的M与交易方程中的M在意义上所强调的略有不同,它代表人们对货币的需求量从而强调货币作为储藏手段的职能,因此剑桥方程也就是剑桥学派的货币需求方程。这个方程表明,人们对货币的需求量取决于货币流通速度和名义国民收入两个因素,与k的倒数,即货币流通速度成反比,与收入成正比。据解释,k的大小取决于社会的商业习惯和制度等因素,在短期内固定不变,可视为常数。Y在达到充分就业均衡时也是一个已知常数。因此,价格水平P与货币数量M成正比,价格水平的高低取决于货币数量的大小。由于剑桥方程强调货币作为储藏手段的职能,即把货币作为财产的保存形式,侧重货币的持有方面,因此剑桥方程暗含着利率对货币需求的影响。

由上可知,交易方程和剑桥方程不但在实质上是相同的公式,而且它们所试图说明的

---

① 交易方程具有$MV=PT$和$MV=PY$两种形式,其适用的范围不同。为了节约篇幅,我们把目前不太流行的$MV=PT$形式略去。

内容也是相同的，即货币数量与价格水平之间存在直接的因果数量关系，物价高低取决于货币数量的多少，二者成正向关系。它们被认为是早已存在于西方经济学的货币数量论的现代表达形式。二者的不同之处在于：交易方程强调货币的交易媒介作用，而剑桥方程则强调对货币的需求方面。

继交易方程和剑桥方程后，20 世纪 30 年代，凯恩斯又以灵活偏好为基础提出了新的货币需求方程，该方程为

$$\frac{M}{P}=L(y,r)=L_1(y)+L_2(r)$$

式中，L 为对货币的总需求；L_1 为对货币的交易需求；L_2 为对货币的投机需求；r 为利率；P 为价格水平。

西方经济学家认为，凯恩斯的货币需求函数，特别是其中的货币投机需求，发展了庇古的思想观点。因为庇古的剑桥方程虽然暗含着关注利率的想法，但利率一般只对货币需求发生影响，而凯恩斯的货币需求方程则由于明确指出投机动机而突出了利率的作用。至于在交易方程中，利率对货币量的作用据说根本没有被注意到。

货币主义认为，凯恩斯的货币数量论比以往的货币数量论虽有进步，但也存在缺点。缺点主要是它只注意到利率和收入对货币需求的影响，而忽略了人们对财富的持有量也是决定货币需求的重要因素。此外，西方学者认为，凯恩斯把财富的构成看得过于简单，好像在现实的社会中，只有货币和债券两种资产可供人们选择，这些显然都是有待改进的。

货币主义的代表人物弗里德曼在吸收和修正凯恩斯灵活偏好论的基础上，推演出了新货币数量论。在作出某种简化性的分析之后，弗里德曼提出的货币需求函数为

$$M=f\left(P,r_b,r_e,\frac{1}{P}\cdot\frac{\mathrm{d}P}{\mathrm{d}t},\omega,Y,\mu\right) \tag{10-1}$$

式中，M 为财富持有者手中保存的名义货币量；P 为一般价格水平；r_b 为市场债券利率；r_e 为预期的股票收益率；$\frac{1}{P}\cdot\frac{\mathrm{d}P}{\mathrm{d}t}$ 为预期的物质资产的收益率，即价格的预期变动率，为方便说明，令 $r_P=\frac{1}{P}\cdot\frac{\mathrm{d}P}{\mathrm{d}t}$；$w$ 为非人力财富与人力财富之间的比例；Y 为名义收入；μ 为其他影响货币需求的变量。

弗里德曼强调，如果用于表示价格及货币收入的单位发生了变化，那么所需要的货币数量应同比例变动。如果用美元来表示式(10-1)中的 P 与 Y 时，M 的大小为某一数量，那么当人们改用美分来表示 P 与 Y 时，M 的大小必然为该数量的 100 倍。换句话说，式(10-1)应被看作 P 与 Y 的一次齐次式，即

$$f(\lambda P,r_b,r_e,r_p,\omega,\lambda Y,\mu)=\lambda f(P,r_b,r_e,r_p,\omega,Y,\mu) \tag{10-2}$$

特别地，如果令 $\lambda=\frac{1}{P}$，则式(10-1)化为

$$\frac{M}{P}=f(r_b,r_e,r_p,\omega,y,\mu) \tag{10-3}$$

式中，$y=\frac{Y}{P}$ 为实际国民收入。式(10-3)是新货币数量论常见的表达形式，由于 $\frac{M}{P}$ 表示财

富持有者手中的实际货币量,故这一方程代表了对实际货币的需求关系。

考察货币需求函数[式(10-3)],可以看出,货币需求量主要取决于以下四个方面的因素。

第一,总财富。弗里德曼认为,总财富是决定货币需求的一个重要因素。按他的见解,总财富包括收入或"消费性服务"的一切源泉,其中之一是个人的生产或挣钱能力,也就是弗里德曼先前在消费函数理论中发展的永久性收入的概念,这样就很难得到它的估算值,所以只能以收入来代替。于是以 y 代表的永久性收入被当作社会总财富的指标而进入货币需求函数。

第二,非人力财富在总财富中所占的比例。弗里德曼把总财富分为非人力财富和人力财富两部分。前者指有形的财富,包括货币持有量、债券、股票、资本品、不动产、耐用消费品等,后者指个人挣钱的能力,又称无形财富。弗里德曼认为,这两种财富的形式是可以相互转换的,但由于受到制度上的限制,这种转换有一定的困难,主要是人力财富转为非人力财富比较困难。例如,存在大量失业时,工人的人力财富就不容易转变为货币收入,而在其转变为收入之前,人们就需要有货币来维持生存,因此非人力财富在总财富中所占比例对货币需求量就有影响。人力财富在总财富中所占比例越大,或非人力财富在总财富中所占比例越小,则对货币的需求也越大,反之亦然。因此,w 就成为影响实际货币需求的一个变量。

第三,各种非人力财富的预期报酬率。弗里德曼认为,人们选择保存资产的形式除各种有价证券外,还包括资本品、不动产、耐用消费品等有形资产。他还认为,在各种资产中,货币与其他有形资产之间按何种比例分割,取决于它们的预期报酬率。一般来说,各种有形资产的预期报酬率越高,人们愿意持有的货币就越少。因为这时人们用其他有形资产的形式来替代货币的形式保存在手中对自己更为有利。因此,债券的预期报酬率(r_b)、股票的预期报酬率(r_e)和物质资产的预期报酬率(r_p),即 $r_p=\frac{1}{p}\cdot\frac{\mathrm{d}P}{\mathrm{d}t}$ 便成为影响货币需求的因素。

第四,其他影响货币需求的因素,如资本品的转手量、个人偏好等,以变量 μ 来概括。

如果在式(10-2)中,令 $\lambda=\frac{1}{y}$,则式(10-1)化为

$$\frac{M}{Y}=f\left(r_b,r_e,r_p,\omega,\frac{p}{Y},\mu\right)$$

$\frac{M}{P}$为货币的流通速度,利用货币流通速度的定义,则上式可写为

$$Y=Py=V(r_b,r_e,r_p,\omega,y,\mu)\cdot M \tag{10-4}$$

即 $V(r_b,r_e,r_p,\omega,y,\mu)=\frac{1}{f(r_b,r_e,r_p,\omega,y,\mu)}$为货币流通速度。

将式(10-4)与传统的货币数量论相比较,可以看到,如果将式(10-4)中的函数 V 看作传统货币数量论中的 V 或$\frac{1}{k}$,则新货币数量论与传统的货币数量论在形式上完全一样。

同时,弗里德曼强调,新货币数量论与传统货币数量论的差别在于,传统数量论把货

币流通速度 $V\left(或\frac{1}{k}\right)$当作由制度决定的一个常数，而新货币数量论则认为流通速度 V 不是数值不变的常数，而是决定它的其他几个数量有限的变量的稳定函数。说得明确一点，稳定的是决定 V 的函数，而不是 V 的值本身。总之，货币主义在维持传统货币数量论关于 V 在长期中是一个不变的数量的同时，又认为 V 在短期中可以有轻微的波动。

2. 自然率假说

自然率主要指自然失业率。按照自然率假说，任何一个资本主义社会都存在一个自然失业率，其大小取决于该社会的技术水平、资源数量和文化传统，而在长期中，该社会的经济总是趋向于自然失业率（如 6%）。也就是说，人为的经济政策的作用可以暂时或在短期中使实际失业率大于或小于自然率，但是在长期中不可能做到这一点。

凯恩斯以前的传统经济学承认，资本主义存在两种失业，即摩擦性失业和自愿失业。大致说来，二者之和在全部劳动力中所占的比例就是自然失业率。可以看到，自然率假说的实际意义是：资本主义在长期中不会存在非自愿失业的现象。

（二）货币主义的主要观点及政策主张

根据新货币数量论和自然率假说，现代货币主义有以下几个理论观点。

第一，私人经济具有自身内在的稳定性，国家的经济政策会使它的稳定性遭到破坏。上面的自然率假说是货币主义的这一观点的理论基础。按照自然率假说，资本主义经济有趋向于自然率（即充分就业）的自行调节的机制，因此市场机制仍然是调节资源在不同用途之间合理配置的有效工具。虽然各种随机扰动将使经济出现短期波动，但经济本身具有自动恢复到充分就业均衡的趋势，因此如果国家干预干扰了市场机制的作用，反而会导致宏观经济的严重失衡。

第二，货币供给对名义收入变动具有决定性作用。弗里德曼认为，货币供给完全取决于货币当局的决策及银行制度，而货币需求函数则表明，货币供给与影响货币需求的因素完全无关。在货币供求相均衡时，根据新货币数量论的方程[式(10-4)]，由于货币流通速度 V 在短期仅仅可以有轻微的波动，而在长期中又是不变的数量，于是货币供给量 M 便是影响名义收入 Y 的决定性因素，即货币数量是货币收入波动的主要原因。

第三，在短期中，货币供给量可以影响实际变量，如就业量和实际国民收入。根据新货币数量论，货币流通速度 V 在短期可以有轻微波动的解释以及货币主义从自然率假说出发，对货币政策在短期中效应的考察都支持了货币主义的这一观点。

第四，在长期中，货币数量的作用主要在于影响价格以及其他用货币表示的量（如货币工资等），而不能影响就业量和实际国民收入。根据自然率假说，就业量（从而实际国民收入）是技术水平、风俗习惯、资源数量等非货币因素所决定的，因此式(10-4)中的 y 与 M 无关。按照弗里德曼的看法，V 在长期中又是一个不变的常数，因此货币数量 M 能影响的只能是价格 P 以及由货币所表示的变量。换句话说，通货膨胀归根到底是一种货币现象。

二、供给学派

供给学派（Supply-side School）是 20 世纪 70 年代后期在美国兴起的又一个与凯恩斯

主义相对立的经济学流派。供给是指商品和劳务的供给,也就是指生产。所以,供给学派又称生产学派、供给经济学。供给经济学是强调生产和供给的经济学派。供给学派的主要代表人物阿瑟·拉弗认为,供给学派的经济学是一种"新经济学,即对个人刺激的经济学"。供给学派主张经济自由主义,反对凯恩斯主义的有效需求管理理论及其政策主张,注重供给,主张刺激储蓄、投资和工作的积极性,主张让市场机制更多地自行调节经济。20世纪70年代西方国家出现经济"滞胀"以后,供给学派认为,问题的症结在于供给不足,需求过旺,所以他们反对凯恩斯主义的需求管理政策,主张通过减税政策实行供给管理,刺激投资。1981年美国的里根政府一度把供给学派的理论作为制定经济政策的工具。该学派的理论在英国撒切尔夫人当政期间也曾受到高度重视。

供给学派的理论渊源主要是古典经济学。这种古典经济学主要是指从亚当·斯密到约翰·斯图亚特·穆勒并由让·巴蒂斯特·萨伊建立的以供给为出发点,以生产、成本、生产率为研究重点,以经济自由主义为主要政策主张的经济理论体系。从供给学派强调减税等财政政策来看,其分析方法和政策主张的渊源是大卫·休谟、亚当·斯密和一些重商主义者。古典派的经济学认为,充分就业是自由市场经济条件下的常态,因为"供给会自行创造自己的需求"(萨伊定律)。萨伊认为生产是经济活动的起点,分配是生产的结果,交换是分配的继续,消费是经济活动的终点。生产者的最大利润必然会带来全社会的最大利益,消费者的最大利益寓于生产者的利益之中,是生产决定了消费。经济学研究的重点应该放在生产和供应上,"所以一个好的政府以刺激生产为目的,而一个坏的政府则鼓励消费"。[①] 萨伊还认为,当一种资源得到充分利用时,就生产出一定量的商品,参加这种生产的人们也获得一定的收入,从而他们将用就业中所得的这些收入去购买产品。只要生产安排好,无论生产什么都能销售出去,过剩的产品不过是一种劣等货或者不对路的暂时过剩;只要供给会创造它自己的需求,就不会发生一般生产过剩,总供给和总需求一定相等。在政策主张方面,供给学派直接吸收了"古典经济学"强调供给、生产,刺激储蓄、投资,提高生产率方面的基本经济思想;在某些理论方面,供给学派则利用萨伊定律来直接否定凯恩斯主义。

供给学派是在20世纪70年代后期兴起的,而在20世纪70年代,西方国家普遍出现了"停滞膨胀"的局面。面对这种局面,凯恩斯主义的经济理论无法予以解释,更提不出解决问题的办法,西方经济学由此出现了重大危机。正是在这种历史条件下,供给学派应运而生。供给学派基本主张的提出者是罗伯特·蒙代尔。1971年,加拿大籍美国经济学家罗伯特·蒙代尔对美国政府通过增加税收抑制通货膨胀的做法提出了批评。蒙代尔主张一方面应该紧缩货币供给量以抑制通货膨胀;另一方面应该减税,以刺激经济增长,而且减税后政府的税收未必会减少,所以减税并不一定增加预算赤字。供给学派认为,凯恩斯主义的经济理论无非是与萨伊的"供给自行创造需求"相对立的一种"需求自行创造供给"的理论。他们认为,凯恩斯主义在长期依赖不断人为地刺激需求,持续地损害了资本主义的经济。供给学派认为,当今美国的经济与凯恩斯所处的大萧条情况不同,需求的增长不

---

① 萨伊. 政治经济学概论[M]//亨利·黑兹利特. 凯恩斯主义的批评者. 新泽西:普林斯顿大学出版社,1960:20-21.

一定会造成实际产量的增长，而只能单纯增加货币数量，促进物价上涨，结果反而引起储蓄率和投资率增长速度的放慢，技术变革延缓。供给学派正是在对凯恩斯有效需求理论的批判和否定凯恩斯主义的需求管理政策的基础上，来复兴古典经济学和萨伊定律，从而提出供给管理的政策主张的。

总的来说，供给学派在社会哲学基础与宏观经济理论方面比较薄弱和贫乏，其经济学说是对凯恩斯主义的直接否定。它是适应资本主义经济"滞胀"的形式和要求而产生的，其经济理论曾经是美国里根政府制定经济政策的主要依据之一。这在 1981 年里根上任不久向国会提交的"经济复兴计划"中就有所体现，主要反映在四个方面：①削减个人所得税和企业税率，其中个人所得税税率从 1981 年 7 月 1 日起每年削减 10%，3 年削减 30%；②削减联邦开支，减少预算赤字，逐年平衡预算；③放宽和取消政府对企业的一些限制性的规章条例；④控制货币信贷，推行有节制的稳健的货币供给政策。当然里根的"经济复兴计划"也包含现代货币主义者的理论和其他一些经济理论。供给学派的经济学说是对凯恩斯主义的直接否定，它是适应资本主义经济"滞胀"而产生的，其理论和政策主张具有一定的合理性，但其与凯恩斯主义的对抗明显缺乏一个完整的理论体系，只好强调萨伊定律的正确性，不过是反映了一种对过时思潮的追溯。实际上，在经济政策方面，供给学派与凯恩斯主义都承认现代的资本主义市场经济单纯依靠市场机制无法实现供给和需求的自动均衡，都认为需要国家干预，他们的分歧主要在于这种干预的程度、内容及作用的方向上。如托马斯·J. 海尔斯通尼斯所说："供给经济学是通过商品和服务供给效应方面的多种手段措施，为了调节经济增长和促进物价稳定而提供的一种政策研究。"①

三、理性预期学派（新古典宏观经济学派）

20 世纪 70 年代，西方国家处于严重的滞胀困境，而传统的凯恩斯主义仍然提不出解决困境的对策。面对这种严峻的经济形势，西方社会对凯恩斯主义逐渐丧失信心。在这种形势下，作为货币主义的延续与发展，西方经济学界出现了理性预期学派。该学派采用并发展了西方学者穆思于 1961 年提出的理性预期的观点，形成了一系列与传统的凯恩斯主义相反的说法。由于这一系列的说法大体与凯恩斯主义出现以前的传统的西方经济学相一致，因此使西方经济学回复到传统的被认为是"古典学派"的状态，所以理性预期学派也被称为新古典宏观经济学派，其代表人物有卢卡斯、萨金特、华莱士、巴罗等。其中，诺贝尔经济学奖获得者卢卡斯居于最重要的地位。到 80 年代，理性预期的概念已被西方经济学界所普遍接受。由于理性预期学派的基本政策主张与其他坚持古典经济学和新古典经济学基本理论主张的现代货币主义学派和供应学派大致类似，而现代货币主义学派和供应学派已经失去了最适宜的"经济滞胀"的环境和土壤，于是，在实践中这些学派便以原先的理性预期学派为主体而逐渐融合在一起，形成了今天的新古典宏观经济学派。

（一）预期及其分类

一般来说，经济理论中的预期是指从事经济活动的人，在进行经济决策和经济活动之

① 托马斯·J. 海尔斯通尼斯. 供给经济学导论[M]. 纽约：莱士顿出版公司，1982：3.

前，对未来的经济形势及其变化(主要是市场供求关系和价格)作出一定的估计和判断，以免造成经济损失或者错过盈利机会。在理性预期概念产生之前，经济理论研究中所涉及的预期理论可以根据预期形成机制分为三类。

1. 静态预期

这种预期是假定经济活动的主体(企业和个人)完全按照过去已经发生过的情况来估计和判断未来的经济形势。如果以P_t表示第t期的实际价格水平，P_{t-1}表示第$t-1$期的实际价格水平，P_t^*表示在$t-1$期所预期的第t期的价格水平，则静态预期模型为

$$P_t^* = P_{t-1}$$

由此可见，静态预期的形成最为单纯，它把前期的实际价格完全当成现期的预期价格。

2. 外推型预期

静态预期虽然简洁明了，但却过分简单。市场价格不会始终不变，商品生产者在遭受多次挫折之后会总结经验教训，修正以前对市场价格的预期。因此，1941年经济学家梅茨勒(L. Metzler)引入了外推型预期，发展了静态预期。他认为，对未来的预期不仅应以经济变量的过去水平为基础，而且要考虑经济变量未来的变化趋势。对价格的外推预期可以表示为

$$P_t^* = P_{t-1} + \lambda(P_{t-1} - P_{t-2})$$

其中，λ是一个重要参数，它反映了经济单位是如何看待历史经验的，其取值取决于有关经济对象的基本结构。在蛛网模型中，如果λ取正值，我们将看到价格上下波动，但是如果取适当负值，则我们将看到价格以比采取静态预期时更快的速度趋于均衡价格水平。运用外推预期时，企业在对未来价格作出预期时不但考虑本期的价格水平而且考虑价格变化的历史数据。

3. 适应性预期

1956年，美国经济学家菲利普·卡根(Philip Cagen)提出了适应性预期理论。适应性预期是指在每一个时期，企业和个人在作出经济决策前，总要根据上一时期的预期来确定本期的预期，并不断用上一期预期的误差来修正本期的预期，从而得出一个较正确的、符合实际的预期值，以形成适应性预期。用公式表示为

$$P_t^* = P_{t-1}^* + \lambda(P_{t-1} - P_{t-1}^*)$$

其中，λ称为适应系数，其取值介于0和1之间。它反映了经济单位在作出预期时对历史经验的重视程度。如果$\lambda=1$，则$P_t^*=P_{t-1}$，我们便回到了静态预期。λ的取值介于0与1之间，表明在经济单位的预期形成中，所有历史资料都是有用的，但是越是晚近的历史资料，所起的作用就越大。

4. 理性预期

1961年，约翰·穆斯在借鉴以往预期模型的基础上，提出了理性预期假说。它假定经济单位在形成预期时使用了一切有关的、可以获得的信息，并且对这些信息进行理智的整理。理性预期理论最显著的两个特点如下。

(1) 理性预期总是尽可能最有效地利用现在全部可以被利用的信息，而不是仅依靠过去的经验和经济变化；而且“在用理性预期来代替适应性预期的结构里，模型中的经济

主体会注意到政策的变化……经济主体将改变他们的决策，以便充分利用一项新的政策产生出来的任何有利机会”。[①] 理性预期理论并不认为每个经济主体的预期（主观的后果的概率分布）与经济理论的预测（客观的后果的概率分布）是趋向一致的。

（2）理性预期理论并不排除现实经济生活中的不确定因素，也不排斥不确定因素的随机变化会干扰人们预期的形成，使人们的预期值偏离其预测变量的实际值。它只是强调，人们一旦发现错误就会立即作出正确的反应，对预期中的失误进行纠正。所以，人们在预测未来时绝不会犯系统性错误。因此，从整体上看，在长期中，它对某一经济变量的未来预期与未来的实际值仍然会是一致的。用通俗的语言来说，理性预期的意思是：在长期中，人们会准确地趋向于预期到经济变量所应有的数值。

（二）理性预期学派的政策主张

理性预期学派认为，菲利普斯曲线的交替关系即使在短期内也不存在，即便在短期内，菲利普斯曲线也是一条位于“自然失业率”水平上的垂直线。通货膨胀和失业之间不存在任何替代关系。因为在理性预期条件下，人们已经估计到货币供应量增长后可能发生的实际后果，从而采取了预防性的措施（如预先要求提高货币工资增长率和利率）。这样，一旦货币供应量增加，就只能导致通货膨胀率的变化，而不能使实际工资和实际利率下降，即货币是中性的。于是，政策的变化连暂时的产量增加和失业率下降的目的也达不到。由此，理性预期学派推导出一个重要命题，即货币政策无效。该命题认为，货币供给中的可预期部分对就业、产量或其他实际变量均无影响，其中不能被预期的部分或货币供应量意外的不规则的变动，虽然能够对上述变量产生一定的影响，但其作用只会加剧经济的不稳定与波动。因而，由于人们的理性预期，政府增加货币供应量的政策无论在短期还是长期，对于降低利率、刺激总需求、扩大就业和增加产量等，都将是无效的，其结果只能是通货膨胀。

起先，理性预期学派经济学家只是说明货币政策在理性预期下是无效的，后来，认为连财政政策也是无效的。美国经济学家罗伯特·巴罗利用理性人假说，复兴了19世纪初的著名古典经济学家大卫·李嘉图曾经提出的一个重要观点，即在本质上，征税和举债是等价的，因而公债的效果是中性的，既不会带来好处，也不会带来坏处。李嘉图在其经典著作《政治经济学及赋税原理》一书中，提出了一种推测：在某些条件下，无论政府使用债券还是税收来筹资，其效果都是等价的或者说是相同的。西方经济学家将该观点称为“李嘉图等价定理”。从表面上看，以税收筹资和以债务筹资并不相同。政府的税收减少了一个人的财富；而出售相当于该税收额的债券给同一个人，以后再连同利息一起偿还给他。这似乎并没有改变这个人的财富。但是，政府的任何债券发行均体现将来的偿还义务，从而在将来偿还时，会导致社会承担更高的税收。如果人们意识到这一点，他们将会把相当于未来额外税收的一部分财富积蓄起来。结果，人们可支配的财富数量与征税时的情况一样。李嘉图本人并不认为上述推测完全符合现实，但是巴罗却认为按照理性预期行事

① 马克·威尔斯.“理性预期”：反凯恩斯革命的革命[M]//丹尼尔·贝尔.经济理论的危机.上海：上海译文出版社，1985：120.

的人们正是如此行事的,因此无论是税收融资还是债务融资,其效果都是相同的。巴罗所复兴的李嘉图等价定理有着很强的政策含义。如果人人都认识到他们的纳税只是被推迟了,那么政府通过借款而增加的任何支出都将被私人储蓄的等额增加所抵消,结果既不存在消费扩张,也没有收入增加的乘数效应。这样一来,政府用减税的办法或用举债支出的办法来刺激经济的财政政策就是无效的。

由于理性预期学派的一个主要原则是:经济如果不反复遭受政府的冲击,基本上就会是稳定的。所以,他们认为,凯恩斯主义所主张的干预经济生活的财政政策和货币政策能够生效的暗含前提是:政府可以出其不意地实行某种政策以影响经济生活,但是政府要取得社会的支持,就不能在经济政策上对社会民众搞突然袭击,而要按照既定的规则和程序办事。这样一来,在理性预期条件下,政府的经济政策就是无效的。政府的作用只是为私人经济活动提供一个稳定的可以使人们充分了解的良好环境。鉴于新古典宏观经济学派(理性预期学派)的上述思想和主张,人们认为它是比现代货币主义更为彻底的经济自由主义派别。

(三)对理性预期学派的简要评论

新古典宏观经济学派(理性预期学派)在美国出现的时间并不算很长,对经济政策制定的影响也不算大,但是它对经济理论的影响却日益增强,以至于一些人把它叫作"理性预期的革命"。布莱恩·坎特认为,没有对预期的解释,经济力量就不能对一个把将来估计在内的世界中的宏观经济现象的理解作出贡献。此外,理性预期学派的理论对宏观经济学的影响是宏观经济学的微观化。理性预期学派理论分析的最终目的,是以微观经济学取代宏观经济学,消除现存的宏观经济学。在他们看来,宏观经济变量、总供给、总需求、总就业量是由具体的微观的经济变量加总而成的。因此,要了解宏观经济变量的变动情况和变动规律,首先必须探讨微观经济变量的变动情况和变动规律。此外,从理性预期假说、货币中性假说、自然率假说发挥作用的情况看,理性预期学派也必然将用微观经济分析取代宏观经济分析。就理性预期假说而言,进行理性预期的主体是一个个具体的经济活动的当事者,正是一个个具体的经济活动的当事者的理性预期,以及其在理性预期基础上所做的经济决策,构成了整个社会最优先的经济活动的基础。因此,要探讨整个社会最优先的经济活动,便须首先探讨具体的经济活动当事者的理性预期行为和决策,这就必须进行微观经济分析。再就货币中性假说而言,货币之所以仅仅起到作为交换的媒介和经济计量工具的名义变量的作用,关键也在于具体的经济活动当事者按照理性预期进行实际的经济活动。换言之,正是经济活动当事者的理性预期及其活动,使货币仅仅起到名义变量的作用,使之具有中性,这也意味着对具体的经济活动当事者的经济活动的微观经济分析。至于自然率假说,它把各种经济变量的自然率水平规定为各种市场实现均衡时所达到的水平。显然,自然率假说要求分析各种市场实现均衡的情形;而对各种市场均衡的分析,则属于微观经济学的范畴,在理性预期学派那里,这种微观经济分析是用来说明总量经济行为的。

对新古典宏观经济学派(理性预期学派)的观点和政策主张提出批评的经济学家认为,该学派的经济理论存在以下缺点。

第一，该学派进行分析的基础是市场随时处于“出清”状态。因此，货币工资刚性这个现实经济生活中常见的现象就构成了对理性预期理论分析的挑战。一些经济学家认为，如果名义工资确实是刚性的，则凯恩斯主义的“积极行动主义政策”可能仍然是有用的。

第二，理性预期的假定是十分值得怀疑的。这是因为，首先，无法保证人们有能力及时掌握足够的有用信息；其次，任何信息都是有成本的，这会使人们斟酌取得信息的成本与运用信息的效率，以决定其购买信息的最佳数量。因此，认为人们会像理性预期学派理论所设想的那样能够得到充分的信息，并且明智地处理信息，是不现实的。

第三，新古典宏观经济学派(理性预期学派)在分析经济问题时借用了现代货币主义学派的自然率假说。但是，他们对于“自然率”是如何决定的问题，却没有给出明确的答复。

第三节　国家干预主义思潮下的凯恩斯主义经济学和新古典综合派

1936 年英国经济学家约翰·梅纳德·凯恩斯出版了他最著名的经济学著作《就业、利息和货币通论》，引发了经济学史上的一次“革命”，这就是西方经济学家所说的“凯恩斯革命”。“凯恩斯革命”在经济学研究的理论、方法和政策三个方面，对传统的新古典经济学体系进行了变革，开创了国家干预主义思潮下的经济学理论流派，除了凯恩斯主义经济学，还包括新古典综合派、新剑桥学派、凯恩斯主义非均衡学派和新凯恩斯主义经济学。本节主要总结归纳凯恩斯主义经济学和新古典综合派的主要理论内容。

一、新古典经济学的基本原理和命题与“凯恩斯革命”的主要内容

为了更好地理解这门建立在凯恩斯的《就业、利息和货币通论》基础上的宏观经济学课程，有必要进一步阐释凯恩斯所反对的正统的新古典经济学这一理论体系的基本原理和命题，弄清凯恩斯着重在哪些方面进行了变革。按照凯恩斯本人的概括，以马歇尔、庇古等人为代表的新古典经济学体系主要包含以下一些要点。

第一，集中体现了新古典经济学核心思想的萨伊定律。凯恩斯把它概括为“供给总是能够创造自己的需求”的原理和教条。该原理和教条是说，在经济活动中，市场的需求总是没有问题的，关键在于人们能够提供多少产品和服务，或者说，社会总供给总是等于总需求，不会产生总需求不足(或生产过剩)的经济危机。

第二，市场具有自动调节经济使其趋向或达到充分就业均衡的机制和功能。也就是说，在一般情况下，经济中的充分就业应该是一种常态，即便偶尔出现失业或失衡，也会通过市场的调节作用自动地恢复到充分就业的均衡状态。这也就是充分竞争可以自动达到“普遍均衡”(一般均衡)的信条。

第三，利率是货币市场的调节手段。它可以引导人们自动地调节储蓄和投资，使二者达到相等的状态，由此决定了货币市场也总是处于均衡状态。

第四，工资是调节劳动力市场的有效机制。它可以使劳动力的供给和需求自动达到相等，由此决定了劳动力市场也是经常处于均衡状态。

第五,货币对于实际经济活动完全不起作用。货币只是会影响价格水平等名义变量,而不会影响社会的实际就业量和产量。也就是说,货币是中性的,这种观点就是古典经济学和新古典经济学的经济“二分法”的观点。

第六,政府应该对社会的经济活动(货币的供给例外)采取自由放任态度,而不要加以干预。只要市场机制可以在充分竞争下发挥作用,经济就会维持在理想的均衡水平上。在这种情况下,经济中的任何波动和失衡都是暂时的,是不可能长久的。

“凯恩斯革命”就是针对新古典经济学体系的上述方面,从理论、方法和政策三个方面,对传统的新古典经济学进行变革。

理论上,凯恩斯反对代表古典和新古典经济学理论的基本传统观念与萨伊定律,强调总需求对决定国民收入的至关重要的作用。他提出在三大心理规律(边际消费倾向递减规律、流动偏好陷阱规律和资本边际效率递减规律)作用下,有效需求不足将导致社会上出现大规模失业和生产过剩,而市场自动调节机制将无法发挥有效作用以纠正这种失调。

方法上,凯恩斯复活了重商主义使用过的宏观总量分析方法,克服了此前传统的将货币经济和实物经济分开的“二分法”,将货币经济和实物经济合为一体。这一做法开辟了经济学研究方法的一个新时代。此外,在经济理论分析中,凯恩斯还运用了古典经济学和新古典经济学不太注重的短期分析和比较静态的分析方法。

政策上,凯恩斯反对“自由放任”和“无为而治”的传统做法,主张国家通过经济政策,主要是财政政策和货币政策对经济生活进行积极干预和调节。凯恩斯特别强调扩张性财政政策在经济萧条时的积极作用,他“创造性”地提出了功能性的财政预算政策,主张以赤字财政政策来解决严重的经济萧条和危机问题。

凯恩斯《就业、利息和货币通论》的主要思想是,资本主义市场经济的自动调节作用尽管可以使储蓄和投资相等,但是却未必可以达到充分就业的水平;一旦出现小于充分就业的均衡水平,国家就应该积极干预经济生活,通过增加政府投资来推动就业的扩大并克服经济危机。具体来说,凯恩斯经济理论的这一主旨是通过对新古典经济学的批判建立起来的。这表现在以下两个方面。

其一,反对萨伊定律和经济自动均衡的全部理论教条,发起经济理论的革命。

凯恩斯以经济现实批评了萨伊定律的教条,针锋相对地提出了强调需求重要性的有效需求理论。凯恩斯认为,在市场经济的现实条件下,国民收入主要受到了需求水平的制约,或者说,国民收入的水平主要是由社会的需求水平决定的。他认为,由于边际消费倾向递减、资本边际效率递减和流动性陷阱三大心理规律的作用,即便在正常的情况下,仅靠市场的自动调节机制不足以使经济达到充分就业的均衡。为此,国家必须借助政府干预的各种手段,来补足社会的有效需求缺口,才能使供给和需求在社会最充分的水平上达到均衡,即达到充分就业的均衡。具体到各个特定市场的情况,凯恩斯认为,在商品市场上,消费者在边际消费倾向递减的作用下,其消费需求会随着收入的增加而呈现递减趋势,也就是说,由于消费的增加总是跟不上收入的增加,消费需求不足将是一种长期现象。在货币市场上,利率也不能自动保证储蓄和投资经常相等,因为投资取决于利率和对投资的预期收益(资本边际效率)二者之间的比较。而利率也不是像新古典经济学所说的那样由储蓄和投资共同决定。对此,凯恩斯提出了利率应该由对货币的供给和需求共同决定,主要是对货币的需求决定的观点。货币的需求又是由人们需求货币的三种动机决定的。他认为，在劳动力市场上，工资也不能成为调节劳动力市场、使劳动力的供求经常达到充分就业均衡的机制。凯恩斯认为，劳动力的供给主要取决于名义工资（而不是像新古典经济学所说的那样取决于实际工资），而且名义工资在经济萧条时也不会像新古典经济学所认为的那样无限制地下降。凯恩斯认为，在消费需求不足的条件下，一般消费品的生产过剩是不可避免的。消费品的生产过剩将会导致生产减少，而这又都会减少生产者的利润，从而降低生产者和投资者的利润预期，降低其资本边际效率，引起投资需求不足。（如果资本边际效率突然发生崩溃，将会立即引起经济危机。）再加上流动性偏好的作用，使利率难以持续下降，投资需求将更加不足。在投资需求不足的情况下，经济中就会出现非自愿失业。这样一来，劳动力市场也会发生严重失衡。由此，凯恩斯断定，在一般情况下，资本主义经济将无法依靠市场的自动调节机制达到充分就业的均衡状态。仅依靠市场调节机制，经济通常处于小于充分就业均衡状态，只有极偶然的情况下，经济才可能达到充分就业均衡。而经济长期处于失业均衡是难以为社会所接受的。

其二，对自由放任主义的古典经济学信条的“政策革命”。

鉴于经济中经常发生有效需求不足的情况，而市场自动调节机制又不能总是有效地发挥作用，凯恩斯提出，应该放弃传统的、新古典经济学所主张的放任原则，转变政府实行自由放任政策的观念，代之以政府干预的观念和政策，通过实施扩张性的财政政策和货币政策，增加社会的总需求，提高就业和产出水平。他还进一步采用了其弟子卡恩提出的乘数理论来说明政府干预经济、扩大有效需求的重要效果。

凯恩斯的《就业、利息和货币通论》的出版，恰好是满足 20 世纪 30 年代西方国家经济上和政策上的实际需要的，所以该书出版后，立即对西方经济学界产生了极大影响，被英、美等国经济学界迅速接受。西方经济学家均对其给予了极高评价。“凯恩斯革命”在理论上的特点是：①注意到经济中制度因素和不确定性对经济行为的决定性影响，因而拒绝了传统西方经济学中的市场总是处于充分就业均衡状态的假定；②注重短期分析，注重国民收入和就业的决定问题，而不再强调长期分析和资源最优配置问题；③强调有效需求的决定性作用，否认相对价格变动在短期内的重要意义；④主张经济中实物经济和货币经济的统一，反对将其分裂的“二分法”；⑤否认经济存在经常有效的自动调节机制，主张政府对经济进行干预与调节的必要性和重要性。

凯恩斯主义经济学在二战以后的大约 20 多年的时间里，一直占据主流地位，一些人言必称凯恩斯。凯恩斯不仅成为现代西方宏观经济学的创始人，而且成为真正意义上的现代西方经济学的奠基人之一。此后，西方经济学的发展都直接或间接受到凯恩斯经济学理论和分析方法的影响，而西方国家在经济政策的实践方面更是明显地打上了凯恩斯的烙印。但是，凯恩斯的理论和方法显然存在某些缺陷。它强调了经济的宏观方面，却忽视了应有的微观基础，从而成为后来一些经济学家批评的主要方面。它过多强调心理因素的作用，却忽视了对经济因素的深入分析。它在特定情况下对经济需求方面给予充分强调的同时，却没有注意到供给因素也是不能被忽略的。凡此种种，造成了凯恩斯理论在解释经济现实问题时也存在较大的局限性，因而引起了后来的经济学家们对凯恩斯理论在长时间内的较多批评。

二、新古典综合派(后凯恩斯主流经济学)

凯恩斯在《就业、利息和货币通论》中提出的不同于新古典经济学的新的经济理论和方法体系为西方主要国家的经济学家普遍接受之后,逐渐成为西方各国的"新经济学"。许多西方经济学家对其趋之若鹜。在这种情况下,为了学习、运用和推广凯恩斯提出的新理论、新方法,凯恩斯主义的追随者们对凯恩斯的理论进行了大量的注释、补充和改进。这些人后来逐渐形成了西方经济学界所说的"后凯恩斯经济学派"。

到20世纪50年代末和60年代初,西方国家经济学界中的"后凯恩斯经济学派"形成了两个大的主要的分支或流派。一支是以美国经济学家为主的新古典综合派(又称后凯恩斯主流经济学、美国凯恩斯主义、凯恩斯右派);另一支是以英国经济学家为主的新剑桥学派(又称后凯恩斯主义经济学、英国凯恩斯主义、凯恩斯左派)。此外,在20世纪70年代曾经出现了与新剑桥学派比较接近的原教旨主义的凯恩斯经济学派(20世纪80年代以后,该学派又被称为后凯恩斯学派)。这里,我们将主要介绍对西方经济学影响最大的一派,即新古典综合派(后凯恩斯主流经济学派、美国凯恩斯主义)的情况,其最重要的奠基者是美国的保罗·萨缪尔森(Paul A. Samuelson)和阿尔文·汉森(Alvin H. Hansen)。

(一)新古典综合派的特征

新古典综合派在经济理论上最显著的特征是,在宏观方面接受凯恩斯的经济理论,在微观方面采用传统的新古典经济学理论。该学派把凯恩斯宏观经济学所主张的总开支(总需求)引起的"收入效应",与传统的微观经济学所主张的价格变动引起的"替代效应"结合起来;也把凯恩斯所强调的短期分析与古典学派所强调的长期分析结合起来;还把传统的对市场自行调节的机制与凯恩斯所主张的政府干预机制调节起来,把新古典经济学所强调的货币政策与凯恩斯所强调的财政政策结合起来;甚至把非均衡分析的方法与一般均衡分析的方法结合起来。这种理论体系全面混合的特点,用20世纪60年代凯恩斯主义经济学处于鼎盛时期萨缪尔森的话来说就是,"星期一、三、五,我可以是一名萨伊定律的侍从,而星期二、四、六,我却可以是一名凯恩斯分子"。[①] 此外,随着形势的发展,新古典综合派还表现出另一个特征,那就是对其他学派观点的广泛吸纳。这一特点在20世纪70年代以后表现得更为明显。新古典综合派这种混合的经济理论的运行背景是他们所谓的"混合经济"。

(二)新古典综合派的形成

新古典综合派的理论是以凯恩斯的宏观经济理论为基础的,当然,新古典的经济理论也是其有机组成部分。新古典综合派的形成过程,其实就是凯恩斯的经济理论在美国传播和占据主流地位的过程。这一过程并不是从凯恩斯的《就业、利息和货币通论》出版后很快开始的,因为1939年"二战"的爆发使各国很快转入了战时经济的状态。不过,战时

---

① 萨缪尔森.经济学:第6版[M].纽约:麦格劳-希尔教育出版公司,1964:809.

经济却从另一个角度对凯恩斯的理论提供了佐证，使本来就对凯恩斯理论抱有好感的一些人，在战争之后更愿意接受它了。

1946年，美国通过了"就业法"，最先把凯恩斯主义的原则体现在国家对经济生活进行调节的实际行动中。其后，欧洲一些国家也纷纷采取了类似的行动，企图借助国家干预来实现充分就业、物价稳定、长期经济增长、国际收支平衡、收入均等化和资源最优配置这六大经济目标。

20世纪40～60年代是凯恩斯主义在欧美国家得到普遍传播和运用的时期。这一时期被称为"凯恩斯时代"。在这一时期，美国取得了连续多年的经济持续增长。这似乎证明了凯恩斯主义经济理论的有效和适用。在经济持续稳定增长的情况下，新古典经济学的一些理论和观点又开始逐步回到一些人的经济理论观念中，并渗透和进入凯恩斯的经济理论，与凯恩斯主义由相互对立转向共存与相互融合。新古典综合的理论体系就在这一基础上形成和出现了。

新古典综合的发端，也许可以追溯到20世纪30年代英国经济学家约翰·希克斯所写的《凯恩斯先生和"古典学派"》(1937)一文。约翰·希克斯用三个方程式和IS-LM模型概括了凯恩斯的理论。约翰·希克斯以新古典经济学的表述语言和方法对凯恩斯的经济理论进行了概括。其IS-LM模型就是以局部均衡的图形和一般均衡的含义对凯恩斯理论的总体概括。此外，约翰·希克斯认为，凯恩斯的三个方程式是"向马歇尔的正统经济学跨回了一大步，以至他的理论很难与经过修订的和在限量范围内的马歇尔理论相区别"。[①] "新古典综合"理论体系的最完整形式首先在萨缪尔森的《经济学》教科书中得到了最典型的体现。萨缪尔森在其1948年出版的《经济学》教科书中，正式开始其"新古典综合"的工作。他采用了一种有别于传统的结构和内容，把凯恩斯经济理论作为主体，而把传统的新古典经济学(微观经济理论)放到次要地位。在该书的序言中，萨缪尔森明确地宣布："在这本书中，贯彻始终的中心议题是国民收入。"后来的事实证明，萨缪尔森的这一工作在最终确立凯恩斯经济学理论在战后的西方经济学中的主流地位具有十分重要的意义，进一步普及了凯恩斯的经济理论，并使之演变为当代西方宏观经济学。到1955年出版的《经济学》第3版，萨缪尔森首次正式提出了新古典综合的术语。所谓新古典综合就是把以马歇尔和庇古为代表的传统的新古典经济学理论同凯恩斯的经济学理论"综合"在一起。萨缪尔森在其《经济学》第6版(1964年)中说，"新古典综合"就是"总收入决定理论的要素与早先的相对价格和微观经济的经典理论相结合"。[②] 他说："在管理完善的体系中，运用货币和财政政策使经典理论提出的高度就业的假定得到证实时，经典理论就恢复了原有地位，经济学家也就重新树立了信心来陈述经典理论和社会经济原理。"[③]这其实就意味着，一方面，强调以政府干预的"需求管理"对经济进行宏观调节；另一方面，又主张以市场机制对生产要素的供求发挥自动的调节作用。说到底，新古典综合的核心思想就是相信：只要采取凯恩斯主义的宏观财政政策和货币政策对资本主义的经济活

---

① 希克斯.凯恩斯先生和"古典学派"[C]//收入分配理论文选.伦敦：布莱克威尔出版公司，1946：468.

② 萨缪尔森.经济学：第6版[M].纽约：麦格劳-希尔教育出版公司，1964：809.

③ 萨缪尔森.经济学：第6版[M].纽约：麦格劳-希尔教育出版公司，1964：809-810.

动进行调节,就可以避免经济萧条而使经济趋于充分就业;而经济一旦实现了充分就业,传统的新古典经济学的主要理论(如均衡价格论、边际生产力分配论等微观理论)就可以重新适用,并将把充分就业的均衡状态维持下去。也就是说,在经济达到充分就业状态之前,凯恩斯经济学理论和政策主张是使经济恢复到充分就业水平的重要途径和手段,而新古典经济学理论则处于次要地位。一旦实现充分就业,这两种理论的地位就要发生转换,凯恩斯经济学理论和政策主张的优先重要地位就要让位于传统的新古典经济学理论与政策主张。这也意味着,凯恩斯经济理论体系和政策主张不过是使新古典经济学理论体系重新适用的手段而已。

新古典综合理论的出现,在相当大程度上平息了《就业、利息和货币通论》出版以来在西方经济学界所引起的争论和意见分歧。大多数经济学家的意见似乎都被统一到了新古典综合理论的认识上,凯恩斯经济理论也就基本上以折中的形式被接受了。在新古典综合理论的发展变化过程中,新古典综合理论也就在某种形式上被等同于凯恩斯的经济理论了。当然,在萨缪尔森的理论"综合"之外,新古典综合派的经济理论体系中还有另一种综合,即经济政策方面的"综合"。这种政策方面的"综合"主要是由詹姆斯·托宾完成的。早期的凯恩斯主义者一般认为,财政政策是缓和经济萧条、减少失业的最有力的工具。而新古典经济学派则把货币政策看作市场机制调节下的重要手段。托宾主张把这两方面结合起来。他说:"我们坚持'新古典学派的综合',强调货币成分和财政成分可以按照不同比例结合在一起以达到所希望的宏观经济效果。"①

如前所述,新古典综合的经济学理论体系的最终完成,实际上包含三个方面的工作:①凯恩斯经济理论本身被希克斯和汉森综合为具有新古典经济学色彩的宏观的一般均衡理论;②萨缪尔森完成的将凯恩斯的宏观经济理论体系和新古典的微观经济理论体系结合在一起;③托宾将凯恩斯主义侧重的财政政策和新古典经济学侧重的货币政策结合在一起。

无论如何,至少在20世纪60年代之前,新古典综合理论和政策主张几乎被当作凯恩斯学派的经济学理论和政策主张。但是,60年代以后,情况发生了变化。经济中日益严重的通货膨胀以及不断增大的财政赤字,使凯恩斯经济理论体系穷于应付。1970年,在凯恩斯主义反对派对凯恩斯主义经济学不断提出批评的情况下,萨缪尔森在《经济学》第8版中,以"后凯恩斯主流经济学"的提法取代了原来的"新古典综合"的提法,来表明其教科书的理论体系。

1981年,美国总统罗纳德·里根在美国经济长期遭受"滞胀"折磨的情况下,在战后第一次摒弃作为经济政策理论基础的凯恩斯主义。在这种情况下,1985年,萨缪尔森与诺德豪斯合作出版了《经济学》第12版。在该版本中,他们将自己的理论体系改称为"现代主流经济学的新综合"。他们说:"有关宏观经济学的几章现在使用了具有综合性的总供给和总需求的方法。""我们引入了总供给和总需求,作为理解价格和国民产值的总量变动的核心方法。宏观经济学中的所有重大问题现在都用这些新的工具加以分析。因此,我们把各种不同的思想流派——凯恩斯主义、古典学派、现代货币主义、供给学派、理性预

---

① 托宾.十年来的新经济学[M].北京:商务印书馆,1984:12.

期以及现代宏观主流经济学——综合在一起。”①

1992年，萨缪尔森和诺德豪斯在《经济学》第14版中对理论内容又做了重要修改，特别是把微观经济学部分放到了宏观经济学部分前边。另外，安排了“市场再发现”的主题，力图说明“遍及世界的各个国家正发现市场作为配置资源的一种工具的力量”。在该书中，作者强调了对开放经济的考察和研究；强调博弈论和不确定性的重要性；强调历史和政策；重新注意形成长期经济增长的力量、生产率增长缓慢的根源、新技术和知识的产生，从而把经济增长理论结合到宏观经济学中，作为总供给和潜在产量的一个组成部分；并且简明扼要地描述了宏观经济学的微观经济基础。②

总之，以萨缪尔森为主要代表的新古典综合理论，其“综合”的特征不仅表现为最初对凯恩斯理论和新古典理论的“综合”，也表现为后来对凯恩斯主义反对派各种理论的“综合”。新古典综合派的理论特征也许可以说是随着时间的推移而不断发展演变，不断扩大其“综合”对象的一种理论体系。这种理论体系总是试图将现存的主要经济理论“熔为一炉”。这里只从有关经济理论的发展变化以及相互之间的差异方面加以介绍和说明，对于相关的具体内容——凯恩斯主义经济学理论体系和新古典经济学理论体系的内容，在本书中已有详细介绍，本章一概从略。

三、“混合经济”的理论体系

1.“混合经济”的含义

后凯恩斯主流经济学(新古典综合派)的直接理论渊源主要是凯恩斯的经济理论和传统新古典经济学的理论。从实践上看，后凯恩斯主流经济学(新古典综合派)的理论，既需要国家干预的经济作为其现实基础，也需要市场调节的经济作为其现实基础，换句话说，就是需要以“混合经济”作为其现实基础。在这方面，汉森(Alvin H. Hansen，1887—1975)是该理论学派的最早提倡者和前驱者。凯恩斯在《就业、利息和货币通论》的第24章中指出，解决经济危机的“唯一切实的办法”是扩大政府的机能，“让国家之权威与私人之策动力量互相合作”③。这一说法可以被看作是“混合经济”论点的最初发端。据此，汉森在1941年发表的《财政政策和经济周期》中，较系统地解释了“混合经济”的含义。他认为，19世纪末期以后，大多数资本主义国家的经济就开始逐渐变为私人经济和社会化经济并存的“公私混合经济”或者“双重经济”。汉森认为，这种“混合经济”具有双重意义，即生产领域的“公私混合经济”(国有企业与私人企业并存)和收入与消费方面的“公私混合经济”(公共卫生、社会安全和福利开支与私人收入和消费的并存)。

后来，萨缪尔森在《经济学》中也专门论述了“混合经济”的含义。他认为，“混合经济”就是指国家机构和私人机构共同对经济实行控制，但是其中国家对经济的调节和控制更为重要。对此，萨缪尔森认为“普遍存在于世界各地的事实是：现代混合经济国家的人民都要求他们的代议制政府采取各种经济政策，来维持高额的就业数量、旺盛的经济增长和

---

① 萨缪尔森，诺德豪斯. 经济学：第12版[M]. 北京：中国发展出版社，1992：序.

② 萨缪尔森，诺德豪斯. 经济学：第14版[M]. 北京：首都经济贸易大学出版社，1996：321.

③ 萨缪尔森. 经济学：第11版[M]. 纽约：麦格劳-希尔教育出版公司，1979：348.

稳定的物价水平”。不过,萨缪尔森关于“混合经济”的含义也是随着形势的发展变化而逐渐有所变化的。他在1964年出版的《经济学》第6版中甚至提出了“混合经济体制”的说法。他说,“混合经济体制”是指“在近来不稳定的时代里,它是和平经济和战争经济的混合体制”。到1976年出版的《经济学》第10版,萨缪尔森将“混合经济体制”的特征归结为以下两个特征。

(1) 强调政府的经济作用。他指出:“政府在现代混合经济中具有日益扩大的作用。这可以从三个方面反映出来:一是政府支出的数量增长,二是国家对收入的再分配,三是直接调剂经济生活。”[①]

(2) 强调“垄断和竞争的混合制度”。他认为,在混合经济中,经济学的三个基本问题,即生产什么、如何生产和为谁生产的问题,主要并不依靠“集权的中央法令所决定”,“它依靠的是市场与价格制度”。[②] 但是,市场的价格和竞争制度也并不完善。

总之,“混合经济”在实质上就是国家干预的、以私人经济为基础的市场经济。“混合经济”的特点就是以市场经济为主,通过价格机制来调节社会的生产、交换、分配和消费;同时,政府必须根据市场情况,通过财政政策和货币政策来调节和干预经济生活,熨平经济波动,保证经济的均衡增长。

2. “混合经济”理论的基本内容

“混合经济”理论的基本内容,就是在现实的“混合经济”基础上,所提出的新古典综合派的理论体系,即依据凯恩斯理论所构造的收入-支出模型、希克斯和汉森创造的IS-LM模型、总供求模型,以及新古典经济学传统的微观经济学理论。

新古典综合派所构造的凯恩斯的收入-支出模型就是有效需求决定国民收入的理论。该理论认为,决定国民收入水平的是有效需求的水平,而不是供给的水平。由于边际消费倾向递减规律和资本边际效率递减规律,仅靠消费和自发的社会投资,不能保证经济达到充分就业的均衡。在这种情况下,只有依靠政府刺激社会投资,或者政府直接投资才能够弥补社会有效需求的不足,使经济达到充分就业均衡。

IS-LM模型是对凯恩斯理论的扩展和新古典经济学的阐释,是凯恩斯有效需求理论和新古典一般均衡分析方法的结合。该模型将商品市场和货币市场结合在一起,体现了凯恩斯克服了新古典经济学“二分法”缺陷的特点,同时也提供了对货币政策和财政政策作用的说明。但是,该模型也保留了传统新古典经济学注重局部均衡分析和一般均衡分析的特点。

总供求模型则是在上述两个模型的基础上,进一步从更广泛的角度将总供给和总需求结合起来解释经济现象。这一模型是对前两个模型只强调总需求方面的片面性所进行的补充与修正。

可见,新古典综合派就是在“混合经济”的舞台上,以新古典综合理论体系为道具,解释和指导资本主义经济。

---

① 萨缪尔森.经济学:第10版[M].北京:商务印书馆,1980:206.

② 萨缪尔森.经济学:第10版[M].北京:商务印书馆,1980:83.

3. 经济周期理论

凯恩斯的经济理论只是从经济本身的不确定性和有效需求理论方面说明资本主义市场经济存在很大的不稳定性，因而经济波动是不可避免的，却并没有说明经济波动的周期性质。新古典综合派在凯恩斯经济理论的基础上提出了以乘数加速数理论为核心的经济周期理论模型。该模型是新古典综合派用动态过程分析方法建立起来的，其特点在于，把凯恩斯的乘数理论和其他人提出来的加速数原理结合起来，通过对政府支出、个人消费和私人投资等主要经济变量间相互关系的动态分析，来说明经济周期波动的原因和幅度。

乘数理论最早是由英国经济学家卡恩于 1931 年 6 月在《经济学杂志》上发表的"国内投资与失业的关系"一文中提出来的，主要是阐述国家用于公共工程的支出与总就业量之间的关系。后来，凯恩斯在其《就业、利息和货币通论》中接受和使用了这一观点，并且通过引进边际消费倾向的概念系统地阐述了乘数理论。该理论主要用于说明投资对于国民收入与就业可以倍增的巨大作用。

加速数原理最早是由法国的经济学家阿夫塔里昂在 1913 年发表的《生产过剩的周期性危机》一书中提出来的。美国经济学家 J. M. 克拉克在 1917 年发表的《商业的加速和需求规律》一文中也提出了同样的理论。后来，哈罗德在 1936 年出版的《经济周期》一文中也把它作为决定资本主义经济周期波动的三个动态因素之一。加速数原理根据机器大生产使用耐久性固定资本设备的技术特点，说明收入水平或消费需求的变动将会引起投资量更为剧烈的变动，而且这种由收入水平或消费需求的变动引起的"引致投资"的变动不是取决于收入或消费的绝对量，而是取决于收入或消费变动的比率。

美国经济学家汉森和萨缪尔森认为，凯恩斯的乘数理论只说明了一定的投资如何引起收入和就业的变化，而没有说明收入（或消费）的变动又如何反过来影响投资的变化；此外，凯恩斯的理论运用的是比较静态均衡的分析方法，没有考虑从原有均衡到新的均衡的动态调整过程。只有将加速数原理和乘数理论结合起来，考察二者在动态序列中的相互作用，才能说明经济周期的累积性扩张和紧缩的过程。在汉森的提示下，萨缪尔森在 1939 年发表的《乘数分析与加速数原理的相互作用》一文中，将乘数理论与加速数原理结合在一起，提出了"乘数-加速数原理"的动态经济模型，来解释资本主义经济周期性波动的原因和波动幅度。20 世纪 50 年代初，该模型经英国经济学家约翰·希克斯进一步完善后，被认为是基本定型的经济周期模型。这也就成了"混合经济"理论体系的重要内容。

4. 通货膨胀和失业理论

1970 年，萨缪尔森曾经在《经济学》第 8 版中满怀信心地说："在西方世界的每一个地方，政府和中央银行都已经证明：它们能够打胜一场反对持续萧条的战争，如果人民愿意它们这样做的话。它们有财政政策的武器，也有货币政策的武器来移动决定 GNP 和就业量的各种曲线。正如我们不再消极地忍受疾病一样，我们也不再需要忍受大量失业。""长期存在于资本主义制度的经济波动的倾向仍将存在，但是，世界各国将不再容许它发展成为一次巨大的萧条或成为一次需求拉动的通货膨胀……"[①]但是，美国经济的发展并不像萨缪尔森所说的那样乐观。长期运用扩张性财政政策和货币政策进行"微调"，在 20

① 萨缪尔森. 经济学：第 8 版[M]. 纽约：麦格劳-希尔教育出版公司，1970：322.

世纪70年代显现出了消极后果——一个既有大量失业,又有严重通货膨胀的"滞胀"局面。

正统的凯恩斯主义经济理论一直认为,有效需求不足会引起经济萧条和失业,过度需求会引起通货膨胀。也就是说,当经济处于有效需求不足的时候,采取扩张性政策来扩张总需求时,会使实际产出增加,而不会引起价格增加。在这种情况下,充其量只会引起物价随生产的扩大而缓慢上升,也就是说,充其量会发生"准通货膨胀"(半通货膨胀),而不是大幅度的物价上升和通货膨胀。在经济达到充分就业时,如果再继续扩大总需求,就会引起物价的大幅上升,出现通货膨胀,因为这时实际产出的增加受到了资源和劳动供给无法增加的限制。按照正统凯恩斯主义经济理论的观点,通货膨胀的产生是因为总需求的增长快于总供给的增长,或者是总需求增长而总供给不能同步增长。因此,这种关于通货膨胀的理论被西方经济学称作"需求拉上型通货膨胀"。根据这种理论,需求过度和需求不足是不可能在经济生活中同时发生的,所以通货膨胀和失业是不会同时发生的,也是不可能同时发生的。

20世纪60年代后期,特别是70年代,经济生活中恰恰出现了一种上述理论无法解释的通货膨胀与失业(经济停滞)同时发生的现象——"停滞膨胀"(也就是通常所说的"滞胀")。一些经济学家曾经用"成本推进型通货膨胀理论"来解释"滞胀",认为是工资水平的上升引起了生产成本的上升,从而推动了物价水平的上升。美国经济学家哈伯勒就曾经认为"有组织的劳工要求提高工资……这就促成了一种趋势,要走向长期的、断续的或不断的、迂回的或急促的通货膨胀"。[①] 这些经济学家认为,这种通货膨胀当然是不能用调节总需求的办法加以控制和解决的。

1958年,英国伦敦经济学院教授菲利普斯在《经济学报》上发表了"1861—1957年英国的失业和货币工资变动率之间的关系"一文,认为货币工资变动率与失业水平之间存在一种此消彼长、相互替代的逆向变化关系。他还给出了一条表明货币工资变动率与失业率之间的替代关系的曲线,即菲利普斯曲线。菲利普斯曲线被提出后,新古典综合派很快就将它以一种修改了的形式纳入自己的基本理论框架中,运用它来解释失业率与通货膨胀率之间的关系。他们认为,失业率与通货膨胀率之间也存在此消彼长的反方向替代关系,只要货币工资增长率超过劳动生产率的增长率,就会导致通货膨胀或物价水平上升。因此,后来更加广为人知的菲利普斯曲线是一条表明失业率与通货膨胀率之间存在替代关系的曲线。由此,新古典综合派提出,政府可以有意识地通过财政政策、货币政策和收入政策来利用菲利普斯曲线,在失业率、工资变动率和通货膨胀率三者之间进行选择。

但是,在20世纪60年代似乎有效的以菲利普斯曲线为依据的政策选择办法在20世纪70年代经济"滞胀"的情况下,不再有效了。不断恶化的经济形势使菲利普斯曲线的位置大幅度地向右上方发生移动,甚至发生了逆转。包括新古典综合派的经济学家在内的许多人都认为,不仅正统和标准的凯恩斯经济理论中的需求分析无法解释经济的"滞胀"问题,就是菲利普斯曲线也不能解释这一问题。他们提出,必须运用凯恩斯以前的新古典

---

① 哈伯勒.繁荣与萧条[M].北京:商务印书馆,1963:502.

学派的微观经济理论来补充宏观经济理论，从而对 20 世纪 70 年代的现实经济问题作出新的解释。

在新古典综合派经济学家提出的各种运用微观经济学补充宏观经济学以解释失业和通货膨胀并发症的理论中，有以下几种相对重要的理论。

(1) 认为微观经济部门供给的异常变动造成了经济停滞膨胀的看法。这主要是沃尔特·海勒的看法。他认为，20 世纪 70 年代的世界性石油危机(和粮食价格上涨)推动了各国的通货膨胀，使与石油有关的生产部门因成本上升过高而产品销路锐减，导致生产萎缩、失业增加，最终出现了停滞膨胀的局面。这种观点得到了很多人的赞同。后来，以供给曲线向左上方移动说明经济"滞胀"原因的观点，与该理论基本相同。

(2) 以微观的财政支出结构的变化来解释停滞膨胀的观点。萨缪尔森持这种观点。他认为，国家福利制度的建立使政府财政支出中相当大的一部分没有用于公共工程，而是用于福利支出方面。这种财政支出的结构不利于刺激生产扩张和供给的增加。政府转移支付(像失业津贴这类福利支出)只是弥补了失业者的家庭收入，使他们不急于寻找工作。财政支出结构中福利支出的比重不断增加，一方面扩大了收入，使经济在萧条时期物价水平不下跌，甚至造成了通货膨胀；另一方面，无助于尽快消除失业。这样，就形成了停滞膨胀。

(3) 以微观的市场结构特征来解释停滞膨胀的观点。这主要是托宾和杜森伯里的看法。在 1972 年发表的《通货膨胀和失业》一文中，托宾提出了关于"劳工市场上的均衡和失衡"的观点。新古典综合派经济学家认为，托宾在这篇文章中所表明的观点是现代凯恩斯主义在停滞膨胀理论方面的一个重要突破。托宾认为，劳工市场上的均衡是极少见的情况，在大多数时间里，劳工市场是处于失衡状态的。劳工市场上过度供给采取失业的形式，过度需求采取未能补充的工作空位的形式。无论什么时候，市场在过度的需求或供给中广泛地变化，整体来看，经济显示既有空位又有失业。①

托宾还认为，在任何独立的劳工市场上，货币工资增长率是两种成分的总和。即均衡成分和失衡成分。② 这里的失衡，是指劳工市场上出现的过度需求和过度供给，即空位和失业的同时存在。托宾认为，当劳工市场出现失衡状态时，工人将从过度供给的市场转移到过度需求的市场，从低工资市场转移到高工资市场。但是，如果在失衡状态下，失业对货币工资增长速度的减缓力量小于空位对货币工资增长率的加速力量，就必然会发生下列情况。

第一，每个连续失业增量在降低通货膨胀方面的作用越来越小。这是因为在失业的同时也存在工作空位，而空位的存在势必抵制货币工资降低，从而使物价仍然上涨。

第二，在整个经济的空位减去失业的已知条件下，过度需求与劳工供给市场之间的变化越大，工资膨胀将越显著。因为空位多于失业，这势必加速货币工资的增长。

第三，即便当空位总额最多等于失业的时候，由于劳工市场的分散性和市场结构的不断变化，通常的失衡成分实际上也会存在。常见的理论认为，空位等于失业的时候，劳工

---

① 托宾. 通货膨胀与失业[M]//现代国外经济学论文选：第一辑. 北京：商务印书馆，1979：277.

② 托宾. 通货膨胀与失业[M]//现代国外经济学论文选：第一辑. 北京：商务印书馆，1979：277.

市场的供求达到一致,经济就会处于充分就业和物价稳定的均衡状态。托宾认为,这种看法不符合实际情况。他认为,“在空位与失业相等的意义上的充分就业是与物价稳定有矛盾的。零通货膨胀需要失业多于空位。”[①]按照这种看法,如果失业不多于空位,则劳工市场上以过度需求形式出现的空位就会促使货币工资上升,引起物价上升,而不会出现零通货膨胀。

杜森伯里对托宾的看法做了进一步的分析。他认为,劳工市场是不完全竞争的市场。劳工有工种和技术熟练程度之分,对劳工的供给和需求还有地区限制。这必然会引起失业与空位并存。由于强大的工会力量使工资易涨不易跌,所以尽管社会上存在失业,但是货币工资却不下降。只要存在工作空位,货币工资就会迅速上升。因此,失业与工作空位并存就转化为失业与货币工资率上升并存。由于货币工资上升会引起物价水平上升,失业与货币工资率上升并存便又转化为失业与通货膨胀的并发症。杜森伯里甚至论证了个别劳工市场上存在工作空位,也会带动所有劳工市场上货币工资水平的提高,从而使整个经济中出现通货膨胀。

四、新古典综合派基本的经济政策主张

新古典综合派的经济政策主张的核心是需求管理思想。需求管理是指政府积极地采取财政政策、货币政策和收入政策,对总需求进行适时和适度的调节,以保证经济的稳定增长。需求管理的主要对象是投资、储蓄、消费、政府支出、税收、进口和出口等经济变量。需求管理的主要目标是充分就业、价格稳定、经济增长和国际收支平衡。

20世纪50年代,新古典综合派的经济政策主张主要表现为根据汉森的理论提出的补偿性财政政策和货币政策。汉森主张,政府制定预算时不应以平衡财政收支为原则,而应该按照私人支出的数量安排政府的预算,以便使私人支出和政府支出的总额能够达到实现充分就业的水平。汉森所说的补偿性财政政策是指在经济萧条时期,政府要扩大财政支出,降低税率,减少税收,实行赤字财政,以刺激社会总需求的扩大;在经济繁荣时期,政府要压缩财政支出,提高税率,增加税收,抑制社会的总需求,造成财政盈余,使两个时期的财政盈亏相互补偿。补偿性货币政策是指中央银行在经济萧条时期放松信用,增加货币供给量,降低利率,刺激投资及消费等社会总需求的扩大;在经济繁荣时期则紧缩信用,减少货币供给量,提高利率,抑制投资及消费等社会总需求。

投资及消费等社会总需求和货币政策的实施,虽然防止了严重的预算赤字和通货膨胀,但是由于在20世纪50年代,传统的财政预算平衡的政策思想仍然占据统治地位,经济增长仍然比较慢。对此,詹姆斯·托宾和阿瑟·奥肯在60年代提出了“潜在的国民生产总值”和“充分就业预算”这两个新概念,试图使人们注意财政政策的长期目标和长期水平必须与充分就业增长轨道保持一致。[②] 奥肯认为,这两个新概念的提出意味着提出一种新的策略。其最重要的特点在于,它“不只是以经济是否在扩张,而是以经济是否已充

① 托宾.通货膨胀与失业[M]//现代国外经济学论文选:第一辑.北京:商务印书馆,1979:279.

② 托宾.十年来的新经济学[M].北京:商务印书馆,1980:13.

分发挥出它的潜力,作为判断经济表现的标准"。①

阿瑟·奥肯还提出了后来被经济学界称作"奥肯定律"的著名观点,来说明充分就业政策的重要性。他认为,失业率每超过自然失业率1%,就会带来2%左右的产出损失率。奥肯认为这种政策转变具有三个重大意义:其一,这种转变更注重消灭"潜在的产出量"与"实际产出量"之间的差距("奥肯差距");其二,这种转变突出了经济增长问题;其三,这种转变以"潜在的产出量"为目标进行扩张,是防止经济衰退的最好办法。

托宾在《十年来的新经济学》中指出,只要实际经济产量小于潜在产量,哪怕是在经济上升时期也应该实行扩张性经济政策。詹姆斯·托宾和阿瑟·奥肯的充分就业政策修改了原来只在萧条时期才实行扩张性经济政策的凯恩斯的政策观点,从而成为凯恩斯主义的一大转变和发展。他们的这种观点被称作"新经济学"。

由于美国的肯尼迪政府实行了"新经济学"的主张,并获得了生产和就业的恢复与增长,许多人因此认为,"新经济学"指明了达到充分就业的经济增长途径。但是,"新经济学"的财政政策和货币政策也对20世纪60年代末期以后美国出现的经济滞胀起到了推波助澜的作用。当经济滞胀问题加剧后,"新经济学"便陷入了困境。

20世纪70年代之后,为了解决严重的失业和通货膨胀并发症,新古典综合派又提出了运用多种政策工具实现多种经济目标,即多种经济政策综合运用的策略。其主要内容包括:

(1) 采用财政政策和货币政策的"松紧配合"。

(2) 实现财政政策和货币政策的微观化。即政府针对个别市场和个别部门的具体情况制定区别对待的经济政策。财政政策和货币政策的微观化可以避免宏观经济政策在总量控制过程中给经济带来的较大震动,使政府对经济生活的干预和调节更为灵活有效。

(3) 采用收入政策和人力政策。收入政策是指通过工资和物价的指导线与管制政策,防止货币工资增长率超过劳动生产率的增长率,以避免严重的通货膨胀。人力政策是指联邦政府的指导性与培育性的就业政策和劳工市场政策。

除上述政策外,新古典综合派还提出了浮动汇率政策、对外贸易管制和外汇管制政策、消费指导政策、能源政策、人口政策和农业政策等。

总之,新古典综合派20世纪70年代以后的一个特点是对其理论的频繁修改与综合反对派的某些观点,以弥补自身理论的不足。80年代之后,当迅速崛起的新凯恩斯主义经济学派的影响日益扩大时,新古典综合派便相形见绌了。

五、简要评论

美国的新古典综合派作为一个主要的凯恩斯主义经济学派,对于凯恩斯主义经济学思想在世界上的广泛传播和深入发展,对于美国经济在"二战"后的高速发展,无疑发挥了重要作用。但是,由于该学派对凯恩斯经济思想的片面理解和实用主义态度,导致其在指导美国经济政策时发生了严重的通货膨胀问题。新古典综合派无法解释经济"滞胀"问题,导致了理论上的困境和该学派走下坡路的开端。

---

① 黄范章.美国经济学家奥肯[J].世界经济,1981(10):74.

新古典综合派把凯恩斯的《就业、利息和货币通论》作为新古典的一般均衡理论的特例看待,认为只要去掉刚性货币工资的假定,就可以达到充分就业的均衡而不是低于充分就业的均衡。正因为如此,新古典综合派把凯恩斯的宏观经济学理论与新古典的微观经济学理论结合起来,变成了一个相互矛盾的奇怪的理论混合体,以便为自己提出的"混合经济"提供理论支持。此外,他们把凯恩斯的显然适用于短期和特定背景下的经济理论,变成了一种可以适用于任何时期与任何背景的"普遍性理论";把解决经济波动问题的经济理论,变成了同时可以解决经济增长问题的"广泛性理论";把特定情况下适用的政策主张,变成了正常情况下的"微调"的经济理论。这些都与凯恩斯本人的理论是不一致的,在理论体系的逻辑上也是有一定矛盾的。

对此,西方经济学家也评论说:"新古典综合在数量决策和价格行为之间所做的分离可能经常使人误解。然而这个研究仍在很大程度上是推测性的,而且很难使其结合起来。一个新的最佳状态的综合还远远未能出现。"正因为如此,"自 1975 年以来,新古典综合一直在为生存而战斗"。①

专栏:"新综合"还是"休战"(A New Synthesis or a Truce)?②

有一句格言,称科学进步是一个葬礼接一个葬礼。今天,受益于预期寿命的增加,更准确的说法(如果不是太生硬的话)应该是:科学进步是一个退休接一个退休。在宏观经济学领域,随着老一代主要学者的退休或接近退休,他们已经被年青一代的宏观经济学家所代替,而年青一代宏观经济学家采用的是更有礼貌的文化。

与此同时,对于理解经济波动的最优方式,新的共识已经开始出现。Marvin Goodfriend and Robert King(1997)将这种共识戏称为"新新古典综合"(the new neoclassical synthesis)。在货币政策研究中,这种综合模型已经得到了广泛的应用(Clarida,Gali,and Gertler, 1999 以及 McCallum and Nelson,1999)。对这种新综合的更为扩展的处理,是 Michael Woodford(2003)的不朽著作《利率与价格:货币政策利率的基础》(*Interest and Prices: Foundations of a Theory of Monetary Policy*)。

如同上一代的新古典-凯恩斯主义综合,新综合试图将它之前的竞争性方法的力量糅合在一起。从新古典模型中,它取用了动态随机一般均衡理论的方法。偏好、约束和最优化是分析的起点,且分析以这些微观经济为基础展开。从新凯恩斯主义模型中,它取用了名义刚性,并利用名义刚性来解释为什么货币政策在短期具有真实效应。

最常用的方法,是假定间歇性调整价格的垄断竞争企业,从而导致了有时被称为"新凯恩斯主义菲利普斯曲线"的价格动态。新综合的核心是,将经济视为一个因价格黏性(以及或许各类其他市场不完美)而偏离帕累托最优的动态一般均衡体系。

人们不禁将这种共识的出现描述为巨大的进步。在某些方面,它确实是;不过,同样也存在不怎么乐观的方面。也许,发生的一切与其说是一种综合,不如说是智力战斗的一

---

① 新帕尔格雷夫经济学大辞典:第3卷[M].北京:经济科学出版社,1992:682.

② 摘自曼昆.宏观经济学简史[EB/OL].经济金融网,2014-08-25。对文字稍有修改(编者按)。

种休战,以及双方保全面子的撤退。无论是新古典还是新凯恩斯,都可以关注这一新综合,并宣称某种程度的胜利,而同时忽略隐藏在表面之下的深刻失败。

这一新综合的核心(具有名义刚性的动态一般均衡体系),恰好是人们可以在早期凯恩斯主义模型中看到的。例如,希克斯提出的 IS-LM 模型,就是试图将凯恩斯的思想放进一般均衡的框架之中(回忆一下,希克斯与阿罗因对一般均衡理论的贡献,同获 1972 年诺贝尔经济学奖)。

克莱因、莫迪利阿尼及其他建模者曾经试图将一般均衡体系用于数据,以设计出更好的政策。在很大程度上,新综合捡起的研究对象,正是 20 世纪 70 年代在新古典的要求下,学术界所丢弃的东西。

作为事后诸葛亮,显而易见的是,新古典经济学家承诺的东西远远比他们能提供的多。他们声称他们的目标是抛弃凯恩斯主义的理论化,代之以市场出清模型,而新模型能够令人信服地用于数据,进而用于政策分析。若以此为标准,他们显然是失败的。相反,他们有助于发展一系列分析工具,而这些工具目前已被用于提出另一代假定价格黏性的模型;这种模型在许多方面与新古典所抨击的模型相似。

在这里,新凯恩斯主义可以得到一定程度的平反昭雪。新综合抛弃了被索洛称为"愚蠢的约束",以及新凯恩斯主义通过对黏性价格的研究而旨在抨击的"市场出清假设"。不过,新凯恩斯主义也应该受到批评,因为它在新古典的诱惑下,追求一种结果过于抽象、现实性不足的研究。对于新凯恩斯主义的研究,克鲁格曼(2000)提出了如下评价:"现在人们能够解释价格黏性如何'会'发生。不过,对于它何时发生以及何时不发生的有用预测,或建立起从菜单成本到真实菲利普斯曲线的模型,看起来并不会很快出现。"即使支持沿此方向进行研究,我不得不承认,这种评价在某种程度上是正确的。

本章基本概念

自然率假说　货币主义　供给学派　新古典宏观经济学派　静态预期　外推预期　适应性预期　理性预期　凯恩斯革命　萨伊定律　新古典综合派　混合经济

复习和思考

1. 简述货币主义的基本观点。
2. 新古典宏观经济学的基本假设有哪些?
3. 新古典宏观经济学的基本理论观点是什么?
4. 新古典宏观经济学的总供给曲线有什么特点?
5. "凯恩斯革命"以前的新古典经济学的基本理论可以归结为哪些基本命题?
6. "凯恩斯革命"的理论特点和意义是什么?
7. 新古典综合派是怎样产生的?其主要特点是什么?
8. 新古典综合派的理论体系是否符合凯恩斯的原意?你的看法如何?

9. 混合经济的理论模型是怎样建立起来的？你对它有何评价？

10. 主要适用于萧条情况和短期内的凯恩斯经济学是怎样被新古典综合派的经济学家运用于一般经济情况和长期内的？

11. 新古典综合派的经济学家是如何解释失业与通货膨胀并存现象的？

12. 新古典综合派的经济政策主张的基本倾向是怎样的？其主要内容前后有无变化？

参考文献

[1] 高鸿业.宏观经济学:第七版[M].北京:中国人民大学出版社,2018.

[2] 徐高.宏观经济学二十五讲:中国视角[M].北京:中国人民大学出版社,2019.

[3] 颜色,郭凯明.宏观经济学与中国政策[M].北京:北京大学出版社,2020.

[4] 任保平,宋宇. 宏观经济学:第二版[M].北京:科学出版社,2019.

[5] 张苏.宏观经济学[M].北京:清华大学出版社,2014.

[6] 张延.宏观经济学[M].北京:中国发展出版社,2010.

[7] 卢峰.经济学原理:中国版[M].北京:北京大学出版社,2004.

[8] 余永定,等.西方经济学:第二版[M].北京:经济科学出版社,1999.

[9] [美]N.格里高利·曼昆.宏观经济学:第十版[M].北京:中国人民大学出版社,2020.

[10] [美]N.格里高利·曼昆.经济学原理:第七版:宏观经济学分册[M].北京:北京大学出版社,2015.

[11] [美]保罗·萨缪尔森,威廉·诺德豪斯.宏观经济学:第十九版[M].北京:人民邮电出版社,2012.

[12] [美]鲁迪格·多恩布什,斯坦利·费希尔,理查德·斯塔兹.宏观经济学:第十二版[M].北京:中国人民大学出版社,2017.

教学支持说明

▶▶课件申请

尊敬的老师：

您好！感谢您选用清华大学出版社的教材！为更好地服务教学，我们为采用本书作为教材的老师提供教学辅助资源。该部分资源仅提供给授课教师使用，请您直接用手机扫描下方二维码完成认证及申请。

任课教师扫描二维码
可获取教学辅助资源

▶▶样书申请

为方便教师选用教材，我们为您提供免费赠送样书服务。授课教师扫描下方二维码即可获取清华大学出版社教材电子书目。在线填写个人信息，经审核认证后即可获取所选教材。我们会第一时间为您寄送样书。

任课教师扫描二维码
可获取教材电子书目

清华大学出版社

E-mail: tupfuwu@163.com　　网址：http://www.tup.com.cn/
电话：010-83470332 / 83470142　　传真：8610-83470107
地址：北京市海淀区双清路学研大厦B座509室　　邮编：100084

经济学原理 微观部分（第 6 版）（英文）

本书特色

曼昆经典畅销教材，美国 600 所大学的标准教科书；被翻译成 20 多种语言，风靡世界；原汁原味英文版 + 电子书阅读平台。

教辅材料

课件、习题库

书号：9787302468967
作者：N. 格雷戈里 . 曼昆
定价：68.00 元
出版日期：2017.3

任课教师免费申请

经济学原理 宏观部分（第 6 版）（英文）

本书特色

曼昆经典畅销教材，美国 600 所大学的标准教科书；被翻译成 20 多种语言，风靡世界；原汁原味英文版 + 电子书阅读平台。

教辅材料

课件、习题库

书号：9787302468943
作者：N. 格雷戈里 . 曼昆
定价：53.00 元
出版日期：2017.3

任课教师免费申请

经济学基础（第二版）

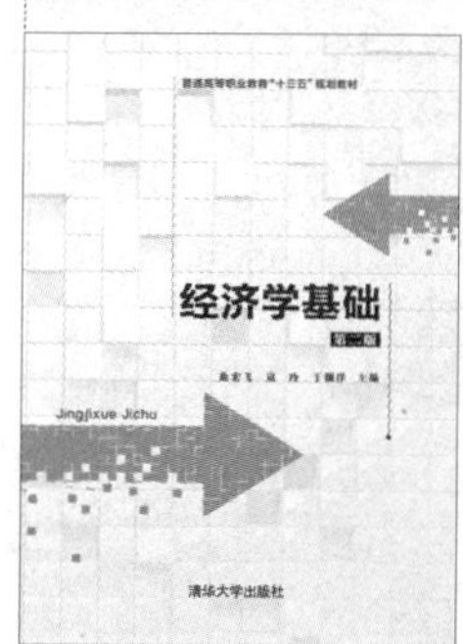

本书特色

应用型本科教材，篇幅适中；课件齐全，销量良好。

教辅材料

教学大纲

书号：9787302530404
作者：曲宏飞
定价：45.00 元
出版日期：2019.6

任课教师免费申请

计量经济学（第 4 版）

本书特色

名师经典，改版多次，教辅资源丰富，习题案例讲解详细。

教辅材料

课件

书号：9787302504795
作者：孙敬水 马淑琴
定价：59.00 元
出版日期：2018.8

任课教师免费申请

计量经济学导论：现代观点（第 6 版）（英文）

本书特色

基础计量经济学经典教材，原汁原味英文版，课件齐备。

教辅材料

课件

书号：9787302468523
作者：[美] 杰弗里 •M. 伍德里奇
定价：76.00 元
出版日期：2017.4

任课教师免费申请

计量经济分析方法与建模——EViews 应用及实例（第 4 版）· 初级

本书特色

经典教材改版，作者权威，内容翔实，侧重应用，配套齐全，方便教学。

教辅材料

课件

书号：9787302551560
作者：高铁梅 等
定价：45.00 元
出版日期：2020.9

任课教师免费申请

计量经济分析方法与建模——EViews 应用及实例（第 4 版）· 中高级

本书特色

经典教材改版，作者权威，内容翔实，侧重应用，配套齐全，方便教学。

教辅材料

课件

书号：9787302557241
作者：高铁梅 等
定价：69.00 元
出版日期：2020.10

任课教师免费申请

应用空间计量经济学：软件操作和建模实例

本书特色

“互联网 +”教材，内容全面，简明扼要，突出应用，教辅丰富。

教辅材料

教学大纲、课件

书号：9787302553144
作者：叶阿忠 等
定价：49.00 元
出版日期：2020.8

任课教师免费申请

计量经济学

本书特色

作者权威，内容翔实，案例丰富，教辅完备。

教辅材料

课件

书号：9787302465836
作者：张晓峒
定价：49.00 元
出版日期：2017.5

任课教师免费申请

计量经济学原理与应用（第二版）

本书特色

应用型本科教材，篇幅适中，课件齐全，销量良好

教辅材料

教学大纲、课件

书号：9787302527510
作者：许振宇 国琳等
定价：39.00 元
出版日期：2019.5

任课教师免费申请

金融计量学（第 2 版）

本书特色

经典改版，内容专业，结构合理，配套教辅。

教辅材料

课件

书号：9787302527770
作者：唐勇 朱鹏飞
定价：59.80 元
出版日期：2019.7

任课教师免费申请

计量经济分析及其 Python 应用

本书特色

涵盖计量经济分析基本内容及较前沿的量化投资分析、机器学习等内容，Python 新版本应用，实用性强，提供教学课件及相关数据。

教辅材料

课件、数据包

书号：9787302568025
作者：朱顺泉
定价：55.00 元
出版日期：2020.1

任课教师免费申请

面板数据计量经济学

本书特色

名师佳作，内容专业，结构合理，配套教辅。

教辅材料

课件

书号：9787302526933
作者：白仲林
定价：59.00 元
出版日期：2019.7

任课教师免费申请

中级计量经济学

本书特色

权威作者新作，适用研究生，教辅资源丰富，习题讲解详细。

教辅材料

课件

书号：9787302528333
作者：孙敬水
定价：59.00 元
出版日期：2019.6

任课教师免费申请

当代经济学流派（第 2 版）

本书特色

江苏省"十三五"重点教材，内容翔实，结构合理，配套课件。

教辅材料

教学大纲、课件

书号：9787302535263
作者：胡学勤　胡泊
定价：59.00 元
出版日期：2019.8

任课教师免费申请

国际经济学（第 12 版）（英文版）

本书特色

畅销全球的国际经济学权威教材，配有中文翻译版，课件完备。

教辅材料

教学大纲、课件

书号：9787302534648
作者：[美] 多米尼克 · 萨尔瓦多
定价：85.00 元
出版日期：2019.9

任课教师免费申请

国际经济学基础（第 3 版）（英文版）

本书特色

畅销全球的国际经济学教材的精简版，配有中文翻译版，课件齐全。

教辅材料

课件

书号：9787302534631
作者：[美] 多米尼克 · 萨尔瓦多
定价：65.00 元
出版日期：2019.9

任课教师免费申请

国际经济学（第 12 版）

本书特色

畅销全球的国际经济学权威教材，配有英文影印版，课件完备。

教辅材料

教学大纲、课件

书号：9787302534679
作者：[美] 多米尼克 · 萨尔瓦多　著，刘炳圻 译
定价：80.00 元
出版日期：2019.9

任课教师免费申请

国际经济学：理论与政策（国际贸易）（全球版·第10版）（英文版）

本书特色

诺贝尔经济学奖得主的经典国际经济学教材，原汁原味，课件完备。

教辅材料

课件、题库

书号：9787302573401
作者：
[美]保罗·R. 克鲁格曼
定价：59.00元
出版日期：2021.3

任课教师免费申请

国际经济学：理论与政策（国际金融）（全球版·第10版）（英文版）

本书特色

诺贝尔经济学奖得主的经典国际经济学教材，原汁原味，课件完备。

教辅材料

课件、题库

书号：9787302572558
作者：（美）保罗·R. 克鲁格曼
定价：69.00元
出版日期：2021.3

任课教师免费申请

管理经济学（第四版）

本书特色

清华大学精品教材，国家级教学名师陈章武教授全新力作，"互联网+"教材，MBA层面适用，内容丰富，案例新颖，篇幅适中，结构合理，课件完备，便于教学。

教辅材料

教学大纲、课件、习题答案

书号：9787302510116
作者：陈章武
定价：56.00元
出版日期：2019.1

任课教师免费申请

管理经济学（第四版）简明版

本书特色

清华大学精品教材，国家级教学名师陈章武教授全新力作，"互联网+"教材，本科层面适用，内容丰富，案例新颖，篇幅适中，结构合理，课件完备，便于教学。

教辅材料

教学大纲、课件、习题答案

书号：9787302517849
作者：陈章武
定价：46.00元
出版日期：2019.1

任课教师免费申请

新时代中国特色社会主义公共经济学

本书特色

以中国特色社会主义建设和发展的伟大实践为基础，紧跟时代，符合中国实际。

教辅材料

课件

书号：9787302503347
作者：石建勋 等
定价：49.00元
出版日期：2018.6

任课教师免费申请

中国经济概论（第三版）

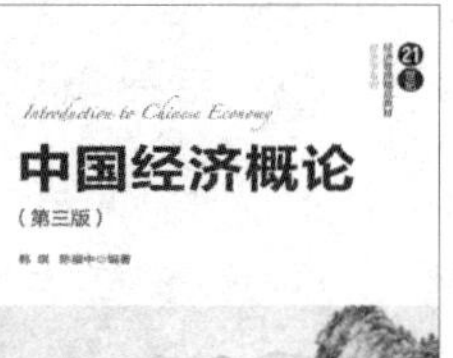

本书特色

系统介绍中国经济发展概况，内容翔实，结构精练，配备课件。

教辅材料

课件

书号：9787302528562
作者：韩琪 陈福中
定价：49.00元
出版日期：2019.6

任课教师免费申请

投入产出分析：理论、应用和操作

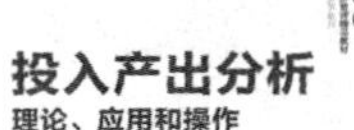

本书特色

配套课件，突出应用，前沿理论，图文结合。

教辅材料

课件

书号：9787302512226
作者：胡秋阳
定价：39.00 元
出版日期：2019.1

任课教师免费申请

公债经济学

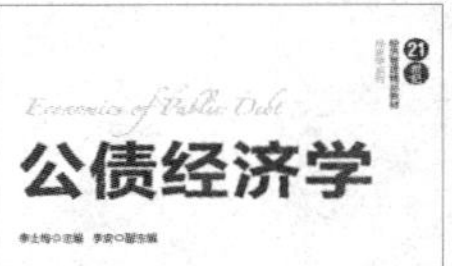
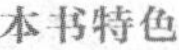

本书特色

内容实用，通俗易懂，配套课件。

书号：9787302523512
作者：李士梅
定价：55.00 元
出版日期：2019.3

任课教师免费申请

经济优化方法与模型

本书特色

案例丰富，配套资源完备，增设在线测试题。

教辅材料

课件

书号：9787302568384
作者：费威
定价：49.00 元
出版日期：2020.12

任课教师免费申请

西方经济学：宏观经济学（第 7 版）（英文版）

本书特色

畅销全球的权威中级宏观经济学教材，英文原著，原汁原味，课件齐全，“互联网 +”教材。

教辅材料

教学大纲、课件、试题库

书号：9787302585336
作者：[法] 奥利维尔 · 布兰查德
定价：89.00 元
出版日期：2021.7

任课教师免费申请

中级宏观经济学

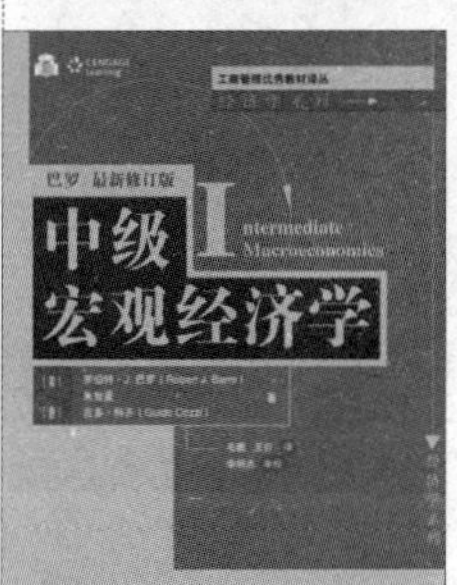

本书特色

罗伯特 • J . 巴罗宏观经济学教材最新修订版，配套中英文教学 PPT。

教辅材料

课件、习题答案、试题库

书号：9787302565772
作者：罗伯特 •J. 巴罗　朱智豪　吉多 . 科齐
定价：86.00 元
出版日期：2021.5

任课教师免费申请

微观经济理论（第 12 版）（英文版）

本书特色

微观经济学领域经典的教科书，通过对大量的经济学问题进行严密的数学分析，直观地阐明了微观经济学的基本原理。

教辅材料

课件

书号：9787302571650
作者：[美] 沃尔特 · 尼科尔森　克里斯托弗 · 斯奈德
定价：99.00 元
出版日期：2021.4

任课教师免费申请

新时代中国特色社会主义政治经济学

本书特色

以中国特色社会主义建设和发展的伟大实践为基础，紧跟时代，符合中国实际。

教辅材料

课件

书号：9787302500971
作者：石建勋　张鑫　李永　等
定价：45.00元
出版日期：2018.6

任课教师免费申请

博弈论入门

本书特色

内容实用，通俗易懂，配套课件。

教辅材料

教学大纲、课件

书号：9787302504900
作者：葛泽慧　于艾琳　赵瑞　冯世豪 等
定价：55.00元
出版日期：2018.8

任课教师免费申请